作者简介

李世刚　法国巴黎第二大学法学博士，北京大学法学院博士后，香港中文大学法学院访问学者，首尔大学法学院客座研究员，韩国韩中日民商法统一研究所研究员。

现为复旦大学法学院副教授，从事民商法、经济法领域的教学与科研工作，并长期致力于比较私法的研究。曾在《中国社会科学》《法学研究》《比较法研究》《国际商事法务》《国际比较法杂志》（Revue internationale de droit comparé）等国内外期刊发表论文数篇，已陆续出版《法国担保法改革》《法国合同法改革：三部草案的比较研究》《法国新债法：债之渊源（准合同）》等专著多部。

多个研究课题获国家社会科学基金、中国博士后科学基金、教育部留学回国人员科研启动基金、教育部人文社会科学研究基金等支持，并参与多项国际学术合作项目。

教育部人文社会科学研究基金项目"法国侵权责任法改革：传统特色与欧洲私法一体化的冲突与协调"（11YJC820060）

李世刚 ◎ 著

法国侵权责任法
改革——基调与方向

人民日报学术文库

人民日报
出版社

图书在版编目（CIP）数据

法国侵权责任法改革：基调与方向／李世刚著.
—北京：人民日报出版社，2017.4
ISBN 978－7－5115－4678－4

Ⅰ.①法… Ⅱ.①李… Ⅲ.①侵权法—研究—法国
Ⅳ.①D956.53

中国版本图书馆 CIP 数据核字（2017）第 096305 号

书　　名：**法国侵权责任法改革：基调与方向**
著　　者：李世刚

出 版 人：董　伟
责任编辑：周海燕
封面设计：中联学林

出版发行：人民日报出版社
社　　址：北京金台西路 2 号
邮政编码：100733
发行热线：（010）65369527　65369846　65369509　65369510
邮购热线：（010）65369530　65363527
编辑热线：（010）65369518
网　　址：www.peopledailypress.com
经　　销：新华书店
印　　刷：北京欣睿虹彩印刷有限公司

开　　本：710mm×1000mm　1/16
字　　数：236 千字
印　　张：15
印　　次：2017 年 6 月第 1 版　　2017 年 6 月第 1 次印刷

书　　号：ISBN 978－7－5115－4678－4
定　　价：68.00 元

草案与报告列表

2003 年 6 月《朗贝尔－菲伍尔（Lambert－Faivre）报告》，全称是《关于人身损害赔偿的报告（2003 年 6 月 15 日）》，即《 Rapport sur l'indemnisation du dommage corporel, 15 juin 2013 》。下载网址：http://www. ladocumentationfrancaise. fr/var/storage/rapports－publics/034000490/0000. pdf

----

2005 年 9 月《卡特拉草案》（内附"卡特拉草案立法理由书"），全称是《债法（民法典第 1101 条到第 1386 条）与时效制度（民法典第 2234 条到第 2281 条）改革草案建议案》，即《 Avant－projet de réforme du droit des obligations（articles 1101 à 1386 du Code civil）et du droit de la prescription（articles 2234 à 2281 du Code civil）》。下载网址：http://www. justice. gouv. fr/art＿pix/RAPPORTCATALASEPTEM-BRE2005. pdf

2011 年《卡特拉草案（多语言翻译版本）》由 LGDJ 出版社出版，即《 L'art de la traduction, L'accueil international de l'avant－projet de réforme du droit des obligations（sous la direction d Pierre CATALA）》, Edition Panthéon－Assas, LGDJ, 2011.

2006 年 10 月巴黎工商会《关于卡特拉草案的报告（2006 年 10 月 19 日）》，全称是《为了一项符合商业需要的合同与时效制度改革：巴黎工商会对卡特拉草案

1

的反馈与修订建议》，即《 Pour une réforme du droit des contrats et de la prescription conforme aux besoins de la vie des affaires, Réactions de la CCIP à l'avant‐projet Catala et propositions d'amendements 》。下载网址：http://www. etudes. ccip. fr/rapport/65‐reforme‐du‐droit‐des‐contrats‐kli0610

2007 年 6 月法国最高法院《关于卡特拉草案的评估报告》，全称是《法国最高法院 <债法和时效制度改革草案> 工作组报告(2007 年 6 月 15 日)》，即《 Rapport du groupe de travail de la Cour de cassation Sur l'avant‐projet de réforme du droit des obligations et de la prescription (15 juin 2007) 》。下 载 网 址：http://www. courdecassation. fr/jurisprudence_publications_documentation_2/autres_publications_discours_2039/discours_2202/2007_2271/groupe_travail_10699. html

《咨讯报告(2009)》：2009 年 7 月 15 日法国上议院针对《卡特拉草案》民事责任部分专门成立的评估工作组公布的《第 558(2008‐2009)号咨讯报告》，即《 Rapport d'information n° 558 (2008‐2009) du 15 juillet 2009 》。下载网址：http://www. senat. fr/rap/r08‐558/r08‐5581. pdf

---

2009 年 2 月《泰雷合同法草案》(内附"立法理由书")由达鲁兹出版社出版，即 F. Terré (dir.),《 Pour une réforme du droit des contrats 》(《为了合同法的改革》),Dalloz, 2009.

2008 年 12 月《司法部合同法草案》(内附"司法部草案说明")，即《 Projet de reforme du droit des contrats 》。下载网址：http://www. lexinter. net/ACTUALITE/projet_de_reforme_du_droit_des_contrats. htm 或者 http://droit. univ‐poitiers. fr/poitiers‐roma/spip. php? article20

2010 年 7 月《贝塔耶(Béteille)草案》，全称《民事责任改革法建议案》，即

《 Proposition de loi portant réforme de la responsabilité civile 》。下载网址:http://www. senat. fr/leg/ppl09 – 657. html

----

2012 年 2 月《泰雷责任法草案》(内附"立法理由书")由达鲁兹出版社出版,即 F. Terré (dir.), 《 Pour une réforme de la résponsabilité civile 》(《为了民事责任法的改革》), Dalloz, 2012.

2012 年 2 月法国最高法院《关于泰雷民事责任法草案的评估报告》,即《 Cour de Cassation, Group de travail sur le projet intitulé "Pour une réforme du droit de la responsabilité civile" sous la direction de François Terré (Février 2012)》。下载网址:https://www. courdecassation. fr/IMG/reforme – droit – RC. pdf

----

2016 年 2 月法国政府《债法改革法令》,全称是《关于合同法、债法一般规则与证明的改革法令》,即《 L'ordonnance n° 2016 – 131 du 10 février 2016 portant réforme du droit des contrats, du régime général et de la preuve des obligations 》。下载网址:https://www. legifrance. gouv. fr/eli/ordonnance/2016/2/10/JUSC1522466R/jo/texte

2016 年 2 月法国司法部《债法改革法令之立法说明》,即《 Rapport au Président de la République relatif à l' ordonnance no 2016 – 131 du 10 février 2016 portant réforme du droit des contrats, du régime général et de la preuve des obligations, Journal officiel de la république français (11 février 2016)》。下载网址:https://www. legifrance. gouv. fr/eli/rapport/2016/2/11/JUSC1522466P/jo/texte.

2016 年 4 月《司法部责任法草案(2016)》,全称是《民事责任改革法草案建议案(征求意见稿)》,即《 Avant – projet de loi réforme de la responsabilité civile 》。下载网址:http://www. textes. justice. gouv. fr/art_pix/avpjl – responsabilite – civile. pdf

序言(一)

杨立新

在比较法研究领域,侵权责任法的协调与统一已经成为世界性的重要课题,并有了丰硕的研究成果,出现了如《欧洲侵权法原则(PETL)》《共同参考框架草案(DCFR)》《东亚侵权法示范法》等示范法。这些范例既是对众多国家或地区域内法经验的整理,也反过来被后者所借鉴。它们让我们得以用更为宽广的视野,来审视不同法域中侵权责任法的共同问题,但也常常因此绕过了不同法域侵权法的各自特色。

与这些示范法比较而言,《法国民法典》中的侵权责任规则是非常具有"个性",且不容忽视其重要性的制度体系。长期以来,它的许多特色已为我们所熟知。例如,合同责任与侵权责任采法条竞合说;民法典中有关侵权责任的一般规定极为简约(《法国民法典》在2016年法国债法改革之前的原第1382条到第1386条、现在的第1240条到第1244条),且以责任构成规范为主;民法典中单独设立"缺陷产品责任"一编;设有功能强大的侵权责任一般条款(《法国民法典》原第1382条、现在的第1240条)、物件致人损害责任的一般条款(《法国民法典》原第1384条、现在的第1242条);损害救济宽泛化等。不过,民法典中的规则未能很好地反映出法国司法实践和理论研究的发展。

而本书作者,通过解读法国侵权责任法改革的"历史背景"(上编)、"改革要点"(中编)、"制度创新"(下编)以及四份重要草案的中译本(附录),与我们分享了正在进行中的法国侵权责任法改革的基调和可选择的方向:

宏观上,本书介绍了法国侵权责任法改革所处的阶段(第一、二章)以及争议的要点(第三章),并向读者展示了《司法部责任法草案(2016)》的全貌(第四章)。

　　从微观视角,读者们可以通过本书详细了解法国法一些特有的法律制度的真实情况及其发展趋势。例如,可以看到不同改革方案对法条竞合原则的坚守以及对例外规则成文化的尝试(第五、六章);看到法国间接受害人救济模式的宽泛化以及法国学者借鉴比较法经验期待对它进行限制的努力(第九章);看到两类特殊责任("陆上机动车责任"和"缺陷产品责任")法典化的特殊意义——不再强调合同责任与侵权责任的区分(第四章)。

　　尤其值得关注的是,法国民法改革者对救济规则的重视程度似远超责任构成规则。损害救济规则的体系化(第七章)、精神损害救济规则的体系化(第十章)、人身损害救济事项的类型化与标准化(第八章)等,均是法国法律工作者在本次侵权责任法改革进程中所展示出来的成果。

　　以上部分必将是比较法研究领域内的重要议题,也必然对中国民法典侵权责任编章的立法工作具有很好的借鉴意义,本书作者做了相应的整理与提示,便于研究与立法参考。

　　本书详尽的论述和充实的资料在当今侵权责任法的比较研究中可以说是独树一帜,为我国侵权责任法的发展提供了来自法国的重要经验。很高兴能为这本书作序,更希望看到这本书能成为我国对法国侵权责任法研究继往开来的扛鼎之作。

　　是为序。

序言(二)

崔建远

"博观而约取,厚积而薄发"。

从 2011 年年初申报立项到 2017 年上半年成稿,李世刚博士对法国侵权责任法的研究跨度达六年之久,其间做了充分的资料准备、整理和挖掘工作。

据我所知,原来最初的书稿中还有其他篇章的内容,但作者后来做了调整,特别是删除了有关法国侵权责任构成规则的几个部分(涉及侵权责任一般条款在法国的发展、物件致人损害责任构成、陆上机动车责任规则、缺陷产品责任规则适用等),以便突出在作者看来最有借鉴意义的三个方面:

首先是法国民事责任立法体例的新架构(本书第二章、第四章)。法国于2016 年 2 月完成的债法改革,在《法国民法典》编章构造上,已经为未来侵权责任法(甚至整个民事责任法)的立法搭好了框架、留足了空间,"虚位以待"。法国经验不仅就如何在"债法"体系中安置"侵权责任"规范给出了范例,而且还有方案尝试用"民事责任"整合"合同责任"与"侵权责任"规范(即本书所谓的"民事责任统一立法"模式),极具创新性,有助于人们更为深刻地理解二者的关系以及"民事责任"的传统理念。

第二个方面是法国对侵权责任与合同责任关系的处理方案(本书第五章、第六章)。在作者看来,就合同当事人之间可否自由选择侵权责任与合同责任,法国有的改革方案(如《卡特拉草案》)和中国法"从两个起点出发,各自以对方的原则为例外,以例外为原则,都在试图寻找例外与原则的分界线",可以相互检讨(第五章)。此外,为了更好地救济合同以外的第三人,法国立法者重视在某些情况下赋予第三人以合同当事人的救济权利,这就涉及到所谓的"直接诉权"。对此,不同的改革方案突破的程度有所不同(第六章)。

　　第三个方面是法国救济规则的体系化(本书第七章到第十章)。在作者看来,删除原书稿中有关法国责任构成规则的内容,一是因为中国国内已经有专著和论文对其进行了深度的解读,二是因为法国近年来的修法工作所带来的改变较为有限。比较而言,正如本书所展示的那样,法国民事责任救济规则立法体系化是法国民事立法的一大亮点;相关方案具有较强的操作性和较严密的逻辑性,对中国民事立法和司法实践可起到很好的参照作用。为此,作者将研究重心放置于此,并用了较大篇幅予以梳理。

　　此外,为了更好地突出上述三个方面,本书还铺垫了法国侵权责任法改革的背景(第一章、第二章)、改革中的重要争议事项(第三章),并附录了四部重要草案的中文译本。

　　本书是李世刚博士对法国民法长年研究的成果,是一本用其独到视角写成的专著。在中国缺少对法国民事责任法改革进行深度研究的情况下,本书因此更具前沿性。但这本富于创新性的专著更重要的价值在于,它所展示的法国经验有助于我们反观中国的民事责任制度。在这个意义上,本书为学界开启了一扇大门。

　　是为序。

目 录
CONTENTS

引　言

壹

在法国法上,"侵权责任法"是"民事责任法"的一个重要组成部分,也是债法的核心内容。2005 年《卡特拉草案》的出台正式开启了法国债法改革的序幕。当时,侵权责任法改革是债法改革的一个重要部分。2011 年我们以此为主题申请了教育部人文社会科学研究青年基金项目,并获得了立项,随后即展开了针对性的研究,并陆续发表了一些阶段性的研究成果。①

但是这些年来法国立法方案不断发生变动,时常有新的情况出现。尤其是,立法单位决定将侵权责任法改革从整个债法改革进程中暂时剥离出来、搁置一边,先推进合同法与债法一般规则(不含侵权责任法、特别合同法)的修法工作。正如我们所看到的,根据法国议会的授权,法国司法部于 2015 年 2 月 25 日向社会

① 例如,"中国债编体系构建中若干基础关系的协调——从法国重构债法体系的经验观察",载于《法学研究》2016 年第 5 期,第 3 – 26 页;"法国《合同法改革草案》解析",载于《比较法研究》2014 年第 1 期,第 175 – 200 页;"直接诉权立法的法国经验与启示",载于《北京理工大学学报(社会科学版)》2014 年第 1 期,第 126 – 131 页;"变革中的法国合同法的基本原则与启示",载于《南阳师范学院学报》2014 年第 1 期,第 23 – 29 页(《人大复印报刊资料(民商法学)》2014 年第 4 期转载)等。

公布了《关于合同法、债法一般规则与证明的改革法令(草案)》公开征求意见;次年(2016年)2月10日法国政府颁布了《关于合同法、债法一般规则与证明的改革法令》,同年10月1日生效。法国债法改革第一阶段任务完成。由此《法国民法典》债法部分被全面修订,迎来了1804年以来的首次"颠覆性"变化,第1100条到第1386-1条全部被替换为新条文。① 不过,其中有关侵权责任法的条文仅在体例上发生了一些变化(例如,条文编号有所改变;有关规范被集中安置在"非合同责任"单元),而对条文的具体内容却未做修订。其中一个主要原因是,侵权责任法所涉及的内容事涉保险机构、受害人保护与救济等多方面的根本利益,影响甚巨,立法机关认为应当审慎对待,不宜采用授权立法的方式。

随着2016年2月第一阶段债法改革工作的结束,法国司法部重新将重心转向了这个对各方利益影响甚巨的立法单元:侵权责任法。2016年4月29日法国司法部向社会公布了《民事责任改革法草案建议案(征求意见稿)》,即本书所谓之"司法部责任法草案(2016)",②该草案以此前的两套学者草案为基础,综合了前期多方的意见,采用的是将合同责任与侵权责任合并集中规范的"统一立法"模式。该草案若要生效仍需要经过议会的讨论、审读与通过。③

可以说,法国债法改革期间,侵权责任法改革工作曾一度充满争议又曾一度陷入停滞,现在虽重新启动,但何去何从仍需观察。本希望能等到改革指令的出台、给出最终的信号再结题,但教育部资助的科研项目已经到了应当结项的时候,我们只好在此对未来改革的基调与方向做一个预判。

本书的研究内容最终能在多大程度上印证法国未来的侵权责任法,尚不得而知。不过,从2016年的债法改革来看,法国侵权责任法改革不会脱离既往理论与实践,前期的诸多准备工作具有非常重要的价值,它们必然会决定最终生效文本的基调及可能的方向,因此,我们相信(或者说希望),本书的研究能较好

---

① 除特别说明外,本书依修订后《法国民法典》的新编号援引相关条文。

② 草案名称为"Avant-projet de loi réforme de la Responsabilité civile",下载网址:http://www.textes.justice.gouv.fr/art_pix/avpjl-responsabilite-civile.pdf

③ 根据近年来法国民事立法的经验判断,法国司法部后续会有新的修订版本出台(例如2017年3月13日法国司法部即推出了修订版本),这些新版本虽充满变数,但不会与最初草案有较大的出入。因此从学术角度看,作为初稿的《司法部责任法草案(2016)》更值得系统研究。

地反映出法国侵权责任法改革的基调与方向以及未来最终生效的法案的重要内容。

贰

还需要说明的是,在中国《侵权责任法》进入实施阶段以后,研究法国侵权责任法立法改革仍然具有重要的现实意义、理论意义和前沿价值。

这首先是因为,法国法是中国《侵权责任法》制定时的一个重要参考对象(全国人大法工委民法室编[2010],《侵权责任法:立法背景与观点全集》)。《侵权责任法》已于2010年7月1日生效,这标志着中国的侵权责任法学研究的重心已经从立法论转入到解释论,无论是法院的法官还是长期研究侵权责任法的专家,无论是裁判文书还是专著论文,均重视对《侵权责任法》条文的解释。同时,中国进入到民法典编纂时期,理论研究工作又转到解释论与立法论并存的阶段。因此,在解释和适用《侵权责任法》以及制定民法典时,应当重视参考过的立法例的解释适用及其新发展,进而也就有必要持续关注法国民事责任法的实践和动态。

第二,法国法的实践和新发展具有丰富的内涵。中国国内学界以往关注的重点是《法国民法典》的责任构成与归责原则(比如有关侵权责任一般规定的原第1382条、现第1240条)和比较熟知的法国法传统理论与体系。不过,在法国司法判例和学说的作用下,它们有可能已经被丰富和发展了、被修正了。例如,法国上议院围绕《卡特拉草案》中民事责任部分特别成立的评估工作组于2009年7月15日提交的《咨讯报告(2009)》,给出了修订法国现有民事责任制度的二十八点建议,它在某种程度上反映了法国民事责任法的改革方向与可能。因此,深入研究法国侵权责任法的新实务和新发展,有助于我们避免陷入不必要的误解和矛盾之中,深入认知和正确把握已经借鉴的条文和理论。

最后,中国和法国都面临着一些相类似的法律实务问题。在实务中,中法两国的法官可能会遇到类似的困惑(比如关于"同命不同价"、"惩罚性赔偿"、"间接受害人赔偿"、"合同责任与侵权责任的关系"等问题),比较法的研究可为法官判案解决纠纷和实施《侵权责任法》提供参考,也因此非常具有比较研究的价值。

为此,本书从第二章开始在每章的结尾处简要梳理了法国法的借鉴意义。

叁

如果不否认法国侵权责任法的比较法意义,那么我国的相关比较研究还有进一步拓宽和加深的必要。

国内已经有了有关法国侵权责任法的科研成果。例如,最为全面的当属张民安先生所著《现代法国侵权责任制度研究》,它系统地展示了法国侵权责任法的既有面貌。此外,伴随着新世纪法国债法改革的步伐,我国也有学者将2005年学者起草的《卡特拉草案》中的"民事责任"部分的条文翻译成中文([德]布吕格迈耶尔、朱岩著,《中国侵权责任法》)。我们的研究希望能在已有的研究成果之上,进行补充,增添不同的资讯与评析。

例如,前述的2005年《卡特拉草案》拉开了法国侵权责任法改革的序幕,它曾被描述为:更多反映的是部分学者的理论构想,既不能全面反映法国判例的真实情况,也不能完全代表立法的方向。其中,一个具有代表性的表现就是,该草案中的"民事责任"部分,将合同责任和侵权责任统合在"民事责任"的统一概念下,而这个方向一度被《泰雷责任法草案》所否定(要知道泰雷系列草案的起草曾经得到法国司法部的支持),不过2016年又被法国《司法部责任法草案》重新拾回。

又如张民安教授的专著对法国侵权责任的构成要件分析非常全面,我们的研究希望在此基础上,对在晚近以来法国侵权责任法在改革进程中的发展基调与方向进行研判,尤其以责任救济为重点。

因此,对法国侵权责任法新近发展的跟进是我们这项研究的目标。

正是基于这样的考虑,本书将在中国学术界既有的研究成果基础上,在《侵权责任法》施行一段时间的背景下,考察对该法的适用和解释具有借鉴意义的法国侵权责任制度的实践与新发展,观察处在改革十字路口的法国侵权责任制度改革者们的"左思右想",为法典制定、司法实务和理论研究提供对策建议和学术储备。

肆

在法国侵权责任法改革进程中,欧洲私法协调与一体化发展对其也带来了冲击与挑战,影响着法国学者和立法者对本国既有制度体系与内容的评价以及现代化的设计方案。通过侵权责任制度改革,法国立法者和学者最希望的结果是,坚持捍卫和优化法国传统民法体系与基本制度,以求彰显和增强《法国民法典》在欧洲和全球的影响力与吸引力。然而面对欧洲私法协调与一体化的声音,法国法律工作者在某些问题上又瞻前顾后、进退维谷。而其中"左顾右盼"的重大事项及其分析可很好地表明未来法国民法发展的方向。从宽泛的意义上说,法国侵权责任制度改革立法中最具争议的论题似乎均可以归结为同一个命题:捍卫法国传统制度,还是向欧洲(甚至全球)一体化妥协。我们的研究也希望能在一定程度上揭示法国固有侵权责任制度和欧洲私法协调与一体化进程的矛盾冲突,进而彰显法国固有制度的特点,为比较法学研究提供一份重要的素材。

伍

综上,侵权责任法所涉科目繁多,我们从比较法的角度选择了如下十个主题,分列三编,以展示法国侵权责任法改革的基调与方向。

上:历史背景编

第一章,以新世纪法国侵权责任法改革的背景与立法目的为主要内容,从中我们可以看到这一领域内存在诸多立法草案,各方利益冲突与博弈非常明显,尤其绕不开的一个主题是如何协调法国传统与欧洲私法一体化的关系。

第二章,以2016年2月《债法改革法令》对法国债法所带来的体例变化为主要内容,并集中观察了法国立法者对四组关系的协调方案。本章内容虽是有关立法体例的形式问题,但反映的却是债法领域内的核心问题——债法基本制度之间的关系。由于该法令已经生效,因此它实际上已经确立了下一阶段侵权责任法改革的基调。

中:改革要点编

第三章,以2009年法国议会的一份《咨讯报告(2009)》为主要内容。法国议会专门工作组曾对《卡特拉草案》做过评估并由此形成了该报告,其中提出了法国民事责任法改革的二十八点建议。这些内容一方面梳理出法国侵权责任法改革中的争议问题,另一方面也在整体上代表了法国法改革的基本方向。

第四章,围绕着2016年4月《司法部责任法草案(2016)》的内容与特点,旨在从宏观上全面展示与评析法国民事责任法改革的新方案。

下:制度创新编

第五章,以对改革方向具有较大影响的理论问题"侵权责任与合同责任关系"为对象进行研究。在法国侵权责任法改革进程中,有多套方案采纳了侵权责任与合同责任合二为一的"民事责任统一立法模式",这有助于我们深刻把握二者之间的关系。

第六章,以对改革方向具有较大影响的理论问题"直接诉权"为对象进行研究。尽管有分歧,但直接诉权的法国经验表明,其赋予处在多个债相互衔接之链条远端的债权人直接提出救济的权利,具有保护债权人的重要功能,值得在适当范围内予以借鉴和引入。

第七章,对法国损害救济规则的立法趋势进行整体观察。法国各方改革方案均确立了对损害进行完整补救的原则,规定了实际补救和损害赔偿两种责任方式,并依据人身损害和财产损害构建责任救济规则体系。

第八章,集中于法国侵权责任法改革中各方高度重视的人身损害救济规则,尤其是损害救济事项的标准化。

第九章,突出间接受害人救济范围宽泛的法国特色,以及有关的限制措施与改革方案。

第十章,对精神损害救济规则的体系化方案进行了解析。可以说就精神损害赔偿范围而言,法国法的确有一种扩张的趋势。

附录

此外,为了使读者更好地了解改革内容,本书附录了法国侵权责任法改革中四份重要草案的中译本:《卡特拉草案》(节选)、《贝塔耶草案》、《泰雷责任法草案》以及《司法部责任法草案(2016)》。

上

历史背景编

第一章

法国侵权责任法改革与欧洲私法的协调发展

在法国，改革侵权责任法是《法国民法典》系统修订工作的一个重要组成部分。它绕不开在欧洲私法协调与一体化命题下的检讨。各方意见分歧较大，因此如同新近的合同法改革所面临的复杂状况，①法国出现了多部有关侵权责任法改革的草案。

一、《法国民法典》的修订与欧洲私法协调发展

1804 年诞生的《法国民法典》，作为"资产阶级国家最早的一部民法典"，自其诞生之日起就对全球的民事立法产生了深远的影响，②历经两个多世纪，经过不断的修正和充实，③它仍然施行于法国。不过社会生活总有变化，老祖宗的条条框框并不能预见到一切，也不能完全契合未来之发展。法国立法者在其诞生后的二百多年间始终受着一种煎熬，而且越来越强烈——既受制于旧有结构、篇章体例、条文编排、文句表述、甚至过气的规则，又要修订或添加条文适应社会变迁——旧瓶装新酒，绝非易事。④

---

① 有关法国合同法改革的背景，可参见李世刚：《法国合同法改革：三部草案的比较研究》，法律出版社 2014 年版。

② 参见《拿破仑法典（法国民法典）》（李浩培、吴传颐、孔鸣岗译，商务印书馆 2006 年版）之"译者序"。

③ 随着政治运动的变化，它的名称曾经几次变更。最初称为《法国民法典》，1807 年改为《拿破仑法典》，1816 年又改为《民法典》，1852 年再度改为《拿破仑法典》，自 1870 年以后，在习惯上一直沿用《民法典》的名称。

④ 有关《法国民法典》的演进与发展，可参见耿林："论法国民法典的演变与发展"，《比较法研究》，2016 年第 4 期，第 179 - 191 页。

　　早在二十世纪五十年代,就有法国专家学者企图摆脱这种煎熬,重新修订民法典。① 不过学者卡尔波尼埃教授的主张最后得到了彰显:《法国民法典》的修订以维持原有条文位置为一项原则,新修订的内容陆续地(有时是蹩脚地)添附在旧有条文之处。② 于是,法国立法者不得不重新面对煎熬。

　　在新旧世纪之交,人们发现,1804 年颁行的《法国民法典》虽在过去的两个多世纪里不断地遭遇小修小补,但相对于法国的司法实务与社会现实而言,在许多地方仍显得颇为保守和过时。尤其是新出现的法律规范散落在诸多法典和法律文件中,内容繁杂。此外,民法典中那些几乎一成不变的规范"经由大量的判例而得到了完善,但是后者在本质上是波动的,看起来是不确定的,并且会让经济学家们感到难以适用和理解。在这种情况下,单纯对于民法典进行解释已经不能清晰而明确地展示在很大程度上占据统治地位的实证法自 1804 年以来所发生的变化,即社会风俗、科技和实践的变革对法律产生的影响"。③ 对此,不仅外国人,就是法国本土的法学工作者也常有步入迷宫的感觉。实务界和理论界都希望能够得到内容完备、容易读懂、制度现代的民法体系。④

　　于是,2004 年前后,借纪念《法国民法典》颁行二百年之契机,法国学者除了颂赞该法典的历史地位和其对法兰西民族的功绩之外,就"使其现代化"达成了共识,决心对法典进行大修,以便全面更新民事制度,这就为此后一系列法典修订工作的逐步展开奠定了基础。⑤ 法国民法现代化就是希望通过重整《法国民法典》

---

① 详细内容参见本书第二章。

② Ph. Malaurie, Droit civil: introduction générale, éd. , 1994 – 1995, Cujas, p. 157 – 166.

③ 法国司法部 2016 年《债法改革法令之立法说明》,即 Rapport au Président de la République relatif à l'ordonnance no 2016 – 131 du 10 février 2016 portant réforme du droit des contrats, du régime général et de la preuve des obligations, Journal officiel de la république français (11 février 2016)。下 载 网 址: https://www. legifrance. gouv. fr/eli/rapport/2016/2/11/JUSC1522466P/jo/texte.

④ M. Grimaldi, Exposé des motifs du projet de réforme présenté, RDC juill. 2005, p. 783; Vers la réforme des sûretés, RJC 2005, 467.

⑤ 近年来相继完成的《法国民法典》修订内容涉及离婚(2004 年)、亲子关系(2005 年)、亲权(2002 年)、成年人的司法保护(2007 年)、民事同居关系(1999 年和 2006 年)、继承与遗赠(2006 年)、担保(2006 年)、信托合同(2007)、诉讼时效(2008 年)、合同法与债法总则(2016 年)等。但最为"大刀阔斧"的改革应当是已经完成的担保法改革以及合同法与债法总则改革。

的内部体系与规范,在技术上实现逻辑的清晰化、语言的通俗化和制度的现代化,以求法律实务的便利,并最终"增强该法典在法国国内和其它国家的光芒"。①

但值得注意的是,法国人强烈地感受到来自其邻国(尤其是德国和英国)的法律文化传播的竞争压力,以及来自为朝向统一而努力的欧洲私法协调发展层面的挑战。而后者的影响对法国尤其明显。法国立法者坦言:"在现代经济中法律本身也是处于竞争当中的,合同法和债法改革的趋势使得法国在国际舞台上处于不利地位"。诸如葡萄牙、荷兰、魁北克、德国还有西班牙这些曾经深受拿破仑法典影响的国家,都已经改革了其自身的民法典从而摆脱过于古老以至于不再能够对他国起到启蒙作用的法国模式的影响;由此看来,"法国民法典的光芒似乎随着时代的变迁而消逝了"。世界银行出版的《Doing Business》的报告常常从普通法系的立场出发,尤其擅长将法国法描绘为复杂的、不可预见的且毫无吸引力的法律制度。② 这些竞争与挑战,既是法国民法改革的动因,也多少会在某种程度上成为评价改革方案的尺度。

对此,虽然如法国学者所说,"看起来有必要让法国法律工作者的声音被听到,他们很长时间以来,有意识或者无意识地,自我隔绝在舞台之外"。③ 可是,私法上几乎每项重要的改革,都绕不开在欧洲私法协调与统一化命题下的检讨,而侵权责任法尤为明显和典型。

二、多部草案的历史使命

与合同法改革一样,法国也出现了多个有关侵权责任法改革的草案。当初起草合同法方案的三家都提出了自己设想的侵权责任法改革方案。他们也都面临着保持本国传统和欧洲私法协调与一体化的冲突问题。虽然内容整体上是维系法国传统,但是却处处在应对欧洲私法协调与一体化的命题。

---

① M. Grimaldi, Ouvert du colloque, in Proposition de l'Association Henri Capitant pour une réforme du droit des biens, p. 2.

② 参见《债法改革法令之立法说明》。

③ M. Grimaldi, Ouverture du colloque, in. Propositions de l'Association Henri Capitant pour une réforme du droit des biens, sous la direction de Hugues Périnet – Marquet, Litec, 2009, p. 1 – 5.

（一）2005 年《卡特拉草案》

二十一世纪的前十年是《法国民法典》现代化的启动阶段,例如担保制度得以全面更新、信托概念正式进入民法典,①除此以外,极为重要的就是法国债法改革。具有标志性意义的事件是,2005 年 9 月 22 日法国巴黎第二大学教授皮埃尔·卡特拉(Pierre Catala)先生领导的专家起草小组(简称"卡特拉小组")正式向法国司法部提交了《债法(民法典第 1101 条到第 1386 条)与时效制度(民法典第 2234 条到第 2281 条)改革草案建议案》,即著名的《卡特拉草案》。②

《卡特拉草案》包含如下四部分的内容:债法总则、合同法总则、民事责任及时效。其内容较为全面,涉及债法总则、合同法总则、准合同、民事责任、时效制度等多个部分,对《法国民法典》中的相关部分进行了重构。除了法律条文之外,起草者还简要地阐释了他们的观念或者说立法理由。其中,草案将"合同责任"与"侵权责任""合二为一"放置在"民事责任"的概念和标题之下的设计风格,成为学界最具有争议的话题之一。

但是,鉴于债法改革涉及内容广泛而敏感,法国立法机关决定,以《卡特拉草案》为蓝本,分步骤地修订债法规则。其第一步骤已经完成,即对时效制度的改革。③ 第二步是有关合同法总则、债法总则的改革,也已经于 2016 年完成。④ 再

---

① 关于法国 2006 年 3 月的担保法改革,可参见李世刚:"关于法国担保制度的改革",《政治与法律》,2007 年第 3 期,第 166 – 172 页;关于 2007 年 2 月的法国信托法立法,可参见李世刚:"论《法国民法典》对罗马法信托概念的引入",《中国社会科学》,2009 年第 4 期,第 106 – 116 页。

② 《卡特拉草案》的多语言(英语、德语、意大利语、阿拉伯语等)版本已经正式出版:Université Panthéon – Assas,L'art de la traduction: L'accueil international de l'avant – projet de réforme du droit des obligations(sous la dir. P. Catala), LGDJ Diffuseur, 2011, p. 93 – 497. 有关侵权责任法部分可参见(德)布吕格迈耶尔、朱岩:《中国侵权责任法》,北京大学出版社 2009 年版,附录二。

③ 2008 年 6 月 17 日第 2008 – 561 号法律。参见 Rapport n° 338 (Sénat, 2006 – 2007) de MM. Jean – Jacques Hyest, Hugues Portelli et Richard Yung au nom de la mission d'information de la commission des lois du Sénat sur le régime des prescriptions civiles et pénales (http://www. senat. fr/noticerap/2006/r06 – 338 – notice. html) 和 Rapport n° 83 (Sénat, 2007 – 2008) de M. Laurent Béteille au nom de la commission des lois du Sénat sur la proposition de loi portant réforme de la prescription en matière civile (http://www. senat. fr/rap/l07 – 083/l07 – 083. html)。

④ 详细内容参见本书第二章。

接下来的就是改革民事责任法。

就草案本身而言，由于《卡特拉草案》在表述、体系与规则等方面给人一种远离欧洲的印象，也由于债法本身的理论争议与利益诉求较为多元，于是针对该草案和债法改革，法国出现了许多不同的声音。重要而有影响力的法律机构或者利益团体，如法国最高法院、巴黎工商会、消费者团体等均表达了自己的立场。法国议会还组织专业人士调研各方意见，提出了指导性方案试图平衡各方利益。而在各种声音中，最为系统和最具建设性的当属2012年《泰雷责任法草案》和2016年《司法部责任法草案(2016)》。

(二)来自法国议会的2009年《咨讯报告》与2010年《贝塔耶草案》

《卡特拉草案》出台以后，侵权责任法改革因涉及普通民众的日常生活和企业的竞争与发展，成为极具争议和敏感的话题。为了顺利完成立法，法国上议院曾针对《卡特拉草案》的民事责任部分专门设立评估工作组进行调研。2008年11月该工作组成立，由分别代表左右政党的阿泽亚尼(Alain Anziani)和贝塔耶(Laurent Béteille)议员负责。在随后的日子里，该评估工作组面向经济界、司法界、行政界、学术界和公众组织了四十多场听证会。

2009年7月15日工作组向法国上议院法律委员会提交了《咨讯报告》，即本书所谓之"咨讯报告(2009)"，①给出了修订法国民事责任制度的二十八点建议，以确立法国民事责任立法的基调与发展方向(当然我们不排除随着时间的推移、社会的变化以及会议议员的更替，有关内容发生变动的可能)。

次年(2010年)夏天，领导评估工作的贝塔耶议员还据此向法国上议院提交了一份《民事责任改革法建议案》(以下简称"贝塔耶草案"②)，但该建议案并没有产生广泛的影响。鉴于《贝塔耶草案》建立在《卡特拉草案》与《咨讯报告(2009)》基础之上，本书未将其列为比较研究的主要对象，仅附录了该草案的中文译本。

---

① Rapport d'information n° 558 (2008 – 2009) du 15 juillet 2009, 下载网址：http://www. senat. fr/rap/r08 – 558/r08 – 5581. pdf
② 2010年7月9日议员贝塔耶向法国上议院提交了一份《民事责任改革法建议案》(Proposition de loi portant réforme de la responsabilité civile)，该草案以《卡特拉草案》为模版，加入了上议院民事责任工作组的意见。下载网址：http://www. senat. fr/leg/ppl09 – 657. html

（三）2012 年《泰雷责任法草案》

针对《卡特拉草案》，法国学术权威机构"法兰西学院"院士弗朗索瓦·泰雷（François Terré）先生，组织同行首先向法国司法部另行提交了一份《合同法改革草案》（即学界所谓的"泰雷草案"或"泰雷合同法草案"），①之后，又如法炮制了一份《民事责任法改革草案》（以下称为"泰雷责任法草案"）。

这部草案最大特点是对欧洲私法融合给予了更多的倾斜。例如，该草案虽然给出的正式名称是"民事责任法改革草案"，但并没有触及"违约责任"而仅以"侵权责任"为中心。换言之，它没有采用《卡特拉草案》的民事责任统一立法的模式。此外，《泰雷责任法草案》触及了许多传统法国法的模糊地带，起草者希望能限制法官在此领域内的自由裁量权。例如，借鉴比较法的经验，该草案试图明确间接受害人的赔偿范围；尊重欧盟指令的内容，草案希望有关缺陷产品责任的指令能得到更为彻底的贯彻；为了使有关法国规则更加清楚易懂，该草案还确立了精神损害赔偿规则，并希望就人身损害赔偿确立一系列的计算表格。

就学术水平和立法水平而言，《泰雷责任法草案》的内容非常值得进一步的研究。

（四）其他团体的意见

在法国侵权责任法改革的进程中，众多团体就曾代表不同利益群体表达了相应的诉求以及立法意见。

例如"巴黎工商会"代表工商业界在第一时间对最早提出债法改革方案的《卡特拉草案》提出了自己的分析报告和意见：巴黎工商会《关于卡特拉草案的报告（2006 年 10 月 19 日）》。②

代表法官群体的法国最高法院也组成了专门的工作组分别对《卡特拉草案》和《泰雷责任法草案》提出了自己的分析报告和意见：《法国最高法院关于卡特拉

---

① 《合同法改革建议案》于 2008 年 11 月提交给时任司法部长 Rachida Dati 女士。2009 年 2 月《为了合同法的改革》（Pour une réforme du droit des contrats）一书由法国达鲁兹出版社出版，其中刊载了草案的全文。有关该草案的情况，可参见李世刚：《法国合同法改革：三部草案的比较研究》，法律出版社 2014 年版。

② Pour une réforme du droit des contrats et de la prescription conforme aux besoins de la vie des affaires，Réactions de la CCIP à l'avant-projet Catala et propositions d'amendements，下载网址：http://www.etudes.ccip.fr/rapport/65-reforme-du-droit-des-contrats-kli0610

草案的评估报告(2007 年 6 月 15 日)》,①《法国最高法院关于泰雷民事责任法草案的评估报告(2012 年 2 月)》。②

当然,学界的讨论就更加多元和激烈。

(五)2016 年债法改革法令

2016 年 2 月 10 日法国政府根据议会授权,③颁布了《关于合同法、债法一般规则与证明的改革法令》(以下简称"债法改革法令")④,该法令于同年 10 月 1 日生效。由此《法国民法典》债法部分(特别合同法、侵权责任法除外)被全面修订,其中的第 1100 条到第 1386 - 1 条全部更新为新条文,我们称之为"新债法"。由议会授权政府制定法令修订民法典的立法方式避免了议员们无休止的争论。⑤

不过,新债法中有关"侵权责任法"的规范仅在体例上发生了一些变化。例如,有关规则被集中安置在"非合同责任"单元,条文编号全部更改,而条文的内容却未做任何修订。其中一个主要原因是:侵权责任法所涉及的内容事涉保险机构、受害人保护与救济等多方面的根本利益,影响甚巨,立法机关认为应当审慎对

---

① 该报告全称是《法国最高法院<债法和时效制度改革草案>工作组报告(2007 年 6 月 15 日)》。Rapport du groupe de travail de la Cour de cassation Sur l'avant - projet de réforme du droit des obligations et de la prescription (15 juin 2007),下载网址:http://www.courdecassation.fr/jurisprudence_publications_documentation_2/autres_publications_discours_2039/discours_2202/2007_2271/groupe_travail_10699.html

② Cour de Cassation, Group de travail sur le projet intituléPour une réforme du droit de la responsabilité civile sous la direction de François Terré (Février 2012),下载网址:https://www.courdecassation.fr/IMG/reforme - droit - RC.pdf

③ 2015 年 2 月法国议会授权政府以"法令"的方式修订《法国民法典》债法部分(特别合同法、侵权责任法除外)。参见 2015 年 2 月 16 日"关于简化与现代化国内商业与司法领域的法律与程序之法律"(Loi n° 2015 - 177 du 16 février 2015 relative à la modernisation et à la simplification du droit et des procédures dans les domaines de la justice et des affaires intérieures)第 8 条。
随后法国司法部于 2015 年 2 月 25 日向社会公布了《关于合同法、债法一般规则与证明的改革法令(草案)》。

④ L'ordonnance n° 2016 - 131 du 10 février 2016 portant réforme du droit des contrats, du régime général et de la preuve des obligations. https://www.legifrance.gouv.fr/eli/ordonnance/2016/2/10/JUSC1522466R/jo/texte

⑤ 典型的例子是,2006 年法国担保法改革即是通过议会授权政府立法的方式快速完成的,从准备草案到法令生效仅有两年多的时间。而最终《法国民法典》新增第四卷,传统体例被大胆突破。参见李世刚:《法国担保法改革》,法律出版社 2011 年版,第 3 页。

待,不宜采用授权立法的方式。

同时,新债法中的"合同责任"(即违约损害救济)规范(第五副节"对合同不履行所致损失的补救",第1231条到第1231-7条)仅在形式上做了部分调整,基本延续了修订之前《法国民法典》第三卷第三章第四节的条文(原第1146条到原第1153-1条),这是因为改革者认为:"对于合同责任的改革不能脱离非合同责任而单独进行,这一点已经形成了广泛的共识,从根本上看两种责任机制有着相同的本质特征:存在一个法律事实、一个损害以及二者之间的因果关系。而使二者互相区别的不同之处都集中在合同领域产生责任的事实的独特性上"。

因此,2016年2月第一轮债法改革的决策者(或者更确切地说是法国司法部)已经对后来的民事责任法改革进行了规划,拟重新构建民事责任制度的架构。该架构一方面"细化了有关合同责任和非合同责任的共同规定",另一方面"分别对这两种责任制度设立特别规定",从而实现"对合同责任制度进行现代化的修订"以及侵权责任的现代化。① 简言之,其方案是希望回归2005年《卡特拉草案》所提出的民事责任统一立法模式。

随着第一阶段债法改革工作的结束,法国已将重心转向了对各方利益影响甚巨的立法单元:侵权责任法。

(六)2016年《司法部责任法草案(2016)》

2016年4月法国司法部向社会公布了《民事责任改革法草案建议案(征求意见稿)》,②其基调与方向仍然建立在此前的多部草案的基础之上,但它并非最终版本。③

三、法国侵权责任法改革对欧洲私法协调与一体化的态度

法国民事法律工作者已充分注意到欧盟层面的私法协调工作以及周边国家的立法推进,但在处理本国法和它们的关系时,更注重自有体系和传统的完善与改进。

---

① 参见《债法改革法令之立法说明》。

② Avant-projet de loi réforme de la responsabilité civile, 下载网址:http://www.textes.justice.gouv.fr/art_pix/avpjl-responsabilite-civile.pdf

③ 详细内容参见本书第四章。

（一）对欧盟层面私法协调与统一的回应

作为欧盟的创始成员国，法国在任何方面的立法都不可能忽视欧盟层面的协调与统一，民事责任领域亦然。

·　其中颇为重要的指令（directive）已转化成法国国内法。如1985年7月25日的第85/374号《关于成员国在缺陷产品责任领域统一立法与行政规范的指令》——自1998年5月起成为《法国民法典》原第1386-1条到原第1386-13条的内容。又如2004年4月21日的第2004/35号《关于预防和赔偿环境损害的环境责任指令》——其内容已于2008年8月1日成为法国国内法的内容。此外，1997年10月9日第2027/97号《关于航空运输者责任规则（réglement）》也对法国国内法规则产生了重要影响。

这些对欧盟成员国立法产生重要影响的文本反映了欧盟所面临的需要保护的特别利益（消费者、环境、航空安全），但都限于欧盟权限内的领域，涉及的只是某些特殊的民事责任领域，并没有全面挑战其成员国的民事责任法的一般规则。①

相反地，试图实现侵权责任法基本制度协调与统一的努力在学界已结出硕果。比如《欧洲侵权法原则》（PETL）已经于2005年5月公布，其所采纳的原则合并了英国、德国和法国的不同进路。这是学理上对协调或统一各国国内法的又一次努力和尝试，它必然会引发深刻的思考，至于其在多大范围内被权力机构所采信，则取决于各国立法者的态度。

法国侵权责任法改革也必须回答是否"要将欧洲的不同法律深度整合到其国内法上"这个问题。对此，《卡特拉草案》起草者以及法国上议院针对该草案的评估报告《咨讯报告（2009）》均认为，法国的民事责任改革不能不考虑欧洲层面的立法协调，但是，与此次改革所要追求的其它目标相比较而言，它只是一个"次要"的目标。《咨讯报告（2009）》一再强调法国立法机关不要忘记法国民法改革最为重要的目标：使其更加和谐、完备、稳定和适应现代化社会，进而增强其影响力，对共同体规则的制定产生更为强大的影响。②

---

①　参见《咨讯报告（2009）》第30-31页。
②　参见《咨讯报告（2009）》第32-33页。

可见,法国侵权责任法改革映射着《法国民法典》现代化的两个动机:一是希望法国民法的规定更加清晰、有条理,便于掌握。二是希望该法典和法国民法能继续在欧洲和世界范围内产生领先的影响力。

除了立法目的的考虑外,当然也有立法技术上的因素。法国法律界的主流观点是,由于合同与经济贸易和国际交往的关系更为直接,对欧洲合同法统一的呼声远高于对侵权责任法统一的呼声;不仅如此,欧洲侵权责任立法的协调工作还处在起始阶段,不仅各个统一法版本和法国法存在差异,而且各个版本之间也存在众多差异。在欧洲,法律的统一与协调必将在共同体框架内进行,也必是一个非常漫长的进程。①

(二)对邻国立法经验的回应

前述立法态度不仅表现在对待欧洲层面的法律协调与统一进程方面,还表现在法国对待其他邻国的立法经验上。

法国的这次改革是否借鉴邻国的民事责任立法模式? 法国法如何看待和对待与其竞争的德国法、英国法呢?《卡特拉草案》起草者以及《咨讯报告(2009)》的意见是,鉴于法国和德国、英国等国家在民事责任制度方面存在着"实质性的不同"(即使是与其极为接近、有着罗马法渊源和成文法传统的德国法,在基本概念和法官推理方面也有着显著差异),采用德国或者英国模式替代和推翻法国民事责任制度的基础是"徒劳的";在不违反法国民事责任制度原则的前提下,法国的改革可以采纳某些其他国家有益的制度或者技术,尤其是为了解决那些在法国最具有争议的难题(比如普通法的惩罚性赔偿、减损义务规则)——这种制度上的接近是因为各个国家司法系统需要解决的实际问题是类似的。② 但在借鉴的幅度上,尤其是对待英美法系的规则,立法机构似乎比专家学者更为谨慎(比如惩罚性赔偿制度的引入)。③

综上,我们发现,虽然有些欧盟权限内的指令或者规则给法国国内法带来了新突破,甚至是对其基本原则或制度的背离,但是法国法律工作者仅将其视为"原

---

① 参见《咨讯报告(2009)》第31-32页。
② 参见《咨讯报告(2009)》第27-29页。
③ 可参见本书第三章和第四章相关部分。

则的例外"接受了,它们并没带来根本上的变革。至于非官方的专家学者所努力推出的私法统一范本,似乎对正在进行中的法国侵权责任法改革意义有限。因此,有德国学者评价到:《德国民法典》修订后仍然是德国的,法国债法改革后的《法国民法典》仍然是法国的。①

以上仅是宏观上的观察与评析,我们仍然需要从具体视角切入,考察在欧洲私法相互注意以及协调(甚至一体化)呼声持续出现的背景下法国法所做的选择,其间的坚守或融合更彰显比较法研究的价值与力量。

---

① S. Lorenz, La responsabilité contractuelle dans l' avant – projet: un point de vue allemand, RDC, Janvier 2007, p. 63.

第二章

新债法架构的虚位以待

2016 年 2 月法国债法改革完成,《法国民法典》债法体系重构。侵权责任法虽是债法的一个组成部分,但是由于授权立法的限制,本次改革并未将其列为对象,不过为其后来的改革预设了架构、预留了空间,虚位以待。

经过本轮调整,《法国民法典》中的债法规范体系具有如下特点:以合同规则为中心、其规范准用于其他法律行为;债法一般性规则从合同规范体系中分离出来,设立债法通则单元;债法体系依次按照"债之渊源"、"债之通则"、"债之证明"以及"特别合同"的顺序展开;"债之渊源"单元囊括合同法总则、侵权责任法以及其他债的渊源(无因管理、非债清偿与狭义不当得利三种传统的"准合同")规则。法国债法修订凸显债的渊源在债法体系构建中的主导地位。

本部分拟就法国新债法体系进行整体观察,选取对新体例具有决定意义的四个基本问题,从比较法的角度进行解析,期望能对中国民法典债编与侵权责任法单元的体例建构有借鉴意义。

一、法国旧债法体系的不足与出路

《法国民法典》原有的债法体系非常"散漫",具体表现在两个方面:首先,债法规范和"继承"等其他性质的规范并列出现在第三卷("取得所有权的不同方式")中;第二,债法规范之间的逻辑层次分级不明显,如合同之债、非合同之债、产品责任以及买卖合同等特别合同并排罗列在第三卷中,难以区分一般规则与特殊规则。

重构债法规范体例遂成为各方高度认同的事项,只是方案有所不同。例如,泰雷先生曾建议,先将第三卷改名为"债法",剔除与之无关的两编(即"继承"、

"生前赠与和遗赠"①,民法典新增第五卷以吸纳这二者);②之后将第三卷分成"债之渊源"、"债之通则"、"债之证明"以及各种特别合同等多个单元。而《卡特拉草案》认为应维系第三卷的名称和基本构造,但建议其中新设"债"编(统摄三个副编:"合同及一般契约之债"、"准合同"、"民事责任"),之后罗列既有的各种特别合同规范。

法国《债法改革法令》采折中方案:一方面维持了第三卷的名称和包罗万象的"箩筐"模式,另一方面对该卷内部的债法规范进行整合。据此,第三卷("取得所有权的不同方式")前五编为:第一编"继承"、第二编"无偿处分"、第三编"债之渊源"、第四编"债之通则"以及第四编[二]"债之证明";之后是各种特别合同的规范部分。其中,第三编"债之渊源"分成"合同"、"非合同责任"与"其他债之渊源"三个单元;第四编"债之通则"分成"债的类型"、"债的运转"、"债权人的诉权"、"债的消灭"与"返还"五个单元。

上述体例安排实际上回答了如下四个基本问题:如何对待"法律行为"概念的地位(尤其是它与合同的关系)? 如何处理合同法在债法体系中的地位(是否设立债法总则)? 如何处理债法共性规则与不同原因所生之债的特殊规则的关系? 如何安置无因管理与不当得利等合同、侵权以外的其他债之渊源的规范?

二、法律行为与合同的关系

今天大陆法系债法体系构建的首要与核心问题是,意定之债的规则是以合同法规则为中心,还是以法律行为(一个可以涵盖合同、单边、多边法律行为的、更为宽泛的上位概念)规则为中心?③

---

① 2006 年 6 月 23 日颁布、2007 年 1 月 1 日生效的第 2006 - 728 号"关于改革继承与无偿处分的法律"(Loi n° 2006 - 728 du 23 juin 2006 portant réforme des successions et des libéralités)对这两编进行了全面修订,第二编的题目也由原来的"生前赠与和遗赠"变更为"无偿处分"。

② P. Remy, Observations générales sur le plan proposé pour un livre III, 《 Des obligations 》, in. Pour une réforme du droit des contrats (sous la direction de F. Terré), Dalloz, 2009, p. 105 - 107.

③ C. Witz, Contrat ou acte juridique?, in Pour une réforme du droit des contrats (sous la direction de F. Terré), Dalloz, 2009, p. 51 - 65, spéc. 51.

　　法国曾两次尝试在法典中明确二者的关系。第一次尝试拟以法律行为为中心(接近德国法模式),未能成功。第二次则以合同为中心、法律行为为辅(避开德国法模式),此为新债法所采纳的方案。这种变化反映了法国法律界在半个多世纪的时间里对法律行为立法的反思结果。

　　(一)50年前的尝试:法律行为的法典化与中心化

　　1."民法典改革委员会"草案

　　20世纪法国临时政府任命了由学者组成的"民法典改革委员会"(1945年 -1964年①)。名为"改革",实际工作却是制定一部新民法典。委员会在1953年向政府提交了草案初稿(1955年出版)。按照该草案的设想,②民法典第四卷("法律行为与法律事实")第一编命名为"法律行为",包含两章,第一章规范法律行为有效的条件,③第二章规范法律行为的无效。两章之前设有三个一般性条文,分别界定了法律行为的定义④、法律适用范围⑤,以及"意思"与法律行为的关系⑥。尽管规范"法律行为"编章的位置处于法典的中间位置,但它内容详尽且涉及包括合同在内的所有类型的法律行为,在起草者看来是具有总则意义的规范,具普遍适用性。⑦ 从这个意义上讲,草案与《德国民法典》的模式已颇为接近。不过它最

---

① 该委员会在1964年召开了最后一次会议,同年卡尔波尼埃(Carbonnier)教授被委任领衔《法国民法典》中人法与婚姻家庭法的修订工作,此后该委员会未再召开任何会议。J. Beauchard, Classification des sources des obligations dans les projets de codes contemporains, in L'enrichissement sans cause. La classification des sources des obligations, études réunies par V. Mannino, C. Ophèle, LGDJ, 2007, p. 171 – 184, spéc. p. 177.

② 民法典的结构当时被规划为:预备卷,(第一卷)自然人和家庭,(第二卷)继承与无偿处分,(第三卷)财产、物权和知识产权,(第四卷)法律行为与法律事实,(第五卷)债,(第六卷)某些合同,(第七卷)法人。参见 Commission de réforme du code civil, Avant – projet de code civil présenté à M. le Garde des sceaux, ministre de la Justice, I, Livre préliminaire, Livre premier, Sirey, 1955.

③ 该章第一节到第七节分别涉及"意思"、"能力"、"代理"、"客体"、"原因"、"目的"以及"形式条件"。

④ "法律行为是一个或者多个以创设、变更或者消灭权利为效果的意思表达。"

⑤ "法律行为,无论称谓如何,适用本部分的一般规定,除非法律有相反的规定。"

⑥ "无意思即无法律行为。订立法律行为的所有参与者的意思是必须的,除非有相反的规定或者约定。"

⑦ R. Houin, La technique de la réforme des codes français de droit privé, Revue internationale de droit comparé, 1956, Vol. 8 N° 1, p. 9 – 27, spéc. 22.

终仅成为学术研究的宝贵材料，没有成为新的法国民法典。

虽面临着外部强大的反对声音以及内部意见的分化，该委员会透过草案明确表达了两点意见：一是在民法典中对法律行为进行规范化、法典化；二是法律行为中心化，而将合同规范放到次要地位。

法国学界围绕这两点意见的争论从未休止过，但在今天有了比较趋同的认识：一方面，不排斥法律行为的法典化，有关支持的理由和论据在过去的半个多世纪中变化不大；另一方面，排斥法律行为的中心化，相关的论证来自于对引入德国法模式的反思。

2. 支持法律行为法典化与中心化的理由

支持法律行为法典化、中心化的理由，主要有以下几个方面。

（1）法律行为是法国法律工作者熟悉的概念和常见的法学工具

1804 年《法国民法典》中未曾出现过"法律行为"。在法国最初是学界受德国的影响于十九世纪末开始使用这一术语。"似乎最早的推动者是布福努瓦（Bufnoir）教授"，他在十九世纪六十年代的一次学术会议中以及后来的作品中①时常使用"法律行为"的术语，不过没有对其进行确切的解释。② "尽管早期法国学者已经能比较好地掌握了法律行为这个概念，但是对这个德国舶来品还是比较敏感，加之《法国民法典》没有总则性的规定，因此将其使用范围主要限制在了债法领域"。③ 例如 1890 年萨莱耶教授撰写的专著《关于债法的一般理论：基于德国民法典草案的研究》出版，④该书对法律行为概念在法国的发展具有重要意义，但从题目即可知晓其内容集中在债法领域。

由于法律行为的概念与法律事实相对，其所依托的"意思优先"理念使得法国

---

① 如 C. Bufnoir, Théorie de la condition dans les divers actes juridiques, suivant le droit romain, Paris, Cotillon, 1866.

② P. Ancel, Acte juridique et déclaration de volonté: la greffe allemande sur le droit français des obligations, in Traditions savantes et codifications, Colloque ARISTEC des 8, 9 et 10 septembre 2005, LGDJ, 2007, p. 161 – 186, spéc. 166.

③ D. Deroussin, Histoire du droit des obligations, Economica, 2007, p. 99 – 100.

④ R. Saleilles, Essai d'une théorie générale de l'obligation: d'après le projet de Code civil allemande, Paris, F. Pichon, 1890.

的笛卡尔主义者以及"第三共和国的康德主义教授们"感到高兴。① 后来在众多学者以及重要博士论文的推动下,其使用范围得到扩张。② 二十世纪中叶"民法典改革委员会"推出的草案标志着其发展的一个高峰。③ 如今,在法国法学教育与研究领域(尤其是债法方面),法律行为仍是非常重要和常见的概念。④

(2)德国经验的影响

众所周知,受十九世纪历史法学派的影响,《德国民法典》成为第一部以"法律行为"而非合同为核心要素的现代民法典。其"总则"中的"法律行为"一章,涉及行为能力、意思表示、合同、条件与期限、代理等方面,体系全面、内容细致,尤其吸引人的是有关法律行为的核心要素(意思表示)的详细规范。⑤ 以上表明,法律行

① P. Remy, Plans d'exposition et catégories du droit des obligations, in Pour une réforme du droit des contrats (sous la direction de F. Terré), Dalloz, 2009, p. 92, note 30.

② 按时间顺序,在此方面具有重要历史地位的代表性法国法学教程有:H. Capitant, Introduction à l'étude du droit civil, t. I,1898; M. Planiol, Traité élémentaire de droit civil, t. I,1ᵉ éd. ,1899; J. Bonnecase, Précis de droit civil, 1ᵉ éd. , 1934; L. Josserand, Cours de droit civil français, t. II, Théorie générale des obligations, 1ᵉ éd. , 1930; J. Carbonnier, Droit civil, t. IV, Obligations, 1955; G. Marty et P. Raynaud, Droit civil, Introduction générale à l'étude du droit , 1ᵉ éd. , 1961, et 2ᵉ éd. , 1972; Droit civil, Les obligations, t. I, Les sources, Sirey, 1ᵉ éd. 1967, et 2ᵉ éd. , 1988. 参见 P. Ancel, Acte juridique et déclaration de volonté: la greffe allemande sur le droit français des obligations, in Traditions savantes et codifications, Colloque ARISTEC des 8, 9 et 10 septembre 2005, LGDJ, 2007, p. 167 – 169.
博士论文如,A. Rieg, Le rôle de la volonté dans l'acte juridique en droit civil français (《法国私法领域法律行为中的意思之角色》), préf. R. Perrot, LGDJ, 1961,; G. Roujou de Boubée, Essai sur l'acte juridique collectif (《集体法律行为论》), préf. G. Marty, Li-br. générale de droit et de jurisprudence, 1961; J. Hauser, Objectivisme et subjectivisme dans l'acte juridique : contribution à la théorie générale de l'acte juridique (《法律行为的客观主义与主观主义:关于法律行为的一般理论》), sous la direction de P. Raynaud, 1971, Li-br. générale de droit et de jurisprudence; R. Cabrillac, L'acte juridique conjonctif en droit privé français (《法国私法上的多人法律行为》), sous la direction de P. Catala, LGDJ, 1990. G. Wicker, Les fictions juridiques, Contribution à l'analyse de l'acte juridique (《法律的虚构:关于法律行为的分析》), préf. J. Amiel – Donat, LGDJ, 1997.

③ D. Deroussin, Histoire du droit des obligations, Economica, 2007, p. 99 – 100.

④ A. Bénabent, Droit civil, les obligations, 9ᵉ éd. , Montchrestien, 2009; R. Cabrillac, Droit des obligations, 9ᵉéd. , Dalloz, 2010. J. Flour, J. – L. Aubert, E. Savaux, Droit civil, Les obliga-tions (1): L'acte juridique, 14ᵉ éd. , Sirey, 2010.

⑤ V. Lasserre – Kiesow, La technique législative: étude sur les codes civils français et allemande, LGDJ, 2002, p. 127 et s.

为本是一个法学概念,德国法学家们已经成功地验证了将其法典化的可能性。
"德国法典模式与德国法学在大陆法系形成了自己的圈子"。①

"到十九世纪末,几乎所有较为发达的国家都已经有了法典,除了一些国家受
到法国民法典的影响",在东欧有较大影响的是奥地利 1811 年民法典,而北欧另
有自己的一套传统,"《德国民法典》来得有些晚,不能像法国法那样被广泛模
仿"。此外,"其高度技术性和对所有类似情况的网状结构造成了直接转接到外国
法域的障碍"。尽管如此,《德国民法典》的模式仍产生了重要的影响,不少国家或
地区竞相效仿把法律行为和意思表示放到核心位置,成为总则的一个部分。比
如,在西欧,1940 年的《希腊民法典》、1966 年的《葡萄牙民法典》、1992 年的新《荷
兰民法典》②;在东欧,1964 年的《波兰民法典》、1964 年的《捷克民法典》、1994 年
的《俄罗斯联邦民法典》;在亚洲,1898 年的《日本民法典》,以及受日本民法影响
深远的 1960 年《韩国民法典》和 1929 年的中华民国民法;在美洲,2003 年的新《巴
西民法典》等,均属于此类。后来跟进的国家或地区进一步验证了将法律行为法
典化和中心化的可行性。③

(3)法律行为的普遍适用性

法律行为概念具有高度抽象性,可以囊括所有类型的意思表示,由此具有普
遍适用性,这是法律行为法典化的最大好处。二十世纪初波恩大学教授卡尔克·
罗默克曾在试图说服法国同仁时指出:"在每一法律具体问题中都重复规定那些
在整个法律体系中重复出现的概念,才真是笨拙的","哪种建筑不始于地基? 建
每一堵墙体都重新为其打地基是不是很可笑呢? 法律建构也是如此"。④

在私法领域内,法律行为理论允许将一般规则适用于所有的法律行为。如同

---

① M. A. Glendon, M. W. Gordon, and P. G. Carozza, Comparative legal traditions, 3rd ed. , 2007, Thomson West, p. 63 s.
② 该法典较为特殊,未设总则,有关法律行为的详细规范出现在第三卷"财产法一般规定"中,覆盖了财产法部分而没有涵盖非财产法部分。不过法典规定,"在财产法之外的其他领域,只要法律行为或者法律关系的性质不相对抗,也可以类推适用"(第三卷第59条)。
③ M. A. Glendon, M. W. Gordon, and P. G. Carozza, Comparative legal traditions, 3rd ed. , 2007, Thomson West, p. 69 s.
④ C. Crome, Les similitudes du Code civil allemand et du Code civil français, in Le Code civil 1804 – 1904, Livre du Centenaire, réédition, présentation J. – L. Halpérin, Dalloz, 2004, p. 587 –614, spéc. p. 591 – 592.

《德国民法典》将法律行为规定在总则部分,它可以很自然地适用于所有私法领域(债法、物权法、婚姻家庭法和继承法),不论当事人的数量(合同、单方法律行为或者集体法律行为),也不论追求的法律效果的内容(创设债务、转移、消灭或者变更权利等)。这很明显地突出了《法国民法典》在合同订立、单方法律行为等方面欠缺规范的缺点。①

法典规制了法律行为,法官只需要运用法律行为的一般规定,就可以直接解决合同以外的法律行为(意思表示)的规范问题,尤其是便于处理单边法律行为的法律效果。比如,有法国学者指出:须在某一特定日期之前向相对人做出一个法律行为,那么该行为应当在该日期之前发出还是该日期之前到达呢?再比如,如何对待一项表意具有瑕疵的受害人所为的单边行为呢?以合同为基础的法典(如《法国民法典》)对于这两个单边法律行为所引发的问题常不能提供直接的答案,需要类推适用关于合同的规范。这里就可以看出规制法律行为的优点了。②

此外,法律行为规范不仅可以适用于私法的各个领域,还可以延展到公法领域。这正是 20 世纪 50 年代法国学者期望在民法典中引入法律行为概念的一个基本认识。③ 当时面对法律行为法典化尤其是中心化的方案,"民法典改革委员会"内部产生了巨大争论,草案最后之所以在委员会层面得以通过,来自行政法院的委员在投票过程中起了很大作用,因为他们希望看到行政行为能从中找到有用的渊源。④

(二)对法律行为中心化方案的反思

半个多世纪前"民法典改革委员会"对法律行为法典化和中心化所做的努力,使得法国学者有了更为丰富和直观的反思素材,不过反思的重点集中在"中心

---

① P. Ancel, Acte juridique et déclaration de volonté: la greffe allemande sur le droit français des obligations, in Traditions savantes et codifications, Colloque ARISTEC des 8, 9 et 10 septembre 2005, LGDJ, 2007, p. 161 – 186.

② C. Witz, Contrat ou acte juridique?, in Pour une réforme du droit des contrats (sous la direction de F. Terré), Dalloz, 2009, p. 56 – 57.

③ R. Houin, La technique de la réforme des codes français de droit privé, Revue internationale de droit comparé, 1956, Vol. 8 N° 1, p. 22.

④ L. Julliot de La Morandière, Le rapport au garde des Sceaux, in Avant – projet de code civil présenté à M. le Garde des sceaux, ministre de la Justice, I, Livre préliminaire. Livre premier, par Commission de réforme du code civil, Sirey, 1955, p. 26 et s.

化"上。

1. 法律行为中心主义的不足

在《德国民法典》中,法律行为被放置在第一卷总则部分,而不是债法卷,这意味着相关规定涉及第二卷到第五卷的全部内容,甚至是整个私法领域。德国模式的特点是法律行为中心化。

二十世纪的法国"民法典改革委员会"就意识到,按照这种模式,关于法律行为的一般规范与各个种类的行为尤其是合同的自有规范同时存在,似乎是不可避免的。这首先意味着将增加立法或修法工作的工作量和规则协调的难度。最初负责总则和债法的是两个不同的分委员会,有关法律行为的一般规范主要由前者负责,但是由于协调困难,两个分委员会最后合并成立一个新的法律行为委员会。可以说,法律行为规则的中心化导致了修法工作的拖延。① 再者,同类内容的立法重叠在实务上会有两种不利的后果:一方面导致法官不必要地援引内容重复的法律规范;另一方面两套规范易带来解释上的冲突与困难。②

而如果立法者试图避免重复立法,则又容易导致逻辑上的跳跃。比如,荷兰新民法典将欺诈和胁迫放置在有关"法律行为"的规范中(第三卷第 44 条),而将错误放置在有关合同的规范中(第六卷第 228 条)。原因非常简单:错误是否导致合同无效须考察合同相对人的表现(错误是否是由相对人引起的或者是他所知道的或者他也犯有同样的错误③)。相反地,对于以合同为基础的法典而言,上述情况处理起来就比较简便,只需要查询有关合同有效性的规范即可。由此,法国学

① R. Houin, La technique de la réforme des codes français de droit privé, Revue internationale de droit comparé, 1956, Vol. 8 N° 1, p. 9 – 27, p. 11 – 23; Travaux de la commission de réforme du code civil, tome III (1947 – 1948), Sirey, 1949, p. 11 – 13.

② C. Witz, Contrat ou acte juridique?, in Pour une réforme du droit des contrats (sous la direction de F. Terré), Dalloz, 2009, p. 62 – 63.

③ 第六卷第 228 条(实质错误)规定,"基于事实或权利的错误而订立合同的,如果知道事实真相将不会订立合同者,于下列情形可主张撤销合同:(1)错误可归责于相对人提供的信息,但即使无此信息也会订立合同者除外;(2)相对人订立合同时知道或者应当知道该错误信息,并应予以告知的;(3)相对人在订立合同时与错误一方有相同的错误认识,但他本认为即使错误一方不发生该错误认识也会订立该合同除外。""如果实质性错误系对在合同订立时单纯将来事实的错误认识,或者依据合同性质、社会一般观念或案件相关情况完全归责于错误一方的,不得以错误为由撤销合同。"

者指出,如果认同"合同是最为基本的债之渊源"、"大多数的法律行为是合同"之假定,那么法律行为法典化尤其是中心化的优点也被其严重的缺点所抹平。①

此外,如果承认物权行为,那么设立法律行为的一般规则或者中心主义,具有超越债法的普遍意义。否则,法律行为所涉问题主要是在合同法领域或单方意思表示方面。如今"采信如此方式来修订《法国民法典》也被视为一种冒险,现在对设立民法总则给予的赞美比起二十世纪初期已经大为减少"。②

2. 法国法学对"法律行为"概念的功能持保留意见

"法律行为"的一般理论先于合同,这正是二十世纪前期,接受科学法学派和德国潘德克吞模式影响的部分法国学者所倾向的。但是深层的变革需要一个文化适应的过程,在法国,这个过程因为萨莱耶的辞世(1912 年)而中断。③ 今天德国法律行为理论之深入对法国学界的影响仍然有限。④

如安塞尔教授指出,(在法国)法律行为难以脱离既有的地位——债之渊源的分类的要素之一,至少在私法领域,它还没有成为可以替代合同的、真正的一般理论的支撑,也没有侵入到合同的一般理论。⑤

按照威茨教授的观点,退一步讲,即使法律行为理论影响深刻,也并不必然需要通过法典予以影印;《德国民法典》以法律行为和意思表示为中心的方案,远没有使二十世纪欧洲法典化的国家都为之倾倒。例如 1942 年新《意大利民法典》同样坚持以合同为核心,尽管意大利学界对德国法律行为理论也曾热衷一时。⑥ 正如来自意大利的比较法学家萨科教授所言,"新法典通过以后,意大利学生的经验

---

① C. Witz, Contrat ou acte juridique?, in Pour une réforme du droit des contrats (sous la direction de F. Terré), Dalloz, 2009, p. 56 – 57.

② P. Remy, Plans d'exposition et catégories du droit des obligations, in Pour une réforme du droit des contrats (sous la direction de F. Terré), Dalloz, 2009, p. 95.

③ P. Remy, Plans d'exposition et catégories du droit des obligations, in Pour une réforme du droit des contrats (sous la direction de F. Terré), Dalloz, 2009, p. 94.

④ F. Limbach, Les consentement contractuel à l'épreuve des conditions générales, De l'utilité du concept de déclaration de volonté, LGDJ, 2004, n° 48, p. 343.

⑤ P. Ancel, Acte juridique et déclaration de volonté: la greffe allemande sur le droit français des obligations, in Traditions savantes et codifications, Colloque ARISTEC des 8, 9 et 10 septembre 2005, LGDJ, 2007, p. 166.

⑥ C. Witz, Contrat ou acte juridique?, in Pour une réforme du droit des contrats (sous la direction de F. Terré), Dalloz, 2009, p. 54.

仍将永久延续下去:在考试中以良好的素养谈及着法律行为,但却不能在其法典中发现这个词语。"①

四五十年代支持法律行为中心化的法国学者们希望完成一部体系化和科学化的巨著,这样的路径将给民法典带来"理论化的风气"。② 普拉尼奥乐(M. Planiol)曾批判说:"教学需要特别的方法,因为这是一种启蒙。而法典是给那些已经完成学业的人、对法律熟悉的人准备的。因此只要论题以清晰、适当的方式展开即可。"③而即使认同法典"理论化的风气",其最终目的也应当是服务于法律规范的易读性和适用的简便性,法律行为中心化在此方面似乎更多地人为增加了复杂性。这是不是一件值得炫耀或鼓励的事情,法国人打上了问号。"众所周知,即使在德国,法律行为这个概念也遭遇到了批评:它降低了其有效性,将理论与实际脱离,并在教学领域内带来了困难。"④《德国民法典》公布以后,其高度的抽象性和与实际情况之间的巨大差异促使德国学者将精力集中在"通过解释晦涩的条文使法典可适用于实际情况"的任务上,但对抽象概念做严格形式主义的解读在十九世纪末迎来了耶林的尖锐批判:"无人可以承受法律概念的负重,除非他放弃对真实世界的全部记忆";德国学者不断地"利用抽象推理能力发展一系列方法去桥接法学思想与纷杂、顽固的现实"。⑤ 茨威格特与克茨也指出,"德国民法典就是潘德克吞学派的亲骨肉,拥有其所有的优缺点";"其总则部分常会误导新

---

① R. Sacco, Modèles français et modèles allemands dans le code civil italien, Revue internationale de droit comparé, 1976, Vol. 28 N° 2, p. 225 – 234, spéc. p. 233.

② L. Julliot de la Morandière, Le rapport au garde des Sceaux, Le rapport au garde des Sceaux, in Avant – projet de code civil présenté à M. le Garde des sceaux, ministre de la Justice, I, Livre préliminaire. Livre premier, par Commission de réforme du code civil, Sirey, 1955, p. 26.

③ M. Planiol, Traité élémentaire, t. I, 5e éd., 1950, 转引自 K. Zweigert, H. Kötz, Introduction to comparative law (translated from German by T. Weir), 3rd ed., 1998, Clarendon Press, p. 93.

④ P. Ancel, Acte juridique et déclaration de volonté: la greffe allemande sur le droit français des obligations, in Traditions savantes et codifications, Colloque ARISTEC des 8, 9 et 10 septembre 2005, LGDJ, 2007, p. 171.

⑤ M. A. Glendon, M. W. Gordon, and P. G. Carozza, Comparative legal traditions, 3rd ed., 2007, Thomson West, p. 65.

手,有时也包括专业人士"。① 法国学者认为,"在'教授法'国家,人们曾指责法国民法典科学性太弱曾超过一个世纪;但今天与德国民法典的抽象技术相比,人们似乎更认可法国民法典的特点。"②

此外,另有法国学者对概念的"正统性"提出过质疑:"法律行为"概念出现在十八世纪、十九世纪,经德国潘德克吞法学家的努力而发展起来。他们通过研究罗马法的经典《学说汇纂》,从中发现出了这个所谓的共同基础概念以便构建一个先"总则"后各个特别部分的法律体系。"这不仅仅是一个悖论,因为这个概念对古罗马人而言是陌生的!"③

现在法国主流观点认为,法律行为的理论,正如同德国法所展示的,意味着意思表示的一般规则。④

3. 意思表示概念与理论研究在法国的新崛起

法律行为(Rechtsgeschäft)肇端于意思表示(Willenserklärung)概念。萨维尼在其著作《当代罗马法体系》(1804)将"意思表示"和"法律行为"当成同义词来使用。这两个词汇在概念上的差异于后来出现:这归功于十九世纪后期德国罗马法学家贝克尔(Ernst Immanuel Bekker)。早在1794年《普鲁士邦普通法典》就曾使用"意思表示"的概念,并将其规定在合同订立之前,旨在将其作为要约和承诺的共同规范。在这里,意思表示多少起到了后来法律行为概念在潘德克吞法典中所起到的立法功能。《德国民法典》虽未界定何为法律行为,但通过解读不难得出法律行为的本质就是意思表示的结论。比如,该法典将"合同"定义为:"双方当事人未能就合同的所有各点成立合意,而对此所有各点即使只依一方当事人的表示仍应达成协议的,如无其他规定,合同不成立"(第154条第1款)。也就是说,"合同"是当事人在实质要素上存在意思表示的吻合。法律行为似乎只是在意思表示之外做了一些添加要素(如形式、物的交付、登记、授权等):一项意思表示,只要法

① K. Zweigert, H. Kötz, Introduction to comparative law (translated from German by T. Weir), 3rd ed. , 1998, Clarendon Press, p. 93.

② P. Remy, Plans d'exposition et catégories du droit des obligations, in Pour une réforme du droit des contrats (sous la direction de F. Terré), Dalloz, 2009, p. 94.

③ D. Deroussin, Histoire du droit des obligations, Economica, 2007, p. 99.

④ V. Lasserre - Kiesow, La technique législative: étude sur les codes civils français et allemande, LGDJ, 2002, p. 129.

律规则愿意,即构成法律行为或者构成法律行为的一个要素。① 因此,意思表示概念才是有关法律行为有效性规则的支撑。这个概念在法国曾长期被法律工作者所遗忘,②但今天它则处于一个再次激发活力的阶段。③

法国学界关于法律行为规范化的争议一直持续到今天,比较趋同的认识是,一方面,不排斥法律行为的法典化,实际上《法国民法典》也已经在证明规则、合同形式等某些具体领域使用了法律行为的表述;④甚至也不排斥继续扩大其使用范围、使之不局限于证据规则或形式规则方面而成为民法典中的普适性概念。另一方面,排斥法律行为的中心化。这些观念体现在如今的新债法上。

(三)法国新债法的方案:合同的中心化与一般准用条款

如果说法律行为概念的主要功能是可以全面规范所有类型的意思表示,尤其是单方意思表示,那么可否将合同规则中心化同时针对单边行为等制定特别的法律适用规范援引到合同条款呢?这正是法国新债法所采用的路径。

区别于五十年前的方案,《债法改革法令》一方面在《法国民法典》债法部分确立了法律行为为合同的上位概念,另一方面否认了法律行为中心化的方向、仍然坚持合同规则的中心地位,设立了一般类推适用规则。《债法改革法令》把界定"法律行为"放在"债"编开始的地方,明确法律行为系债产生之主要渊源的地位

---

① G. Wicker, Les fictions juridiques, Contribution à l'analyse de l'acte juridique, préf. J. Amiel – Donat, LGDJ, 1997; F. Limbach, Le consentement contractuel à l'épreuve des conditions générales, De l'utilité du concept de déclaration de volonté, LGDJ, 2004, p.101 et s.; C. Witz, Contrat ou acte juridique, in Pour une réforme du droit des contrats (sous la direction de F. Terré), Dalloz, 2009, p.52 – 53.

② F. Ferrand, Droit privé allemand, Dalloz, 1997, n 182.

③ P. Ancel, Acte juridique et déclaration de volonté: la greffe allemande sur le droit français des obligations, in Traditions savantes et codifications, Colloque ARISTEC des 8, 9 et 10 septembre 2005,LGDJ, 2007, p.179.

④ 例如,根据1980年7月12日第80–525号有关"法律行为之证明的法律",《法国民法典》第1326条经修订后出现了"法律行为"的表述。又如,根据2004年6月21日有关采用电子形式订立合同的法律,"法律行为"的概念出现在契约有效要件的章节与法律规范中(如第1108–1条规定"法律行为有效,应采用书面形式"),这已经是进入到了合同法的核心地带。P. Ancel, Acte juridique et déclaration de volonté: la greffe allemande sur le droit français des obligations, in Traditions savantes et codifications, Colloque ARISTEC des 8, 9 et 10 septembre 2005,LGDJ, 2007, p.173.

（新第1100条第1款①），随后界定了法律行为的一般概念以及契约法律行为和单边法律行为两种类型，最后重点指出：合同规则可适用到其他法律行为（新第1100－1条②）。③ 纵观新债法，使用"法律行为"术语的地方屈指可数，主要集中在证明规则单元④。由此，有关合同的一般规定将超越合同的范围全面发挥其效力。例如，判定向相对人非即时做出单边法律行为的生效时间、单方法律行为人的意思瑕疵的法律后果等，法国法官均将援引合同一般规则。

《债法改革法令》的方案得到了学界较为广泛的肯定："合同当然是一种法律行为，但在主流观点看来，合同现在是、将来也仍是最为核心的。这就是为什么"债"编的第一个副编集中规范合同。"⑤"只需要一个简单的规范规定，有关合同的规定类推适用到其他法律行为，就可以解决最为实质的问题"，"这一规范并不排斥特别规范的补充规定，尤其是关于表示和行为的解释"。⑥ 实务界对此也持

---

① 《法国民法典》新第1100条第1款："债产生于法律行为、（狭义）法律事实（fait juridique）或法律的直接规定"。

② 《法国民法典》新第1100－1条："法律行为是旨在产生法律效果的意思表示。它可以是合意的或单方的"。"依情形，就其（法律行为）有效与效力，适用有关合同的规则。"

③ 《债法改革法令》的内容主要借鉴了《卡特拉草案》的第1101条和第1101－1条。《卡特拉草案》第1101条第1款："债产生于法律行为或者（狭义）法律事实（fait juridique）"。第1101－1条共5款，分别为："法律行为是旨在产生法律效果的意思行为。""契约法律行为或者契约是在两个或者多人之间订立的、以产生上述效果为目的的协议。""单方法律行为是，在法律或者习惯承认的情况下，由一人或者基于同一利益之考虑而结合的多数人完成的、以产生法律效力为目的的行为。""集体法律行为是由某集体的成员集体作出的决议。""就其有效与效力，单方法律行为和集体法律行为可以依情形适用有关契约的制度。"

④ 如新第1364条、第1359条、第1367条涉及法律行为在证人证据或书面证据方面的特殊要求。

⑤ 《卡特拉草案立法理由书》之相关部分说明（G. Cornu, Source des obligations – Définitions: art. 1101 à 1103）。

⑥ C. Witz, Contrat ou acte juridique?, in Pour une réforme du droit des contrats（sous la direction de F. Terré）, Dalloz, 2009, p. 63 – 64.

肯定态度。①

不过法国创新方案仅在债法领域确立了"法律行为"的一般理论先于合同。依据德国模式,法律行为规则不仅仅是债法通则的一般规范,而且是整个民法典的一般性规则,因此法国如果希望接受这种俄罗斯套娃方式的逻辑嵌套,"显然对债法部分的单独修订并非一个适合的时机"。②

(四)比较法上的印证

法律行为与合同何者为法律体系化的中心?从比较法的角度看,很多民法典坚持合同中心化,更值得注意的是近年来蓬勃发展的比较私法也展示出这一方向。合同中心有两种立法体例,一种是使用法律行为概念,一种是不使用法律行为概念。

1. 合同中心主义的法典

意大利、西班牙、奥地利、瑞士、魁北克均采用合同中心主义。

其中,《魁北克民法典》使用了"法律行为"的表述,其在第五卷第一编"债的一般规定"中指出"法律行为"可以产生债(第1371条),但一方面该法典并没有集中规定法律行为的生效与效果规范,有关制度仍以合同规范为基准,另一方面,在法典其他地方偶然看到的法律行为的表述多出现在证据规范或国际私法规范中。③

与之类似的是《瑞士债务法》。其第一条规定,"如果当事人已经以相互而一致的方式显示出他们的意思"则合同订立。这里没有涉及法律行为也没有涉及意思表示,有的仅是合同。按照瑞士学者(P. Tercier)的解读,合同是最为重要的,也是法典唯一给予详细规范的。正因如此,与之有关的规定原则上适用到所有的法

---

① 例如法国最高法院组成的工作组在审议《卡特拉草案》以后,对其就法律行为、事实行为等给出定义一事持肯定态度,认为界定法律术语的做法有利于法律概念的清晰与适用、符合欧洲立法发展方向等。从一个侧面反映出,其并没有反对法律行为概念的法典化与普遍适用。参见《法国最高法院<债法和时效制度改革草案>工作组报告》(2007年6月15日)("Rapport du groupe de travail de la Cour de cassation Sur l'avant – projet de réforme du droit des obligations et de la prescription")。

② P. Remy, Plans d'exposition et catégories du droit des obligations, in Pour une réforme du droit des contrats (sous la direction de F. Terré), Dalloz, 2009, p. 92 – 94.

③ 如第七卷"证明"(如第2811条、第2826条、第2829条、第2831条、第2860条到第2864条等)和第十卷"国际私法"(如第3087条、第3109条、第3111条、第3112条等)。

律行为。而实际上,诞生于 1883 年的该法典在 1907 年修订之际(后于 1912 年 1 月 1 日生效)本可以接受德国民法的影响,但瑞士仍旧坚持以合同为中心。① 法典中偶有条款使用法律行为的术语,②但均以补足合同规则为目的。

此外,1811 年的《奥地利民法典》虽经历多次更改,仍然坚持以合同为轴心。如今其第十七章的名称从"合同的一般规定"变更为"合同和法律行为的一般规定",该章之下有法律行为的一般性规定,法律行为也已经成为贯穿整个法律体系的要素,但在规范体例上仍以合同规则为主,有关法律行为的规则系对合同规则空缺之处的填补。③

可见,以合同为中心的法典并不排斥使用法律行为的概念(法典化),通常会将其限定在有限的范围内、欠缺普适性(如瑞士、魁北克),或者虽具有普适性但在规范体系中仅具有补充地位(如奥地利)。

2. 模范法:合同中心主义

模范法中两份重要的合同法范本均属于此种类型。其中统一私法协会的范本《国际商事合同通则》比较谨慎,它将调整对象严格限定在合同关系领域,仅涉及了合同领域内的单方意思表示。其第 3.20 条(单边表示)规定:有关合同效力的"各项规定,经适当修改后适用于一方当事人向另一方当事人传达的任何意思表示"。根据起草者对该条的说明,这里的单边意思表示仅限于围绕着合同关系单方作出的意思表示(例如有关放弃权利、请求履行等),而非所有的单方行为。类似地,《欧洲合同法典(草案)》④在第一卷第一编具有总则性的规定中指出,该

---

① C. Witz, Contrat ou acte juridique?, in Pour une réforme du droit des contrats (sous la direction de F. Terré), Dalloz, 2009, p. 54.

② 如第 33 条到第 35 条(行为能力)、第 77 条(债务履行期限)、第 396 条(委托范围)或第 216C 条(不动产出售优先购买权)等。

③ J. Fortunat Stagl, La réception de la théorie de l'acte juridique (Rechtsgeschäft) en Autriche grace à J. Unger, in Traditions savantes et codifications, p. 187－208, spéc. p. 203.

④ 《欧洲合同法典(草案)》(European Contract Code/ECC,法文名称 Code européen des contrats/CEC)系由甘德尔菲(Giuseppe Gandolfi)教授参与领导的"欧洲私法人学院"(Académie des privatistes européens)起草的,现已经公布了前两卷(总则、买卖合同)。

法典的规则原则上适用于与合同有关的单方行为(第 4 条"规则适用于单边行为"①)。

而《欧洲合同法原则》较为大胆,该范本在"一般规定"部分指出,其内容也可类推适用到"单边允诺以及其他陈述意图的表示或者行为"(第 1:107 条)。② 此外,该范本还通过特别规范认可了"无须接受即具有拘束力的允诺"可发生效力:"一项意欲无须接受即具有拘束力的允诺是有拘束力的"(第 2:107 条)。虽名为合同法,其规范的对象已不仅仅是合同。显然,起草者希望范本能在合同领域之外发挥一般法则的作用。③

就民法示范法范本而言,《共同参考框架草案》也采合同中心主义。该范本使用了"法律行为"的表述,但仍是以合同为中心而不是法律行为。这首先体现在其第二卷的命名上:"合同与其他法律行为"。而更为重要的是,范本没有采用诸如"其他法律行为类推适用合同规范"的一般规范,而是在合同法体系框架之中,不时地、有针对性地强调,某些合同法的规范可以适用到其他法律行为。④ 或者,偶尔地,仅使用法律行为的表述涵盖合同在内的所有法律行为。⑤ 之所以起草者不设立"类推适用"的一般规范,是因为在他们看来,这样简单的规定不能凸显合同

---

① 该第 4 条(规则适用于单边行为)规定,"对于旨在签订合同或者进入到该进程中完成的单边行为,包括以合同的消灭或者不生效力为目的的此类行为,本法典有关合同的规则作为与之相适应的规则予以适用。本法典、欧盟法律或者各成员国国内法上强制性规范另有规定的除外"。

② 第 1:107 条(本原则的类推适用):"本原则经适当修正适用于变更或解除合同的协议、单方允诺和其他的表意陈述和行为。"

③ C. Witz, Contrat ou acte juridique?, in Pour une réforme du droit des contrats (sous la direction de F. Terré), Dalloz, 2009, p. 58.

④ 例如,在有关"订立"的第四章中,专设第三节特别规范合同之外的"其他法律行为"。在关于"无效原因"的第七章中,强调该章有关规则类推适用到其他法律行为(第 II. 7:101 条第 3 项)。在有关"解释"的第八章中,先设第一节规范"合同的解释",再设第二节特别规范"其他法律行为的解释"。

⑤ 可参见其第六章"代理"的具体规范。

规则的"适当修订"。① 这很好地说明了起草者以合同规范为中心的立法初衷。②

比较明显的结论是,在合同与其他法律行为的关系方面,所有的模范法反映了合同规则的中心化,普遍认同援引合同规范的立法技术。原因很简单:法律行为中心化的做法不利于不同国家之间的私法统一或协调;重复规范同类事件,只会导致协调更加困难;而且很难想象英美法系的法律工作者接受以欧陆法学概念为基础构建的示范法,然后引领欧美法的发展,如此只能是破坏性远超建设性,且不说理解和掌握这个极具抽象性的概念的难度。

有学者指出,法律行为的概念不利于消除两大法系之间的隔阂。尽管具有"科学"的一面,但在欧洲层面现在还没有任何一个范本旨在重绘一个德国民法体系。其中,或许最为"科学"的是《共同参考框架草案》,不过这个还不确定的草案并不会比其他欧洲范本带来更大的实用方案。③

3. 中国

中国1987年《民法通则》第四章"民事法律行为和代理",集中规范了包含合同在内的所有法律行为的生效与效力规则,确立了法律行为的法典化、普适性和中心化。但情况随着1999年《合同法》出台发生了极大的改变,法律行为规则和合同规则之间的关系变得颇为特殊。

虽然与《民法通则》第四章第一节("民事法律行为")面对着大量的同类问题(如合同无效的判断标准及其效力等),但是《合同法》无任何一个条文指向或援引该章节的法律行为一般规范,也没有任何一个条文触碰过"法律行为"的表述。我们看到的是,《民法通则》第四章(尤其第一节)规范的众多事项被《合同法》再

---

① Study Group on a European Civil Code, Research Group on the Existing EC Private Law (Acquis Group) (ed.), Principles, Definitions and Models Rules of European private Law, DCFR, Sellier, 2008, p. 25.

② C. Witz, Contrat ou acte juridique?, in Pour une réforme du droit des contrats (sous la direction de F. Terré), Dalloz, 2009, p. 59 – 60.

③ P. Remy, Plans d'exposition et catégories du droit des obligations, in Pour une réforme du droit des contrats (sous la direction de F. Terré), Dalloz, 2009, p. 95.

次调整。① 我们还看到，就这些重复的事项，《合同法》中的某些规则与《民法通则》出现了矛盾之处，导致了一种特殊的法律冲突现象，合同的规则与合同以外的法律行为的规则截然相反。② 在合同法起草过程中，似乎鲜有主流声音认为：对于这些重复事项，应当重点修订《民法通则》法律行为一般规范，《合同法》绕开或援引一般法规则，以确保所有的法律行为规则协调一致。如今合同这种法律行为的规则已自成体系，部分规定还是对《民法通则》法律行为规范的修改。这使得合同脱离法律行为，不再以《民法通则》的法律行为规则为水之源头、木之根本。被抽掉合同这一类最为基本的法律行为，法律行为的规定其实"被封杀"了。③

可见，《民法通则》所确立的法律行为中心化在事实上多少已被《合同法》所虚化。究其原因，有学者认为是观念缺位所引起的必然现象，是由于不懂得法律行为在民法中的地位所引起的。④ 我们认为：一方面，这与合同法的发展有关。当时合同法比较研究成果丰硕（尤其是前述的《国际商事合同通则》和《欧洲合同法原则》成为当时立法中的重要参考范本），合同中心化已经在事实上成为比较法的发展趋势，而这一现象在《民法通则》制定时期尚未出现。另一方面，也可以从法国学者对法律行为法典化、中心化的反思中寻找原因。

中国未来若坚持合同中心主义，民法典总则中的规范就应酌情缩减，利用一般性的"准用"条款指向合同规范似乎也是一种比较简单可行的技术方案。但是2017 年 3 月通过的《民法总则》延续了原来《民法通则》的基本风格，维持了法律

---

① 重复调整同一对象的条文如：《民法通则》第 56 条与《合同法》第 10 条（合同的形式）、《民法通则》第 57 条与《合同法》第 44 条（合同的成立）、《民法通则》第 58 条与《合同法》第 52 条（绝对无效情形）、《民法通则》第 59 条与《合同法》第 54 条（相对无效情形）、《民法通则》第 60 条与《合同法》第 56 条（部分无效）、《民法通则》第 61 条与《合同法》第 58、59 条（无效的效果）、《民法通则》第 62 条与《合同法》第 45 条（附条件合同）、《民法通则》第 66 条与《合同法》第 48 条（广义无权代理）等。

② 例如，根据《民法通则》，"一方以欺诈、胁迫的手段或者乘人之危，使对方在违背真实意思的情况下所为的"法律行为，绝对无效（第 58 条第 1 款第 3 项）。而根据《合同法》，"一方以欺诈、胁迫的手段订立合同，损害国家利益"，合同绝对无效（第 52 条第 1 项）；"在订立合同时显失公平的"，合同相对无效（第 54 条第 1 款第 2 项）。

③ 张俊浩主编：《民法学原理》（修订第三版上册），中国政法大学出版社 2000 年版，第 238 页。

④ 张俊浩主编：《民法学原理》（修订第三版上册），中国政法大学出版社 2000 年版，第 237 页。

行为概念的中心主义,这对未来债法、合同法单元的制定提出了巨大的挑战。

三、合同法与债法通则的关系

按照法国法的传统,合同规则不仅是所有法律行为的基本规范,还是其他原因所生之债的基本规范:债法一般规范"隐秘"于合同法规范之中。不过,按照2015年法国议会授权政府修法的法律(第8条第10项)之规定,将债法一般规则与合同法在形式上相互分开将是一项重要的改革内容。

(一)债法通则从合同规则中剥离

与中国《合同法》极为类似,1804年《法国民法典》在债法结构方面有两个先后关联的特点,首先是以债发生之原因为出发点构建债法的框架,然后将债法一般规则放在契约之债规范中展开。这从法典第三卷第三编的名称("合同与一般契约之债")即可看出。它高度展现了合同为债法中心的理念。

《卡特拉草案》试图维持这种传统结构,①其原因并不仅是基于忠诚于民法典的方法或者基于便利的考虑,也是基于合同为债法中心的传统理念。契约之债是所有债的一般模式,位居首位,这是自然法学派留下的遗产。

但此种模式会大大减损"债"这一法学概念在立法体系上的积极作用。"债"因具有高度抽象性,可以将基于合同、侵权、不当得利、无因管理等不同原因产生的法律关系网罗在一起,从而形成一个与物权制度相互并列的财产法部门,成为民法规则体系化和法典化的有力工具。《德国民法典》的五编制体例,之所以能在很长一段时间内成为竞相模仿的典范,与此不无关系。相比较而言,《法国民法典》没有充分地利用"债"的高度抽象性囊括相关规则,它先以债发生之原因为出发点构建债法的框架、将不同原因之债并排罗列,然后再将债法一般规则内嵌在契约之债中展开,缺乏"交集"性的债法总则,整体结构松散。

最终通过的《债法改革法令》参照《泰雷债法草案》决定对这种合同中心主义的传统做法进行微调,按照现代法国学术风格改造《法国民法典》债法体系:先后设置了"债之渊源"与"债之通则"两个单元。将有关债法一般性的规定从合同法中搬迁出来归入"债之通则"单元,包含"债的类型"、"债的运转"、"债权人的诉

---

① 《卡特拉草案》设计的"债"编的第一副编为"合同及一般契约之债",即为例证。

权"、"债的消灭"与"返还"五方面的内容。在"债之渊源"部分规范合同(总则)以及侵权、准合同等债的渊源。合同单元将包含四章:"一般规定"(主要涉及合同类型与合同法的基本原则)、"合同的订立"、"合同的解释"以及"合同的效力"(该章又分五节,分别为"合同对当事人的效力"、"合同对第三人的效力"、"合同期限"、"合同转让"和"合同的不履行")。

(二)特别合同与债之渊源、债之通则并列

不仅如此,法国此次债法修订的另外一个重要特点是,在"债之渊源"、"债之通则"之后规范所有的特别合同。暂时尚无法确切知道这些特别合同是按照既有的体例依次并排展开,还是会集中在一个新设的诸如"合同分则"的单元中。但可以确定的是,特别合同与"合同"单元分离、附在所有债法规则之后。这种立法体例可以带来一些比较明显的好处。

首先,具有形式美。它减少了编章节目等的层级设置。试想下,如将其与合同总则并列放置在"合同"标题之下,那么"债"编之下设债之分则(或债之渊源),之下再设合同法,后者又包含总则与分则,分则之下才始见大量的各类有名合同,过于繁杂。同时,考虑到特别合同内容庞杂,这种编制可从合同规则中分流出大量规范,使得"债之渊源"部分的条文数量较为均衡。加之,特别合同的修法频繁,附于债法最后部分,可避免日后修法对其他部分的构造造成影响。

再者,从逻辑上讲,"特别合同"既可能表现在其产生的原因特殊,更是债的内容具有特殊性。它不仅仅构成合同法一般规则的例外,也是债法一般规则的例外。"特别合同"放置在"债之渊源"与"债之通则"之后,完全符合其"特殊性"。

此外,这种结构也很好地兼顾了既有的法典体系,减少了修改法典的工作量,降低了难度,因为《法国民法典》原第三卷之下直接罗列了大量的特别合同,现在只需要维持原样或者将其一同放置到"特别合同"的标题之下即可。

(三)比较法上的印证

如前所述,模范法展示了合同中心主义的一个方面:合同规范是所有法律行为的基准规范。其实,模范法也证实了合同中心主义的另外一个方面:合同规范是其他渊源所生之债的基准规范,是债法的基准规范。推动设立债法通则的法国学者也承认:欧洲层面的合同法重回到这一传统。从《欧洲合同法原则》和《欧洲合同法典(草案)》以来,将债的一般规则嫁接到合同规范中不能再被认为是具有仿古气质的法国法所特有的现象。①

1. 大陆法系的普遍做法

不过,此次修订使得法国债法转向了大多数民法典的做法:将债法通则与合同法分离。这又有两种体例:一种是设立独立的"债法总则"单元集中所有的一般性规则。例如,《意大利民法典》第四卷"债"第一编"债之通则"收纳了大量的债法一般性规范②,《日本民法典》第三编"债权"第一章为债法"总则",《韩国民法典》第三编"债权"第一章为债法"一般规定"均为典型。

另一种是将债法一般规范分类展开与合同法总则等并排放置,如德国、荷兰、魁北克。现在《德国民法典》第二编"债法"所含的八章中,有五章为债法通则性单元,③三章为分则性单元。④ 新《荷兰民法典》债的规范由两个部分构成:"债法总则"(第六编)与"特殊合同"(第七编)。"债法总则"包含五章:前两章具有债法通则性质,⑤后三章规范债的渊源。⑥ 此外,《魁北克民法典》第五卷"债"包含两个部分:"债的一般规定"(第一编)和"特别合同"(第二编)。前者下设九章,依次是"总则"、"合同"、"民事责任"、"部分其他债之渊源"、"债的种类"、"债的履行"、"债的转让与变更"、"债的消灭"、"给付的返还"。除第一章"总则"属于预备性规定外,⑦剩余八章自然地形成两个群体:债的渊源与债法通则。

由此可见,不论是否设立债法"总则",大陆法系国家普遍将债法一般性规则

---

① P. Remy, Plans d'exposition et catégories du droit des obligations, in Pour une réforme du droit des contrats (sous la direction de F. Terré), Dalloz, 2009, p. 90；P. Remy, Réviser le Titre III du Livre III du Code civil?, RDC 2004. 1176.

② 该编下设七个单元,分别涉及"预备性规定"、"债的履行"、"债的不履行"、"除履行以外导致债消灭的方式"、"债权让与"、"委任债务人、代位清偿和债务承担契约",以及"债的类型"。

③ 即第一章"债务关系的内容"、第四章"债务关系的消灭"、第五章"债权的转让"、第六章"债务承担"、第七章"多数债务人和债权人"。

④ 即第二章"通过一般交易条款订立的债务合同"、第三章"因合同而发生的债务关系"、第八章"特别类型的债务关系"。

⑤ 即第一章"债的一般规定"、第二章"债权让与、债务承担与债权抛弃"。

⑥ 即第三章"侵权行为"、第四章"侵权行为和合同以外其他渊源所生之债"、第五章"合同法总则"。

⑦ 第一章"总则"共7个条文(第1371条到第1376条)且内容较为简要,主要界定了债及其客体,指明了善意原则和债法对公法人的适用性。

从合同法中分离出来，没有印证合同法模范法的发展方向，这主要是因为，模范法要兼顾英美法系，而后者欠缺大陆法系的债法概念，无法完成此类通则的抽象工作，①相反地，大陆法系国家普遍认可债法概念，而其所囊括的规范类型必然有一般与特别的区别。

如前所述，法律行为可以便利地准用合同规范，是因为它具有与合同相同的实质要素（意思表示）。但是，产生债的其他原因（多为事实行为）与合同则有着根本性的差异，因此如将债法通则从合同法则中剥离出去，将可很好地区分出不同原因所生之债的共性与个性。此外，在形式上也可避免合同法条文数量比重过大。

简言之，法国债法修订所选取的将债法通则从合同法中剥离的方案，形式上平衡法典结构，内容上可更好地发挥债的抽象作用，与大陆法系其他国家更为接近，同时操作并不复杂。当然，它并不意味着否定了自然法学派留下的遗产"合同中心主义"，因为合同之债仍是首要的、典型的债。

2. 中国

中国债法未臻完善，加之受模范法的影响，也出现了所谓的合同中心主义：债法一般规则现主要在合同规范中展开。相比原《民法通则》、现《民法总则》中本来数量就少的债法一般规则而言，《合同法》中有不少的规范具有债法通则的性质。② 因此，中国制定民法典、编纂债编将面临与法国法极为类似的问题：是维持合同法既有体系，还是对其进行调整，将债法一般性规则从中予以剥离、设立"债

---

① 正因为如此，《共同参考框架草案》体现了很强的大陆法系特点，其第二卷实质为债法的一般通则。

② 例如，《合同法》第80条到第87条（债权或债务的转让）、第100条（债的抵销）、第101条到第104条（债务提存）、第105条（债务免除）等。

法总则"?① 法国债法修订经验告诉我们,这无非是一个在多大程度上发挥"债"的抽象作用的决定,答案决定了与大陆法系和英美法系的亲疏关系。

四、债之通则与债之渊源的关系

如果立法者决定不在合同规范中展开债法一般规则,那么必然会有类似于债法总则(共同规则)与分则(特殊规则)的构造。对此,法国债法修订有两个特点。

(一)以"债之渊源"命名债法分则部分

《法国民法典》债法体系的传统结构建立在债的渊源之上。此次债法体系重构以"债之渊源"组建分则部分,按照三分法集中规定债的渊源。

不同的原因会导致债的具体内容出现较大差异。例如违约的救济与侵权的救济、无因管理本人的债务与不当得利获益人的返还债务,均有较大的出入。因此按照债的渊源安排债法规则是自罗马法以来的传统。

早期罗马法学家盖尤斯采用三分法,认为依罗马法编制债的原因大体分为契约、侵权、其他复类原因(variae causerum figurae)三项。"所谓其他复类原因,指债之原因不属于契约或侵权者而言",监护、共有、无因管理、不当得利等项均属

---

① 赞成中国民法典设立债法总则者,如梁慧星("中国民法典编纂的几个问题",《山西大学学报(哲学社会科学版)》2003 年第 5 期,第 13 页以下)、王利明("论债法总则与合同法总则的关系",《广东社会科学》2014 年第 5 期,第 224 页以下)、崔建远("编纂民法典必须摆正几对关系",《清华法学》2014 年第 6 期,第 43 页以下)、郭明瑞("关于编纂民法典须处理的几种关系的思考",《清华法学》2014 年第 6 期,第 34 页以下)、柳经纬("我国民法典应设立债法总则的几个问题",《中国法学》2007 年第 4 期,第 3 页以下)、孙宪忠("我国民法立法的体系化与科学化问题",《清华法学》2012 年第 6 期,第 46 页以下)、杨立新("论民法典中债法总则之存废",《清华法学》2014 年第 6 期,第 81 页以下)、薛军("论未来中国民法典债法编的结构设计",《法商研究》2001 年第 2 期,第 50 页以下)、朱广新("超越经验主义立法:编纂民法典",《中外法学》2014 年第 6 期,第 1422 页以下)等。持不同意见者,如王胜明("制订民法典需要研究的部分问题",《法学家》2003 年第 4 期,第 9 页以下)、覃有土和麻昌华("我国民法典中债法总则的存废",《法学》2003 年第 5 期,第 101 页以下)、许中缘("合同的概念与我国债法总则的存废",《清华法学》2010 年第 1 期,第 150 页以下)等。

之。① 三分法遂成为所有大陆法系国家共通的传统和相关理论演变的来源。②

后来注释法学派的罗马法学者将《学说汇纂》和《法学阶梯》结合起来通常认为债的渊源有四项：合同、准合同、侵权和准侵权。《法国民法典》则按照起草人波蒂埃（Pothier）的设计，在这四项之外加入了"法律"（第 1370 条第 2 款）。这一规定虽毫无问题，但并无太多的实际意义。主要受到攻击的是《法国民法典》在形式上保留了侵权和准侵权的区分（即第 1382 条和第 1383 条）。尤其来自自然法学派的批判最为直接：既然"侵权"由过错构成，那么它应当包含了"准侵权"，后者也以轻率或疏忽过错（faut d'imprudence、faute de negligence）为内容，应合二为一。前述四项主要渊源被自然法学派减少为三种。这种合二为一的理念在法国学界得到了广泛的认可。经过两个世纪，除了法定之债，《法国民法典》中债的渊源实际已经被压缩成三种：合同、侵权以及准合同。③

法国债法体系重构正是遵循三分法整合出"债之渊源"单元。

（二）先分则，后通则

在"债之渊源"（特别规则）之后规制"债之通则"（共同规则），是本次法国债法修订的另一个特点。

这个顺序符合债之关系的内在逻辑，也遵从了法国晚近以来的学术习惯。

就时间而言，先有法律事实作为原因使当事人之间建立起债之关系，然后当事人依据债的规则实现债权、变更或消灭债之关系，这是实现债的功能的基本过程。以原因开始，是一个自然而逻辑的过程。就重要性而言，债的渊源应是安排债法体系时的主导要素。而"先原因、后通则"的模式，有利于突出不同原因的债的差异性。虽然"债"的概念把有关制度收纳为与"物权"并列的单元、有利于法典体系化，但它不应当成为掩盖不同原因之债的差异性的概念。

正是由于时间在先且决定了债的基本内容，债的原因也成为人们逻辑思维的

---

① 陈朝璧，《罗马法原理》，法律出版社 2006 年 9 月版，第 112 页。

② J. – M. Augustin, Les classifications des sources des obligations de Domat au Code civil, in L'enrichissement sans cause. La classification des sources des obligations, études réunies par V. Mannino C. Ophèle, LGDJ, 2007, p. 119 – 129.

③ P. Remy, Plans d'exposition et catégories du droit des obligations, in Pour une réforme du droit des contrats（sous la direction de F. Terré），Dalloz, 2009, p. 85 – 87.

起点。大陆法系法律工作者,在处理债权债务关系的案件时的首要出发点是判断产生债的原因(合同、侵权抑或其他),然后据此找寻相关的特别规定,之后才可能到债法的一般规则中寻找技术支持、处理未尽事宜。

这种思维也通过法国法学研究与教育的变迁得以印证。1804 年《法国民法典》第三卷第三编将债法通则混同在合同规范中,在一个世纪之前曾受到科学法学派的激烈抨击。为了教学之便利,法国学界于是按照当时流行的潘德克吞模式自由设计债法学的体例。二十世纪初法国有影响力的债法教科书常先讲述债的一般理论,然后再论述不同渊源之债的具体制度。① 但是最近半个多世纪,法国学界的习惯发生了变化,债法教程普遍将债法总则的内容置于债的渊源之后。②这种变换的原因也是基于教学的考虑:实际上债法总则非常抽象和艰涩,不适宜直接讲授,而学生们似乎更容易凭借直觉掌握什么是合同、损害的补救、不当利益的返还。③

(三)比较法上的印证

法国债法修订方案的形式特点可以简明地概括为,强调债的渊源对债法体系的根本影响力。这除了顾及法国法的传统与修法的简便,也符合比较法的发展趋势。

1. 有关"债的渊源"的立法例

对此,大陆法系民法典有两种立法体例。第一种,债的渊源分布比较紧凑,多

---

① 例如 1913 年普拉尼奥乐所著的债法教程(M. Planiol, Traité élémentaire, t. II, 9ᵉ éd., 1913, Libr. générale de droit et de jurisprudence)依次由"证明"、"债的一般理论"、"合同"、"先取特权与抵押"四部分组成;1928 年科兰和卡皮唐教授合著的债法教程(A. Colin 和 H. Capitant, Cours élémentaire de Droit civil français, t. II. 5ᵉ éd., 1928, Dalloz)依次由"债的一般理论","债之渊源"和"担保"三个部分组成。

② 例如,1954 年普拉尼奥乐与里贝尔合著的债法教程(M. Planiol, G. Ripert, Traité pratique de droit civil français, t. VI et VII, Obligations, 2ᵉ éd., 1954, Libr. générale de droit et de jurisprudence)非常明显地在合同、侵权、准合同规则之后讲述债法通则。又如 G. Marty, P. Raynaud, Droit civil, t. II, Les obligations, 1962, Sirey; J. Dupichot, Le droit des obligations. 5ᵉ éd. corrigée, 1997, PUF; A. Bénabent, Droit civil, les obligations, 9ᵉ éd., 2009, Montchrestien; Ph. Malaurie, L. Aynès, Ph. Stoffel - Munck, Cours de droit civil: Les obligations, 5ᵉ éd., 2011, Dalloz.

③ P. Remy, Plans d'exposition et catégories du droit des obligations, in Pour une réforme du droit des contrats (sous la direction de F. Terré), Dalloz, 2009, p. 89 - 90.

是受法国法影响较深的民法典。比如 1942 年《意大利民法典》第四卷"债"共八编,在规定了债法通则(第一编)之后,按照债的渊源依次规范了"契约总论"、"各类契约"、"单方允诺"、"有价证券"、"无因管理"、"非债清偿"、"不当得利"以及"不法行为"。而晚近以来新制定的法典更凸显了债的渊源在债法体系构建上的地位。1992 年新《荷兰民法典》依据了三分法将债的渊源并排罗列。其第六编"债法总则"下设五章,前两章具有债法通则性质,后三章对应了债的渊源的三分法。① 不过该法典仍是先总后分的模式,将债的渊源列于一般性规则之后。

到了 1994 年生效的《魁北克民法典》,债的渊源不仅按照三分法并排出现,而且位于一般性规范之前。如前所述,其第五卷"债"第一编"债的一般规定"所含的九章中,第一章为引论性规范,第二章到第四章对应债的渊源三分法("合同"、"民事责任"、"部分其他债之渊源"),第五章到第九章属于债法通则性单元("债的种类"、"债的履行"、"债的转让与变更"、"债的消灭"、"给付的返还")。法国债法修订的方向与之颇为接近。

另一种立法例,债的渊源分布比较松散,多为受德国法影响较深的民法典。如前所述,《德国民法典》第二编"债法"所含的八章中,合同总则位于第三章("因合同而发生的债务关系"),合同分则、无因管理、不当得利、侵权行为等则散见于第八章("特别类型的债务关系")。尽管如此,不可否认的是,在欧洲层面,债的主要渊源都肇端于罗马法,在法典化时代之前,在欧洲大陆已被广泛传播,并扩展至所有的大陆法系国家。相应的债法学研究与教育也以债的渊源作为基本和首要的逻辑起点。②

这种分类方法不仅是传统大陆法系的经典之处,英美法国家对此也有相通之

---

① 第三章"侵权行为";第四章"侵权行为和合同以外其他渊源所生之债"包括无因管理、非债清偿、不当得利;第五章"合同法总则"。

② 如下两位德国教授展示德国债法的英文著作即是很好的例证。R. Zimmermann, The New German Law of Obligations: Historical and Comparative Perspectives, 2005, Oxford Universtiy Press; G. Dannemann, The German Law of Unjustified Enrichment and Restitution: A Comparative Introduction, 2009, Oxford University Press.

点。虽然对于债的概念不太热衷和熟悉,①但英美法系的传统并未忽视其主要的渊源——合同、侵权;晚近以来,更有学者在"返还法"方面进行了体系化的工作,②大陆法系"债"的概念也越来越多地被利用,③呼应了从罗马法传承下来的债的三分法。

此外,如今涉及债法规范的模范法,其逻辑的起点正是债的渊源(众多的合同法、侵权责任法模范法范本即是例证)。

2. 中国

似受模范法的影响,不经意间,中国现在的债法体系与《法国民法典》已颇为近似,也以债的渊源为出发点安排债的规则。《合同法》、《侵权责任法》各自已经形成了完备的系统,曾与《民法通则》第 92 条(不当得利)、第 93 条(无因管理)以及少量存在于《民法通则》第五章(民事权利)第二节(债权)的一般规则(关于债的定义的第 84 条、按份之债的第 86 条和连带之债的第 87 条)共同搭建起十分松散的债法体系。这种现象在 2017 年《民法总则》颁行以后也没有改变,例如其第 121 条与第 122 条简单地规定了无因管理以及不当得利,不仅如此,其第 118 条在定义债权时也特别突出了债的渊源。

制定民法典,债编体系结构必然要逻辑清晰地展示所有债的共性规则以及不

---

① "在每位普通法法律人的头脑中并不存在'债'这个分类。大学课堂也没有以此命名的课程。随着罗马法教学的弱化,人们听说合同与侵权被关联在一个超大概念之下越来越感到吃惊。"P. Birks, An Introduction to the Law of Restitution (revised edition), 1989, Clarendon Press, p. 28.

② 例如 R. Goff, G. Jones, The Law of Restitution 1ˢᵗ ed., (1966), 7th ed. (2009), Swert & Maxwell; P. Birks, An Introduction to the Law of Restitution (revised edition), 1989, Clarendon Press; A. Burrows, E. McKendrick, J. Edelman, Cases and Materials on the Law of Restitution, 1ˢᵗ ed. (1997), 2ⁿᵈ ed. (2005), Oxford University Press 等作品,针对大量的"返还"案例进行了学术上的研究,其分类方法对传统大陆法系学者而言非常熟悉。博克斯(Birks)教授在《返还法入门》(An Introduction to the Law of Restitution, p. 17)一书中指出,"返还与不当得利(unjust enrichment)针对完全相同的法律领域"角度不同而已,"后者从原因角度,前者从结果角度"。在其著作中,我们还也可以看到债法与物权法分类方法的影子。

③ 例如布鲁斯主编的《英国私法》(A. Burrows (ed.), Oxford Principles of English Law: English Private Law, 1ˢᵗ ed., 2000, and 3ʳᵈ ed. 2013, Oxford University Press)高度体现了大陆法系债的分类方法。

同渊源之债的特殊规则。法国债法修订方案所选取的"先债之渊源、后债之通则"的债法框架，简便、逻辑性强，并很好地顾及了原有的法律体系以及比较法的发展趋势，值得探论。

五、准合同及其类型的安置

1804 年《法国民法典》接受了"准合同"的概念，①设立专章并在体例上不加区分地规定了两种类型的"准合同"：无因管理和非债清偿②（第 1371 条到第 1381 条）。后在学理的影响下，法国最高法院于 1982 年 6 月通过判例案适用了罗马法上的"转用物诉权"（action de in rem verso），自此（狭义）不当得利成为又一类"准合同"。③

最终《债法改革法令》集中规定了这三种渊源，且保留了"准合同"的概念。

（一）"准合同"概念的虚化

对于是否要保留"准合同"概念，在法国学界一直是个颇有争议的话题。

1. 反对使用"准合同"概念的理由

反对者认为，"准合同"概念的产生系一种历史的误读。它在罗马法中并不存在。当时债的主要渊源是侵权（非法的事实）以及按照一定要式而发生的债务（合法的事实）。后来，随着合同系当事人合意之观念的确立，人们发现在此之外存在其他的、可以产出与之同样效力的合法行为。罗马法学家盖尤斯（公元二世纪）在所著的《法学阶梯》中曾表述说，某些债务的渊源并非来自于合同，但是却和合同所生之债类似，债务人承担一种准来自合同（quasi ex contractu）的义务。"这（段话）仅是一种类比，强调两种不同渊源的债具有相似性"，但被后世解读为某些债的渊源系来自于"准合同"。在查士丁尼时代（公元六世纪），"准合同"成为债的渊源。后在法国旧法时代得以发展，那时人们认为"准合同"是一种虚拟合同或者

---

① 《法国民法典》对准合同的定义没有任何实质意义："准合同是人完全自愿之行为，并因此产生对他人的义务，有时双方互负义务。"（第 1371 条）。

② "非债清偿"为我国学界通用之术语，法文术语为"payment de l'indu"，亦可翻译成"不当支付"、"非债支付"等。

③ 参见刘言浩："法国不当得利法的历史与变革"，《东方法学》，2011 年第 04 期，第 133 - 136 页。

推定合同,如无因管理被认为是一种推定委托。这种观点因符合意思主义(即使是虚拟的,债务也是来自于当事人的意思)而被1804年的《法国民法典》所采纳。①

反对者还指出,在民法典制定前期,本有两派观点相互对立。一方以波蒂埃(Pothier)为代表(其对准合同概念贡献巨大),他认为"准合同"是一种类似合同,无因管理是准委托合同,非债清偿是一种准借贷合同。另一种观点以庞波尼乌斯(Pomponius)为代表,认为所谓"准合同"实质是一种不当利益变动的恢复机制,其基础为"任何人不得在没有权利的情况下损害他人而使自己获利"的原则。不过《法国民法典》最终采纳了波蒂埃的理论,定义"准合同"的第1371条与不正当利益返还的理念毫无瓜葛。相关债务来源于"类似合同"的假象掩盖了其本质(乃是对不当利益变动的恢复机制)。②

反对者还认为,"准合同"概念本身是非逻辑的:要么有合意、要么没合意,不会存在"准合意";债或者来自于合同,或者来自于法律的直接规定。这个概念也没有任何价值:"准合同"的制度(如能力、证据)更接近于侵权之债而非合同之债,③其产生均是事实行为而非法律行为。④

学者草案《泰雷债法草案》采信上述反对观点,使用"其他债之渊源"替代"准合同"概念。

2. 支持保留"准合同"概念的理由

支持者认为,反对"准合同"概念始于普拉尼奥乐,在其所处的时代(十九世纪末二十世纪初)债务自由的概念处于发展阶段,债务区分较为简单,或者是合同的,或者是法定的。而今天自由主义以及国家干预经济均有所后退,越来越多的

① Ph. Malaurie, L. Aynès, Ph. Stoffel – Munck, Cours de droit civil: Les obligations, 5° éd., 2011, Dalloz, n°1016 et s., p. 557 et s.

② P. Remy, Des autres sources d'obligations, in Pour une réforme du régime général des obligations (sous la direction de F. Terré), Dalloz, 2013, p. 31 – 50, spéc. p. 34 – 36.

③ H. Vizioz La Notion de quasi – contrat, étude historique et critique, Thèse pour le doctorat, Bordeaux, Y. Cadoret, 1912.

④ F. Terré, P. Simler, Y. Lequette, Les obligations, 10° éd., Dalloz, 2010, n°1026, p. 1029.

债务虽然来源于法律规定或者判例,但其制度与合同之债更为接近。① 例如,立法者赋予商业租赁合同的承租人续租的权利,但有关租金的调整权利在法官手中(1953 年 9 月 30 日指令);法律确立的夫妻离婚后的"强制租赁合同"(1975 年 7月 11 日法律);现在所谓的强制缔约以及事实行为缔结合同似乎也与合同系当事人自愿之结果的本质相互冲突;有些志愿行为或者免费搭便车等行为(即理论上所谓的"帮助契约")虽产生于自愿但并不以产生债务为目的。这些情形被认为是属于"准合同"的范畴,只是通常将其放置在相关的合同法部分予以研究和解释。② 法国判例所承认的表见理论,经过发展已经趋向于一般化而不仅限于表见代理这种情况,③法国学理也普遍认为它相当于一种典型的法律在当事人之间确立一种准合同关系。④

这些特殊现象或新事物,似乎可以很好地由"准合同"予以囊括,因为《法国民法典》在定义"准合同"时(第 1371 条)并没有限定其构成要件或其类型。当然,此时"准合同"概念已经不限于不当利益返还的范畴,与最初 1804 年民法典使用"准合同"所含类型的共同属性已不可同日而语了。

学者草案《卡特拉草案》采信了支持者们的观点,使用"准合同"作为标题。

3. 官方意见

最终《债法改革法令》按照法国司法部的建议采用了折中的方案。一方面,使用"其他债之渊源"作为相关单元的标题;另一方面,在此单元开篇即界定了所谓的"准合同"及其包含的三种类型。⑤ 如果说"准合同"的主要价值在于允许以开放的方式容纳不同类型的债之渊源,那么相关单元使用"其他债之渊源"的标题已

① Ph. Malaurie, L. Aynès, Ph. Stoffel – Munck, Cours de droit civil: Les obligations, 5ᵉ éd. , 2011, Dalloz, n° 1018, p. 558.
② A Bénabent, Droit civil, les obligations, 9ᵉ éd. , Montchrestien, 2009, n° 451, p. 296; Ph. Malaurie, L. Aynès, Ph. Stoffel – Munck, Cours de droit civil: Les obligations, 5ᵉ éd. , 2011, Dalloz, n°1018, p. 558.
③ A. Danis – Fatôme, Apparence et contrat, préf. G. Viney,LGDJ, 2004.
④ M. Douchy, La notion de quasi – contrat en droit positif français, préf. Alain seriaux, Economica, 1997, n° 93, p. 211 –212.
⑤ 第三副编(其他债之渊源)开篇即规定:"准合同是完全自愿之行为,由此给本无权利获取利益却获得利益之人产生义务,有时行为人也对他人负有义务。""本副编所规范的准合同有无因管理、非债清偿和不当得利"(第 1300 条)。

严重削弱了这一功能。"准合同"概念已经被限定,以后人们更关注"其他渊源"的具体类型与制度。

(二)"其他债之渊源"("准合同")的三种类型

此次债法修改,集中规定了准合同的三种主要类型:无因管理、非债清偿和(狭义)不当得利。

1. 坚持"非债清偿"与"(狭义)不当得利"二元区分主义

法国判例与法学研究的长期积累表明:非债清偿与(狭义)不当得利相比,无论在构成上还是效果上界限均比较清晰、易于判断。非债清偿,在构成上,限于当事人本不应当向他人支付(没有法律或契约上的义务)却直接对其支付并使得该他人获利的情况,获利者得利的不正当性、得利与受损之间的因果关系均非常清楚;在效果上,返还的客体即是当事人已经支付的内容。而(狭义)不当得利则是涵盖除非债清偿以外的其他一方受损他方获益的情况;在构成要件上,得利的不正当性得具体从两个层面进行判断,一是要核查得利没有原因,二是适用"辅从性原则"(Subsidiarité)①;在效果上,返还受制于双重限制规则。

2. 将无因管理与(狭义)不当得利、非债清偿并列规范

法国债法修订,将无因管理和(狭义)不当得利、非债清偿放在一起,是两部学者草案和《债法改革法令》共同的做法。未按照多数法典常见的做法,将其与委托关系相互临近。除了兼顾历史的考虑以外,这种安排体系上比较合理、清楚。这几种制度有共通之处,具有同类的目的,即将不正当的(即没有原因)利益破坏恢复到平衡状态;将同类制度放在一起,可以明确它们之间的区别与联系,有利于理顺彼此关系。例如,我们看到法国债法改革相关的几个方案中均有条文明确指出它们之间的关系:如果不能满足无因管理的要件,当事人可以依据(狭义)不当得利提出主张(《法国民法典》新第 1301 - 5 条,《卡特拉草案》第 1329 - 1 条,《泰雷债法草案》第 19 条);无因管理要求管理人主观上为本人利益计,否则属于(狭义)不当得利的范畴(《法国民法典》新第 1301 条,《泰雷债法草案》第 14 条)等。

---

① 辅从性原则:如果有其他诉权可以行使、进行救济,受损人原则上不能适用(狭义)不当得利返还。该诉权既可以是针对受益人的,也可以是针对第三人的(例如保证人)。

(三)比较法上的印证

晚近以来大陆法系的立法趋势很明显,曾受法国法影响深远的意大利、荷兰、魁北克均在其民法典中放弃了"准合同"的表述,立法重点已经转向规范合同、侵权以外的其他债的渊源。由此,就体例方面在比较法上有两个重要的议题。

1. 非债清偿与(狭义)不当得利的关系

是区分非债清偿与(狭义)不当得利,还是就不当获得利益设立了一般条款?对此比较法上有三种模式。

第一种是曾受法国模式影响深远的民法典普遍坚持的二元区分主义。例如,《意大利民法典》在第四卷"债"之下并列规范了无因管理、非债清偿、不当得利(第六章到第八章);《魁北克民法典》在"其他债之渊源"一章中分别规定了无因管理、非债清偿以及不当得利(第一节到第三节);新《荷兰民法典》在"侵权行为和合同以外其他渊源所生之债"一章分别规定了无因管理、非债清偿、不当得利(第一节到第三节)。

第二种以《瑞士债务法》为代表,规定了广义不当得利(第一卷第一编第三章),设立了不当得利的一般条款(第 62 条),同时非债清偿作为一种特殊的返还情形得以保留(第 63 条)。

第三种是受萨维尼理论影响的《德国民法典》,就从他人处不当获得利益设立了一般条款,即采用广义不当得利的一般条款(第 812 条到第 822 条),不再单独规定非债清偿。[1]《共同参考框架草案》与此类似,设立不当得利的一般条款(第 VII - 1:101 条),没有对非债清偿设立特别规定。

2. 无因管理规范的位置

与上一个议题相关联,设立(广义)不当得利一般条款的法典,通常会将无因管理与不当得利彻底分割,作为一种无授权的类似委托关系。《瑞士债务法》在第二卷"各类合同"之中,先规定了"委托"(第十三编)后规定了"无因管理"(第十四编)。《德国民法典》在第二编"债法"第八章"特别类型的债务关系"之中,也是于委托之后规定了没有委托的无因管理(第十三章),远离了"不当得利"(第二十

---

[1] G. Dannemann, The German Law of Unjustified Enrichment and Restitution: A Comparative Introduction, 2009, Oxford, p. 6 - 10.

六章)和"侵权行为"(第二十七章)。《共同参考框架草案》亦然:在特别合同(第四卷)之后规定了无因管理(第五章);在侵权之债(第六卷)之后规定了不当得利(第七卷)。

3. 中国

一方面,中国 1987 年《民法通则》已经将无因管理(第 93 条)、不当得利(第 92 条)放在一起规范,2017 年《民法总则》(第 121 条、第 122 条)亦然;另一方面,中国学界也普遍认为应当区分给付型不当得利与非给付型不当得利。此与法国债法体系重构的方向一致。法国法对待三种渊源的体例安排与具体内容,尤其是重视非债清偿的特别立法,值得关注。

非债清偿与(狭义)不当得利具有非常明显的差异。设立统一不当得利概念以吸收非债清偿的做法,将人为地掩盖这种差异,在法律适用上、解决实际问题和理论研究时均带来不便。众所周知,区分给付型不当得利和非给付型不当得利,是德国学者根据《德国民法典》第 812 条第 1 段努力构建的方法,[①]也是采用不当得利一般规则的国家或地区的民法学者在研究不当得利制度时的首要工作。所有的付出正是试图剥去掩盖着差异的一般规则所造成的假象。与之形成对比的是,基于同样的原因,法国二元区分主义至今仍存在在众多民法典中,且毫无被吞并的迹象和可能。

六、观察与启示

法国债法体系重构不仅意味着《法国民法典》及其债法部分发生了两个世纪以来的"颠覆性"的变化,也表达了以法国民法为代表的大陆法体系对待中国在制定民法典过程中所要面对的若干问题的态度。例如,在合同法及侵权责任法体系较为完备的情况下,如何安置法律行为的一般规范? 如何处理合同规范在债法体系中的地位? 是否设立"债法总则"? 如果拟设置债法总则,如何处理不同原因所生之债的特殊规范与共同规范的体例关系? 以及如何安置无因管理与不当得利

---

① 还有德国学者指出,定义不当得利的第 812 条第 1 段"是否真的是一般条款还是(规定了)两种类型,在德国法上是有争论的",但通过条文比较,尤其和 1804 年《法国民法典》比较,它的确是个一般条款。G. Dannemann, The German Law of Unjustified Enrichment and Restitution: A Comparative Introduction, 2009, Oxford, p. 9.

等其他债的渊源?

法国债法体系重构给出的方向是:以合同规则作为基本规范准用于其他法律行为;从合同规范体系中分离出债法一般规则,自成体系、设立"债之通则"单元;债法体系将依次由"债之渊源"、"债之通则"、"债之证明"以及"特别合同"四个板块构成;"债之渊源"囊括合同、侵权以及其他债的渊源(如无因管理、不当得利与狭义不当得利三种传统的"准合同")的自有规则。一言以蔽之,法国债法修订将凸显债的渊源在债法体系构建中的主导地位以及合同在整个民法典中的关键作用。

中国面临着与法国极为类似的情况,法国方案是否会在中国未来的民法典上得以印证我们尚不得而知,但它及时地提供了一种具有高度可比性的、具体的立法方案,在比较法上实属难得,应予研讨。

中

改革要点编

第三章

法国侵权责任法改革的基本要点

如前所述,《卡特拉草案》出台以后,侵权责任法改革因涉及普通民众的日常生活和企业竞争与发展,成为极具争议和敏感的话题。为了顺利完成立法,法国上议院曾专门成立评估工作组针对《卡特拉草案》中"民事责任"部分进行调研。该工作组(即本书所谓之"上议院民事责任工作组")于 2008 年 11 月成立,由分别代表左右政党的阿泽亚尼(A. Anziani)和贝塔耶(L. Béteille)议员负责。在随后的日子里,工作组面向经济界、司法界、行政界、学术界和公众组织了四十多场听证会。2009 年 7 月 15 日工作组向法国上议院法律委员会提交了《咨讯报告(2009)》,并给出了修订法国现有民事责任制度的二十八点建议,确立了当时法国侵权责任立法的基本发展方向。更准确地说,这些建议是上议院工作组所期待的法国民事责任改革的方向、基调和核心内容。当然不排除这些建议会随着社会情况、司法实践以及法国议会议员的变化而有所变化,实际上,在 2016 年 4 月公布的《司法部责任法草案(2016)》中个别内容已经被否定。①

根据《咨讯报告(2009)》,下文列出该二十八点建议及其简要说明,②部分内容将在后面的章节中详细展开。这二十八点建议大体可分成如下四个方面:一般规则与特别规则的关系;合同责任与侵权责任的关系;责任构成;救济规则。在比较法的视野下,我们会发现,它们以法国法自有体系和传统规则的完善与强化为基本精神。

---

① 有关该草案的详细内容,参见本书第四章。
② 以下内容以《咨讯报告(2009)》为主要参考资料,辅以《卡特拉草案》以及法国最高法院专门工作组撰写的《关于卡特拉草案的评估报告》。

一、关于一般规则与特别规则的关系

第一点，取消特别规定中对一般规定的重复，转而采用援引（一般规定）的方式，以避免对于共同规则进行差异解释的风险。

由于社会生活中出现的状况各异，涉及不同领域，加之法律渊源众多，法国现有的民事责任特别规定数量庞大且分散。在法国上议院民事责任工作组看来，取消这些规定是不太可能的，但有些"特别规定"仅仅是一般规则在特殊情况下的具体应用，以使具体情况的规范更为完善，可是这却导致了人们逐渐忽视一般规则，甚至还有可能错误对待司法判决的适用范围（例如法官对某一"特别规则"的运用和解释本也对一般规则有意义，却只被理解为局限在这一"特殊"情况之下），最终导致对同一项一般规则可能有不一致的解释。因此，《咨讯报告（2009）》起草者期望能够重新整合这种类型的"特别规则"，使其直接援引相应的一般规则，以便于公众理解和把握。

这实际上确立了一项较为重要的立法技术，即在特别规范适用一般规范时，应避免简单地复制该一般规范的内容，而应采用援引一般规范的条文编号的方式。

第二点，确立特别规范优先于一般规范的原则。

由于民事责任特别规范数量众多，其适用领域可能发生冲突，受害人对于同一损害可以依据不同的规范提出诉讼请求，如果允许其自由选择诉请的规范基础，一是人们无法事先预见致害行为可能带来的责任，不利于法律的稳定性，二是有可能使得某些特别规范的立法目的落空。因此，该建议明确以"特别法优于普通法"作为原则，有特别规范的不允许受害人自由选择一般规范的适用，以实现法的可预见性和立法目的。但同时《咨讯报告（2009）》也认为，对于处理各种特别规范之间的关系可有例外，例如，"对于最为严重的某些损害，应当允许受害人在不同的制度中选择的权利"，以实现"受害人的保护和法律的稳定之间的衡平"。①《卡特拉草案》允许人身损害的受害人自由选择救济路径即是例证。

第三点，将 1985 年 7 月 5 日《旨在改善交通事故受害人境况与加速赔偿程序

---

① 《咨讯报告（2009）》，第 22 页。

的法律》整合到民法典中。

第四点，将其它特别规范整合到其它可将其收入的法典中。

在既有的法国法体系中，四处散落着有关民事责任的"特别规范"，这不仅让民众、企业主难以把握，而且给法律工作者也带来了麻烦。对此，《卡特拉草案》起草者以及上议院民事责任工作组建议采用法典化的方式系统把握：将具有一定一般化特点的特别法整合到《法国民法典》中，以突显该法典的一般规范地位；对于其它的特别法，则尽可能地由其它法典所吸收，整个整合过程也是对现有规范的重新审查。

《卡特拉草案》以及后来的《泰雷责任法草案》、《司法部责任法草案(2016)》均吸纳了 1985 年 7 月 5 日的《旨在改善交通事故受害人境况与加速赔偿程序的法律》。

第五点，有选择地将民事责任法领域内的司法判例引入到民法典中。

法国的司法判决对于民事责任制度的发展功不可没，[1]但是如今的法国学者苦于如何应对这些浩瀚、复杂甚至矛盾的判例。因此，《卡特拉草案》起草者以及多数学者普遍支持将判例予以整理和法典化。不过这个进程遇到了法官职业团体的反对，他们给出的理由是缺乏预先深入的研究。很显然，法官职业团体也在捍卫他们的自由裁量空间。上议院民事责任工作组的最后建议是有选择性的选取，因为立法者需要对判例的内容作出选择，这也将有助于突显重要判例所展示的精神。

二、关于合同责任与侵权责任的关系

第六点，保有合同责任与侵权责任的传统区分，同时使它们的制度更为接近。

法国学界对这种传统区分的批判始终存在着，甚至法国的法官职业团体也表达了类似的观点。首先，有批判者反对"合同责任"的存在，认为合同责任属于侵权责任；在没有损害的情况下，只能寻求强制实际履行或者在某些情况下与实际

---

① 比如一般物件引起损害责任的一般原则即是由最高法院通过 1896 年 6 月 16 日的 Teffaine 案件和 1930 年 2 月 13 日的 Jand'heur 案件所确立的。参见石佳友："《法国民法典》过错责任一般条款的历史演变"，《比较法研究》，2014 年第 6 期，第 14 - 30 页。

履行等效的金额。再者,有认为两种责任的界限难以明确。比如,有的同类案件法院通常判决"侵权责任",而有的判决则认定为"协助契约"的违反。还有很多法官强行从合同中推出"安全义务",令当事人感到糊涂。最后,有认为这种区分的意义不大:两种责任存在着许多共同点(可赔偿的损害、因果关系、时效规则①等),结果也类似。

在反对者眼中,这种区分还存在于"人身伤害"的情况下是最不能被容忍的,应当取消,因为对此种伤害给予"更为有效和平衡的赔偿"事关"保护人之尊严之正义"②,有的学者提出应对人身伤害的受害人给予完全、简便、高效的赔偿。与之相呼应的立法方案是,建议法国在如下四种人身伤害赔偿案件中取消传统的二元区分主义:交通事故(1985年7月5日《旨在改善交通事故受害人境况与加速赔偿程序的法律》确立的特殊规则)、产品缺陷(《法国民法典》原第1386-1条、现第1245条确立的制造者责任,不需要受害人与其签订合同)、旅客运输(如法国最高法院民一庭1998年10月6日的一项判决认为即使没有有效承运凭据,承运人也需要承担责任)和劳工安全与健康(如法国最高法院社会庭2006年2月28日的一项判决认为劳动合同不再是雇主承担安全义务的条件)。

而有些法国学者并不满足于此,还希望能够进一步有所作为。例如,有建议"依据损害(而非致害原因)建立民事责任法体系",有建议"或者以民事责任名义,或者以国家连带名义,赋予所有的人身伤害受害人以获得赔偿的权利"。但是这种重新建立体系的主张必定遇到困难,学界普遍接受维持现有体系的观点。③因此,上议院民事责任工作组认为,优化责任的主要效力内容以及赔偿的方式更具有积极意义。

---

① 依据2008年6月17日第2008-561号法律,法国已经统一了民事责任领域中的时效规则。

② 《法国最高法院〈债法和时效制度改革草案〉工作组报告》(2007年6月15日),第32页。

③ 对于较为"激进"的方案,法国最高法院指出,合同责任的目标并不仅限于合同的强制履行,守约方要求对方履行合同的同时还可以要求赔偿损失;合同责任有自己的特点不能被侵权责任所涵盖,比如赔偿受可预见规则的制约,当事人可以通过合同条款限制或者排除合同责任等;责任制度的逻辑基础在于可致害的行为,而非要去补救的损害的性质;可导致人身伤害的情况多种多样,并不有利于建立一套替代原有体系的新方案。《法国最高法院〈债法和时效制度改革草案〉工作组报告》(2007年6月15日),第29-32页。

在上议院民事责任工作组看来,保有这种传统区分是有意义的,但应注重两种责任制度的接近和良好的衔接。

2012 年的《泰雷责任法草案》没有采用将合同责任与侵权责任整合立法的模式,而《卡特拉草案》、《贝塔耶草案》和《司法部责任法草案(2016)》均将二者进行了整合,采用统一民事责任的立法模式。①

第七点,确认合同责任和侵权责任的非竞合原则,在有利于人身伤害的受害人的情况下允许存在例外。

第八点,允许合同第三人对合同债务不履行所造成的损害,按照合同责任条件提出合同责任赔偿请求但应受合同条款的约束,或者按照侵权责任条件提出侵权责任赔偿请求。

长期以来,法国坚持由判例所确立的合同责任与侵权责任不竞合主义。基于合同履行所生的损害不能依据侵权责任主张。《卡特拉草案》坚持了这一观点,其主要理由是为了防止合同当事人选择侵权责任以逃避合同项下的限制,或者逃避举证责任而直接依据《法国民法典》原第 1384 条第 1 款(现第 1242 条第 1 款)的一般规范主张赔偿,但在人身损害、合同债务不履行损害第三人的情况下允许存在例外。法国上议院民事责任工作组也建议:以不竞合为原则,但对于人身伤害的受害者应当赋予其自由选择的权利,不过条件是受害者需要依其所主张的责任类型承担举证责任。如此,某些特殊情况下的合同当事人可以向相对人主张侵权责任赔偿。②

另外一个问题是,合同以外的人可否向合同当事人主张损害赔偿?主张的基础和条件是依照侵权责任还是合同责任判定呢?法国法院曾摇摆不定。最高法院在 2006 年 10 月 6 日的审判庭联席会议上指出,违约给第三人带来损害的,第三人可以侵权责任为基础提出主张。有反对意见认为这破坏了合同的可预见性规则和相对性,第三人没有负担任何对价,也不受合同条款的约束,对第三人"过分地"有利。

《卡特拉草案》起草者和上议院民事责任工作组都认为应当给予第三人选择

---

① 详细内容,参见本书第四章、第五章。
② 详细内容,参见本书第四章、第五章。

的权利。对此也有反对意见认为,这是对合同相对性原则的巨大破坏,会对法律适用和法院管辖等带来麻烦。不过消费者权益保护组织和法国最高法院都给予了支持意见,前者认为消费者可以主张"强强"之间的合同条款来保护自己,后者则认为违约可构成一种特殊的致害行为,只是第三人原则上不应当逃脱合同法则,其获得的赔偿不应当超过合同债权人可预见的范围。①

根据第八点建议,合同以外的第三人可以依据合同责任要件要求违约方承担赔偿责任。不过,《司法部责任法草案(2016)》并没有遵循此立法方向。②

三、关于责任构成

第九点,排除将"集体损害"概念引入到民法典中。

《卡特拉草案》第 1343 条规定,"可补救的是所有确定的损失,由对财产的或者非财产的、个人或者集体的合法利益的侵害(la lésion)构成"。换言之,合法利益受到损害,无论该利益是财产的或非财产的、个人的或集体的,皆可获得赔偿。起草者将"集体损害"的概念引入到民法典主要是为了实现对生态损害的补救。这得到环保组织和法国最高法院的支持。不过企业界和保险业界因担心集体诉讼的增加和负担加重而持反对意见。

上议院民事责任工作组经过评估也认为引入"集体损害"概念是不合时宜的,其主要理由是:难以确定"集体损害"的范围、诉讼主体不明晰、立法目的已经通过其它法律实现了。比如,法国《消费者法典》第 L. 421 - 1 条已承认了"对于消费者集体利益的直接或者间接损害"的存在;2008 年 8 月 1 日法律已经将欧盟 2004 年4 月 21 日第 2004/35 号《关于预防和赔偿环境损害的环境责任指令》变成法国国内法,根据该法,个人因环境污染受到损害的,当事人依据民事责任一般规范寻求救济;对于环境或者居住地区的最为严重的损害,依照环境法典的特殊规定处理。

在此问题上,《司法部责任法草案(2016)》表现得颇为犹豫。③

第十点,排除"如果损害的发生取决于未来的或者不确定的事件,行为人预先

---

① 《法国最高法院<债法和时效制度改革草案>工作组报告》(2007 年 6 月 15 日),第 31 页。
② 详细内容,参见本书第四章、第五章。
③ 详细内容,参见本书第四章。

予以赔偿"的可能性。

损害可能并未发生在法院裁判期间，而是在判决生效后出现。法国法原则上只对现有的、已经发生的损害予以赔偿，如果未来出现新的损害，受害人应当提起新的诉讼，并证明新损害基于原有的事实。但是根据法国最高法院民二庭1993年7月20日的判决，因输血成为艾滋病毒携带者的受害人获得了两部分赔偿，成为携带者的特别赔偿（既有损害赔偿）和转为病发后的赔偿（未来损害赔偿）。《卡特拉草案》第1345条第2款建议："如果损失的确定性取决于某个未来且不确定的事件，那么法官可以立即判决责任人对判决的执行以该事件的发生为条件。"该建议得到了法国最高法院工作组、消费者团体的支持，但是遭到了工商业界的反对。法国上议院民事责任工作组认为，如果采纳此建议则"益处有限，麻烦不断"，这种改革在其看来是不必要的。

第十一点，在民法典中写入由判例所确立的、致害人可因受害人行为而免责的规则，受害人没有识别能力时完全无免责效力。

不可抗力成为免责理由自不成问题，但是对于受害人的行为可否成为免责理由却遇到了问题。

大量的法国判例所确立的规则如下：受害人有故意过错的（即追求损害结果的发生，如自杀），致害人免除全部责任；对损害的发生有过错的，部分免责；当涉及人身损害时，只有受害人对损害的发生有严重过错的，才可以带来部分免责的结果；如果受害人没有识别能力，前述免责效力皆不发生。

《卡特拉草案》（第1349条到第1351-1条）建议将上述规则纳入法国民法典中。

这些规则得到了法国最高法院工作组、人身伤害受害者保护组织的支持。

但是，就人身损害案件，《卡特拉草案》第1351条要求受害人对损害的发生有"严重过错"才能部分免除致害人责任的规定引起了一些质疑。有学者认为，对于人身伤害案件，只有受害人故意的情况下，才可有免责效果。相反地，工商业界则反对"严重过错"才能免责。法官职业联盟更愿意看到法官就过错及过错对赔偿权利的影响进行自由裁量。

最后，民事责任工作组支持将前述判例确立的规则写入到法典中。

第十二点，将铁路与有轨电车事故规则并入道路机动车事故规则中，同一化

处理。

第十三点，驾驶员与交通事故受害人适用同样的规则。

法国侵权责任法改革者重视对 1985 年 7 月 5 日《旨在改善交通事故受害人境况与加速赔偿程序的法律》的修订及编入民法典。修订对象主要有两个：一个是扩大其适用范围，使之延伸到轨道交通领域；另一个是让驾驶员也适用与其他受害人同样的规则，如此其制度内部更为和谐，也使其具有一般化的特点，更有理由放入民法典中。

《卡特拉草案》起草者认为，以前强加给法国国家铁路公司（SNCF）的责任太重了，对于人身伤害案件，法院几乎当然地判定该公司负有责任，该公司所主张的外部事由几乎都不被判定具有不可抗力的特点，即使是第三人行为、受害人过错、意外事件也难逃追责。因此，"基于简化和平等的原因"，该草案建议将道路机动车事故责任规则统一适用到对所有的交通事故受害人的赔偿。《咨讯报告（2009）》对此表示了认可。

第十四点，避免如下规则的一般化：损害由群体中的不确定的成员造成的，由全体成员对该损害承担连带责任。

第十五点，确认一般物件引起损害赔偿责任的一般制度。

《法国民法典》原第 1384 条规定："任何人不但对其自己行为所造成的损害，而且对由其所负责的他人的行为或管理下的物品所致损害承担责任。"随着机械化生产的发展，根据该条规定，法国判例逐渐确立了一般物件致害赔偿责任的一般制度（特别是法国最高法院 1896 年 6 月 16 日的 Teffaine 案件），采用责任推定方法（只有证明外部原因才可推翻此种推定，经典判例为法国最高法院 1930 年 2 月 13 日的 Jand'heur 案件）。是否保留这种具有法国特色的、客观责任的一般制度规范在法国还是有争议的，最后法国最高法院工作组以及上议院民事责任工作组的态度是，民法典应当确定该项一般制度，以防止出现制度空隙。

与此相关的是，如何对待高度危险行业经营者的责任。《卡特拉草案》第1362 条确立了高度危险行业经营者责任的特别规定。相对于"一般物件致害责任制度"而言，其特别之处主要在于免责事由方面：只有受害人的过错可成为免责事由，不承认如不可抗力等其他免责事由。但是对于这一规定，起草者之间分歧一直很大。支持者认为应当"向周边大多数国家看齐"，"向法国行政司法判例的走向看齐"，可以更全面的保护受害人。但是有不少起草者认为有"一般物件致害责任制度"已经足够了，规定这种特别制度的意义不大。不少工商、保险团体和学者也表达反对意见。在这个问题上，法国左右两大利益集团互不相让，以至于上议院民事责任工作组没有给出最后的意见。

第十六点，质疑父母责任以子女的致害行为为简单构成要件的司法判例，要求重新以（子女）有过错为要件。

第十七点，将父母责任与亲权的行使相关联，取消对于共同居住的要求。

第十八点，维持现有有关雇佣者责任制度，只有在滥用职权或者某些刑事犯罪时由被雇佣者承担民事责任。

第十九点，排除确立"经济依赖状态下的行为可导致无过错责任"规则。

四、关于救济规则

第二十点，引入非人身伤害的受害人减少或者不加重其损害的义务。该义务为方法之债，根据受害人的个人状况和实际情况具体考察之。

法国国内民事立法原则上不承认受害人有减少损害（防止损害增加）的义务，仅在海事保险领域中有所涉及（《保险法典》第 L.172-23 条）。法国最高法院还曾在 2003 年 6 月 19 日的一项判决中非常明确地表示过，不承认受害人有减损义务。但是，最高法院的这种毫无例外的态度受到法国学者的批判。

法国学者注意到减损义务来自于英美法系国家，是从普通法系传来的制度，被部分大陆法系国家或地区认可（如《魁北克民法典》第 1479 条），并在欧洲和世界层面得到学者的丰富和发展，尤其在合同法领域内，比如《联合国国际货物销售合同公约》第 77 条、《国际商事合同通则（2004 年版）》第 7.4.8 条、《欧洲合同法原则》第 9:505 条等。

对于是否引入该种制度到法国法上，法国法律工作者的多数意见是有保留地支持。《卡特拉草案》（第 1373 条）建议将减损义务引入到法国债法中，但不使用到侵害人身完整性的案件中。《泰雷责任法草案》认为在侵权责任领域内也应当引入减损义务规则。而《司法部责任法草案（2016）》则仅在合同责任领域内确立了该规则。①

第二十一点，明晰责任赔偿约定条款（协议）的适用规则。原则上允许此类约定可适用到无过错侵权责任领域。如果此类约定涉及合同实质债务的履行，允许通过司法途径修改之。

该条建议旨在明晰法国法现有的关于责任赔偿约定的规则，改革者也注意到了模范法范本的内容，如《国际商事合同通则（2004 年版）》第 7.1.6 条、《欧洲合同法原则》第 8:109 条。

第二十二点，促进审理刑事附带民事诉讼案件的法官给予（受害人）一项最优的损害赔偿。

第二十三点，考虑在受害人数量众多但每人索赔数额不大的"盈利过错"案件中引入侵权集团诉讼。

第二十四点，允许在某些特殊的"盈利过错"案件类型中适用惩罚性赔偿制度，按照法官确定的数额，该赔偿应优先支付给受害人，其他部分交付给赔偿基金，或者（在没有赔偿基金的情况下）财政部门，该赔偿金的数额应根据补偿性质的赔偿金的数额确定。

法国法长期坚持对损害给予完整补救的原则，不能多也不能少；致害行为本身的严重性并不对赔偿数额产生影响；而对行为的惩罚应当属于刑法范畴，不属于民法范畴。但是这种传统在现实中展现出了一些不适应性，有些致害行为可以使得致害人盈利，常涉及的领域如肖像或名誉的使用、知识产权的侵犯、商业领域的不正当竞争等，对此法国学者使用"盈利过错"的概念表述之。

受欧盟立法的影响，法国在 2007 年 10 月 29 日一部关于反盗版的法律中要求法官在判决赔偿数额时考虑盗版者的获利情况。接下来，法国学者就是否应当将这一模式一般化展开了讨论。在这个问题上有法国学者进行了比较法的考察，指出惩罚性赔偿系出英美法系国家，现在大陆法系国家（如德国、西班牙）多不承认，欧盟在此领域也没有推进的意思。回顾其自有体系和传统，在对待英美法的惩罚性赔偿的态度上，法国各界有着极大的争议，实务界多持反对意见，消费者团体保持中立，理论界则似以支持声为主。

---

① 参见本书第四章。

《卡特拉草案》本希望能够广泛地引入惩罚性赔偿制度。上议院民事责任工作组则认为,将该制度一般化为时尚早,但可适当地引入。在这个问题上,《司法部责任法草案(2016)》仅承认了"民事罚金",并未引入惩罚性赔偿制度。

第二十五点,除了小金额的损害,应当要求法官单独计算出每项被主张的损害的赔偿金额,否则须陈明其判决理由。

在民事责任领域,法国法采用完整补救原则,法官通常是就损害整体进行评估。因此当遇到多数受害人的场合,这些受害人对如何分得赔偿金常感到困惑,进而可能对法院产生误解,认为是"葫芦僧判葫芦案"。因此,《卡特拉草案》认为,应当要求法官单独计算出每项被主张的损害的赔偿金额,否则须陈明其判决理由。民事责任工作组对此表示支持,并加入了自己的意见:"对于小金额的损害单独计算导致司法成本太高",建议将小金额的情况予以排除。

第二十六点,用政府指令的方式确定一个国家残疾费率表,供法官在评估损失时参考使用。该费率表应定期修订。

对损失的评估属于法官职权范围,自由裁量的行使结果常导致"同命不同价"、受害人获得赔偿金不公平的现象。对于人身伤害案件,这种不公平更成为众矢之的。因此,法国学者希望给予审理人身伤害案件的法官提供一些"参考工具",使得判决以客观数据为基础。时任法国司法部长在 2007 年 2 月 22 日已经建议司法系统使用最高法院法官丁提雅克(Jean‐Pierre Dintilhac)先生制定的分类表,该表格罗列了人身伤害赔偿计算时应当考量的事项。① 至于如何确定每一事项的具体数额这一问题,法国上议院民事责任工作组原则上采纳了《卡特拉草案》的方案,建议确定一个国家残疾费率表,供法官在评估损失时参考使用。而在此方面,《泰雷责任法草案》以及《司法部责任法草案(2016)》则走得更远。②

第二十七点,对于小数额的损害,优先采用本金(一次性赔付)方式予以赔偿。

第二十八点,强化如下之可能:如果法官判定责任人按照指数变动支付年金,则允许其有权决定该指数以及决定在损害增加或减少的情况下修订年金的条件。

---

① 关于该表格,参见本书第八章。
② 详细内容,参见本书第八章。

五、二十八点建议展示的基调和方向

综上,我们可以较为清晰地读出《咨讯报告(2009)》所期待的法国侵权责任法改革的基调与方向:按照一般与特殊的区分方法重整旧有规范(建议一、二、三、四、五),使得既有法律规范更易被把握,坚持和优化既有的民事责任二元体系(建议六、七、八),排除了某些新概念或新机制(建议九、十、十四、十九),重点是对原有经验的总结和规则的完善(建议十一至十八、二十一、二十五至二十八);虽然也有借鉴比较法经验的例子(如惩罚性赔偿、减损义务——主要是英美法系的制度),但一方面引入的力度和广度都极为有限,另一方面极为关注与本土固有法律传统的融合。

2009 年 7 月 15 日,法国上议院法律委员会在对该二十八点建议审议后指出,该报告所提建议可对法国法带来三处重要的创新:一是允许特定的"盈利过错"案件采用集团诉讼方式(建议二十三);二是允许针对某些"盈利过错"采用惩罚性损害赔偿机制(建议二十四),此系对英美制度的有限吸纳;三是在非人身伤害案件中,引入受害人的减损义务(建议二十),这是对英美概念的继受,也是对欧洲和全球私法协调发展的一种呼应。实际上,这些创新受到了欧洲层面法律统一的影响,只是影响非常有限。不过,针对这些"创新"建议,法国《司法部责任法草案(2016)》的方案则显得非常保守,它仅确认了在合同领域内守约方负有减损义务。①

可以说,虽然有的欧盟指令或者规则给法国国内法带来了新突破,甚至是对其基本原则或制度的背离(如关于反盗版的法律要求法官在判决赔偿数额时考虑盗版者的获利情况),但是法国法律工作者仅将其视为"原则的例外"接受了,它们并没带来根本上的变革。至于非官方专家学者所努力推出的各种欧洲私法协调与统一范本,似乎对正在进行中的法国民事责任改革意义有限。由此可见,虽然考虑到欧洲法律协调与发展,法国民事责任改革的方向仍是,巩固和优化其现有的体系,将法国民事责任制度变得更加协调、稳定、具有可预见性,进而成为比较法上的典范。

---

① 有关该草案的内容,参见本书第四章。

第四章

法国《司法部责任法草案(2016)》要点解析

随着 2016 年 2 月法国债法改革第一阶段工作的结束,法国债法改革工作旋即重点关注民事责任制度的改革与现代化。如前所述,2016 年 4 月 29 日,由法国司法部起草的《民事责任改革法草案建议案(征求意见稿)》,即本书所谓之"司法部责任法草案(2016)",已向社会公布。

从整体上观察,该草案将合同责任与非合同责任集中规定,有关责任构成要件的规范颇为简约,而在救济规则的体系化与具体规则上则投入较多。与责任构成规则比较而言,起草者似更重视对被侵害利益的救济规则的构建,尤其是对某些特殊群体(如人身损害受害人、因产品缺陷而受害的消费者、陆上交通事故受害人)的利益保护,草案支持在某些领域内不再遵循区分合同责任还是侵权责任的传统路径,不从责任人角度出发,而是从对受害人救济的角度出发。

本章拟对这部《司法部责任法草案(2016)》制定的背景、体例、主要内容与特点进行梳理,草案全文参见本书附录。

一、背景回顾

为了更好地理解该草案的内容,我们这里再次简要回顾下法国债法改革的进程。

在法国法上,"民事责任"概念比较"狭隘"(或者说"传统"),主要是指对当事人行为违反义务(如侵权、违约)所造成的损害的救济,是债法的重要规制对象;民事责任法现代化当然地被视为法国债法改革的一个重要部分。2005 年出台、正式开启法国债法改革序幕的《卡特拉草案》曾全面触及这一领域。当时,该草案采用"民事责任统一立法"的模式,将合同责任规范与非合同责任(侵权责任)规范合二为一,放置在"民事责任"的概念和标题之下,这一设计风格,遂即成为学界最具有争议的话题之一。①

　　但是之后法国债法改革的立法方案不断发生变动,时常有新的情况出现。如前所述,一方面,由法兰西学院的泰雷先生在法国司法部支持下组建的债法改革团队,不建议采用民事责任统一模式,于是单独就侵权责任法起草了一份草案(但是其名称仍是"民事责任法草案",学界称之为"泰雷责任法草案"),并于2012年4月出版;另一方面,2015年法国议会通过法律最终决定,②将民事责任法(尤其是侵权责任法)改革从整个债法改革的进程中暂时地剥离出来、搁置一边,通过授权立法先推进合同法与债法一般规则(不含侵权责任法、特别合同法)的修法工作。正如我们所看到的,根据法国议会的授权,法国政府于2016年2月10日颁布了《关于合同法、债法一般规则与证明的改革法令》,同年10月1日生效。法国债法改革第一阶段任务完成。由此《法国民法典》债法部分被全面修订,迎来了1804年以来的首次"颠覆性"变化,原来的第1100条到第1386-1条全部被替换为新条文,人们常称之为"新债法"。③

　　新债法中有关"侵权责任法"的规范仅在体例上发生了一些变化。例如,有关规则被集中安置在"非合同责任"单元,条文编号全部更改,而条文的内容却未做任何修订。其中一个主要原因是,侵权责任法所涉及的内容事涉有关保险机构、受害人保护与救济等多方面的根本利益,影响甚巨,立法机关认为应当审慎对待之,不宜采用授权立法的方式。

　　同时,新债法中的"合同责任"(即违约损害救济)规范(第五副节第1231条到第1231-7条)仅在形式上做了部分调整,基本延续了修订之前《法国民法典》第三卷第三章第四节的条文(原第1146条到第1153-1条),这是因为改革者认为:"对于合同责任的改革不能脱离非合同责任而单独进行,这一点已经形成了广

---

① 参见本书第五章。
② 2015年2月16日,法国议会通过《(第2015-177号)关于简化与现代化国内商业与司法领域的法律与程序之法律》(Loi n° 2015-177 du? 16 février 2015 relative à la modernisation et à la simplification du droit et des procédures dans les domaines de la justice et des affaires intérieures),其第8条授权政府以"法令"的方式修订《法国民法典》债法部分(特别合同法、侵权责任法除外),并明确了债法改革的宏观目标和具体制度的调整方向。
③ 参见本书第一章。

泛的共识,从根本上看两种责任机制有着相同的本质特征:存在一个法律事实、一个损害以及二者之间的因果关系。而使二者互相区别的不同之处集中在合同领域产生责任的事实的独特性上"。因此,2016 年第一轮债法改革的决策者(或者更确切地说是法国司法部)已经对此后的民事责任法改革进行了规划,拟重新构建民事责任制度的架构,该架构一方面"细化了有关合同责任和非合同责任的共同规定",另一方面"分别对这两种责任制度设立特别规定",从而实现"对合同责任制度进行现代化的修订"以及侵权责任制度的现代化。[①] 简言之,其方案是希望回归 2005 年《卡特拉草案》"民事责任统一立法"的模式。

随着第一阶段债法改革工作的结束,法国已转向了对各方利益影响甚巨的立法单元:民事责任法。2016 年 4 月 29 日法国《司法部责任法草案(2016)》向社会公开。

二、体例

《司法部责任法草案(2016)》以此前的两套学者草案为基础,综合了前期多方的意见。

由于它采用的是将合同责任与侵权责任合并集中规范的模式,《卡特拉草案》的印记较《泰雷责任法草案》似乎更为突出。这种立法体例对于人们进一步认识违约责任与侵权责任的关系、损害赔偿的功能与范围、对特殊利益群体(如人身损害受害人、产品缺陷致害的消费者、陆上交通事故受害人等)保护与救济的强化等,具有非常重要的意义。

我们将其设计的章节编排整理如下:

第二副编　民事责任

第一章　编首规定

第二章　责任条件

第一节　合同责任与非合同责任的共同规定

第一副节　可补救的损失

第二副节　因果关系

---

① 　法国政府 2016 年《债法改革法令之立法说明》。

三、重要内容解析

《司法部责任法草案(2016)》回应了法国学界争议的诸多焦点,除了前述宏观体例以外,以下具体内容值得进一步关注。

(一)关于合同责任与侵权责任的关系

虽然《司法部责任法草案(2016)》在体例上对两种责任进行了集中整合,但是清晰区分二者的差异也是整合的一个目的。由此,就责任竞合方面,适用何种责任仍是重要而基本的问题。《司法部责任法草案(2016)》原则上坚持规范竞合说,认为合同责任是侵权责任的特别规范、优先适用(第 1233 条第 1 款①)。但有若干例外。

1. 身体损害的救济基础

为了更好地对人身损害提供救济,《司法部责任法草案(2016)》第 1233 条第 2 款规定,"对身体损害的补救以非合同责任规则为基础",即使该损害来源于合同债务人的违约行为,亦然。② 从表述上看,起草者似乎认为,对身体损害的救济"应当"以侵权责任法为基础,但是这种强制排除合同责任的救济路径是否真的能达到保护人身利益的立法目的,有待商榷。在此问题上,《卡特拉草案》第 1341 条第 2 款允许身体损害的受害人自由选择责任基础的做法,似乎更符合对人身损害提供更好的救济的立法目的。③

2. 合同以外第三人因违约行为遭受损害,可否向违约人主张"违约责任"

《司法部责任法草案(2016)》还回应了法国学界与司法实务界共同面对的一

---

① 《司法部责任法草案(2016)》第 1233 条第 1 款:"合同债务不履行的,债务人和债权人均不得为了选择非合同责任而逃避适用有关合同责任的专有规定。"

② 需要说明的是,这一规定似来源于《泰雷责任法草案》第 3 条。但《司法部责任法草案(2016)》不同于《泰雷责任法草案》,它采用了民事责任统一立法模式,尤其是关于身体损害的特殊救济规则单元(第 1267 条到第 1277 条)既适用于非合同责任(侵权责任),也适用于合同责任领域,并非单纯限于侵权责任领域。因此,这一规定"对身体损害的补救以非合同责任规则为基础"与后面的"关于身体损害的特殊救济规则"单元不区分责任基础的做法相互矛盾,造成了内部体系上的不协调。

③ 《卡特拉草案》第 1341 条:"合同债务不履行的,债务人和债权人均不可以为了选择非合同责任而逃避适用有关合同责任的特别规定。""但是,如果该不履行导致了身体损害,合同相对人为了获得对该损害的补救,可以选择对其更为有利的规则。"

个重要议题：合同以外第三人因违约行为遭受损害，可否向违约人主张"违约责任"。对于这个议题，法国传统的理论与判例均可支持第三人依据"侵权责任"向合同债务人主张救济；但是法国部分法律工作者（如部分法官、部分学者）以及消费者团体并不满足于这种救济路径，他们希望第三人可顺理成章地提起合同责任，只是受制于合同相对性的传统理论，他们又缺乏可以支撑的基础。这种"纠结"具体表现在两个问题上。

一是，合同债务不履行对于第三人而言可否直接将其认定为侵权行为？法国最高法院 2006 年 10 月 6 日的审判庭联席会议给出了肯定的答复。对此，法国有不同的声音。支持者，如《卡特拉草案》（起草者）、消费者团体、法国上议院民事责任工作组。① 不过，《司法部责任法草案(2016)》明确给出了否定的答复：第三人只能依据侵权责任的一般规则主张救济（第 1234 条②）。

二是，连续多个合同交易环节的后手可否向没有与之订立合同的某个前手主张违约责任？法国学界一度创立出所谓的"连锁合同理论"、"合同（组）群理论"等赋予后手以直接诉权；法国判例也一度追随这些理论允许后手向与其没有直接交易的前手主张违约责任。但这一做法因法国最高法院 1991 年 7 月 12 日的审判庭联席会议而结束。③《卡特拉草案》曾一度希望能将此些理论一般化、成文化，但是遭遇到部分学者的批评。例如《泰雷合同法草案》起草者认为，法国侵权责任法适用范围较为宽泛，没有必要设立这种一般规则去"践踏侵权责任"。同时，现有的缺陷产品责任制度已经可以让受害的消费者向产品生产者提起诉讼。因此，面对这种法律环境，立法者只需在买卖合同规范中，就瑕疵担保责任允许连续交易合同的后手向前手主张合同中的这项担保义务即可。遵循《泰雷合同法草案》起草者的意见，《司法部责任法草案(2016)》建议在《法国民法典》有关出卖人担保义务的第 1603 条中新增第 2 款："出售人的债务可以由（所售）财产的后续继受人（les acquéreurs successifs）主张，即使该财产已经添附到另外一个财产之中，也

---

① 具体争议及各方理由，参见本书第五章。

② 第 1234 条规定："如果合同债务不履行系第三人遭受损害的直接原因，该第三人仅可以非合同责任为基础获得补救，且他应当证明（存在某个）第二章第二节所规定的致害（事实）行为。"

③ 具体争议及各方理由，参见本书第六章。

不论继受所依据的合同性质如何,但应当受到出售人债务与继受人权利的双重限制。"

（二）责任构成

在此方面,法国法的传统主要是依赖民事责任构成的"一般条款"（如《法国民法典》中著名的原第 1382 条、第 1383 条、第 1384 条第 1 款,现在的第 1240 条、第 1241 条、第 1242 条第 1 款）赋予法官对事实进行判断的权力。这种简约风格也延续到本次改革中,只是立法者根据判例和学理的发展,在某些具有争议的核心问题上做了适当的归纳与总结。

《司法部责任法草案（2016）》将民事责任的构成要件分成三大类:损害、因果关系、致害行为（它又被区分为侵权行为与违约行为）,我们这里仅选择部分重要内容进行分析。

1. "损害"与"损失"的区分

《司法部责任法草案（2016）》与其他两部学者草案一样,不再像法国以往的法律文本那样将"损害"与"损失"混同使用,而是在不同意义上使用"损害"与"损失"。根据两部学者草案,"损害"是指对受害人人身或财产（利益）的侵害,而"损失"是指该侵害在财产与非财产方面所产生的影响。① 简言之,"损害"是责任的构成要件,"损失"决定着救济的方式。

《司法部责任法草案（2016）》第 1235 条明确采纳了这种区分,②并在体例上突出了"损害"的存在是侵权责任的首要构成要件,从而表明,侵权责任法仍属于"事后"救济的法律,尚未扩展到以预防为原则的程度。不过该草案没有对"损害"进行界定,而仅对"损失"进行了界定,其第 1235 条强调"损失"是"损害"对受害人"合法的"财产利益与非财产利益造成的破坏。这种界定并没有改变法国责任法"一般条款"的立法模式,这里的"合法性"也并非是一种有效的限制条件,因为所谓的"合法"既包括法律明确要保护的利益也包括法律认可的利益,最终仍是法官依据职权具体判定是否要给予保护。很显然,这和《共同参考框架草案》的立

---

① 参见《卡特拉草案立法理由书》（第 1343 条）。《泰雷责任法草案》第 8 条第 1 款规定:"任何对法律承认且保护的他人利益造成的确定侵害,均构成损害。"

② 第 1235 条规定:可补救的是某项损害（dommage）所造成的任何确定的损失（préjudice）,由对财产的或者非财产的、个人或者集体的合法利益的减损（la lésion）构成。

法模式不同,①而与《欧洲侵权法原则》似更为接近。②

2. 对失去机会的损失的救济

鉴于"一般条款"的存在,法国法的一个根深蒂固传统是机会损失也可以获得赔偿。对于这个原则并无争议,不过如何精准地实践这一原则却是令人苦恼的话题。为此,《司法部责任法草案(2016)》尝试引入审判实践中整理出来的经验去界定"机会失去"(la perte d'une chance),于是有了草案的第 1238 条第 1 款:可能发生的有利情况确定且现实的消失,方可构成可补救的机会失去。这一定义来自于法国最高法院民事一庭 2006 年 11 月 21 日的一项判决:"可能发生的有利情况(une éventualité favorable)确定且现实的消失,方可构成可补救的机会失去。"③早前法国最高法院刑事审判的解释更为具体:"即使从定义上看,机会的实现从来都不是确定的,但是只要能确认发生有利情况的可能性消失了,因失去机会而造成的损失就具有了直接且确定的特点。"④

紧接着,《司法部责任法草案(2016)》第 1238 条第 2 款采纳了《卡特拉草案》第 1346 条的内容,指出:机会失去的损失区别于该机会实现本可带来的好处。简言之,可赔偿的损失并不是期待利益。这也是法国司法审判实践的经验。法国最高法院民事一庭在 2002 年 4 月 9 日的一项判决中曾指出:"对机会失去的赔偿应该根据失去的机会来确定,它不能等同于机会如一旦实现可获得的利益"。言外之意,由于机会能否实现始终是不确定的,所以只能使用统计学上的概率来表达。可以获得赔偿的数额应当是该机会可能带来的利益加权实现之可能性以后的价值。⑤ 在此条件下,对机会失去的赔偿应当覆盖潜在的所有类型的损失,包括财产的和非财产的。⑥

---

① 参见《共同参考框架草案》第四卷第二章第二节。

② 《欧洲侵权法原则》第 2:101 条规定:"(获得救济的)损害应当是对受法律保护之利益造成的财产损失或者非财产损失。"

③ Civ. 1ʳᵉ, 21 nov. 2006, JCP G. 2007. I. 115. n° 2, obs. Ph. Stoffel – Munck.

④ Crim. 18 mars 1975; Crim. 4 déc. 1996.

⑤ M. Fabre – Magnan, Droit des obligations, 2, Responsabilité civile et quasi – contrat, RUF, 2ᵉ, éd. , 2010, p. 138 – 139.

⑥ Ph. Le Tourneau, Droit de la reponsabilité et des contrats, Dalloz, 8ᵉ éd. , 2010, n° 1419 – 1420, p. 479 – 481.

3. 侵权行为的"过错"概念

《司法部责任法草案（2016）》在责任构成的"行为"方面特别尊重和强调侵权责任与违约责任的差异,分别就各自的构成要件设置了单元、进行特别规范。

在侵权行为构成要件部分,立法者只用了9个条文,既涉及一般条款（第1241条和第1242条）,还涉及物件致人损害责任（第1243条）、相邻关系（第1244条）,以及对他人侵权行为承担责任的情形（第1245条到第1249条）。上述规范在个别地方回应了审判实务中有争议的问题,但整体上遵循了传统的法国经验。

这里值得注意的是,草案在"一般条款"指明侵权人应对其"过错造成的损害"承担责任（第1241条）以后,紧接着给出了"过错"的定义："对法律或法规所强制要求的行为规则的违反,或者对于谨慎或勤勉的一般义务的违反,构成过错"（第1242条）。

（三）关于责任的免除与排除

责任免除与排除有两种可能:一种是法定的,一种是约定的。在此方面,《司法部责任法草案（2016）》就如下四点给出的方案值得关注。

1. 不可抗力的类型化与宽泛化

首要的法定免责事由是不可抗力。借鉴《泰雷合同法草案》以及《泰雷责任法草案》的经验,《司法部责任法草案（2016）》明确给出了不可抗力在侵权责任领域与合同领域的不同含义。草案第1253条第2款指出,在侵权责任领域,不可抗力是指"被告或被告应当负责之人无法通过适当的手段避免其发生或者阻止其后果"的事件。其第3款指出,合同责任领域的不可抗力,则需要依据《法国民法典》合同总则单元的第1218条的判定标准,即"合同领域的不可抗力是指,非债务人所能控制的、在合同成立时不能合理预见的、其后果无法通过适当的方式予以避免的、并阻碍债务履行的事件。""如果因不可抗力所导致的履行障碍是暂时的,债务履行中止,除非因此所导致的迟延构成合同解除的正当理由。如果上述履行障碍为终局性的,合同当然地被解除",当事人在债务履行不能的情况下"不再负担债务"。

《司法部责任法草案（2016）》另一个值得注意的地方是,不可抗力的判定仍属于个案判断的事实问题,换言之,只要满足上述定义或者说判断标准,"意外事件、第三人的行为或者受害人的行为"均有可能被认定为属于不可抗力,从而达到彻底免责的效果(第 1253 条第 1 款)。

2. 受害人过错

依据《司法部责任法草案(2016)》,受害人的过错如果没有构成不可抗力,且对损害的发生也起到了作用,则可以成为部分免责的事由(第 1254 条、第 1256 条)。而受害人如果缺乏辨识能力,其过错不能起到免责的作用(第 1255 条)。

不过为了保护人身利益以及缺乏辨识能力的人,《司法部责任法草案(2016)》指出,在身体损害的情况下,只有受害人的严重过错才可以导致部分免责(第 1254 条)。

3. 责任限制或排除条款

依据《司法部责任法草案(2016)》,无论对侵权责任还是合同责任,限制或排除责任的约定原则上是有效的。

例外规定首先出现在人身利益保护方面,"排除或限制""对身体损害"的民事责任的约定是无效的(第 1281 条第 2 款)。这是基于特殊利益保护的需要。

例外的出现还为了防止道德风险。草案规定,在合同领域,债务人如果有欺诈、重大过错或者违背实质债务而造成他人损害的,不得通过约定免除其责任(第 1282 条);而在非合同领域,任何人不得排除或限制因其过错而造成的损害的救济责任(第 1283 条)。显然,这些是基于道德风险的考虑。

例外规定的存在还旨在避免受害人因轻率而失去救济。免责条款对当事人利益影响甚巨,因此应当在充分理解和知悉的情况下方可有效。为此,《司法部责任法草案(2016)》指出,排除或限制合同责任的约定应当是债权人在订立合同之前就已经知道的(第 1283 条第 3 款);而依据约定主张排除或限制非合同责任的当事人,则需要证明受害人曾明确地接受过此约定(第 1282 条第 2 款)。

4. 减损义务规则

本次《司法部责任法草案(2016)》明确了合同领域内适用减损义务规则——这一英美法系普遍适用的规则。

法国国内成文法虽然没有守约方或者受害人应当承担减损义务的一般规则,但是法官在确定最终赔偿数额时,常常会考虑他们在损害发生方面的角色,并时常利用因果关系或者民法上善意原则判定最终赔偿数额。现在法国学者基于经济社会财富与风险自担的考虑，普遍认为，在合同领域，应当引入减损义务规则；①而争议主要发生在侵权责任领域，尤其是法国最高法院民事二庭1997年3月19日作出的一项有影响力的判决认为，拒绝治疗被视为是受害人的一项权利，不应因此而限制对受害人的赔偿。由此导致是否应当在非合同领域内承认减损义务规则，各方意见不一。

最终，《司法部责任法草案（2016）》仅在合同责任领域内明确了该规则的普遍意义，其第1263条规定："在合同领域，受害人本可通过安全且合理的措施以避免其损害加重（而未采取措施的），尤其是在其有分担的财力的情况下，法官可减少损害赔偿金"。至于在侵权责任领域应否适用减损义务规则，草案没有规定，似乎是持否定态度，对此我们还有待立法者给出进一步的解释。

（四）身体损害的特别救济

《司法部责任法草案（2016）》中有许多针对身体损害的特殊规则。不过《泰雷责任法草案》中有关间接受害人以及精神损害赔偿的规则没有体现在《司法部责任法草案（2016）》中，非常遗憾。②

1. 责任构成

在责任构成方面，就因果关系而言，《司法部责任法草案（2016）》认为至少在发生身体损害的情况下，如果损害系由从事同类行为的多数人中的个别人造成的，但又无法确定具体的行为人，那么"每个成员均应对全部损害负责，能够证明自己不可能成为致害人的除外"（第1240条）；就免责事由而言，如果发生了身体损害，只有受害人犯有"严重过错"才能构成部分免责的事由（第1254条）。

2. 损失的救济

在责任承担与救济方面，草案更是设立了专门的单元与特殊规范，以突出和强调对身体损害的特殊救济与保护。立法者特别强调，当事人之间的和解协议也需要遵守这些特殊规范。

《司法部责任法草案（2016）》首先明确，受害人自身原有的易致病性因素，如果在致害行为发生时并没有产生损害结果，那么在对身体损害所造成的损失进行

---

① Ph. Malaurie, L. Aynès, Ph. Stoffel – Munck, Les obligations, 3ᵉ éd., Defrénois, 2007, n°99.
② 这部分内容具有比较法上的重要意义，详细内容参见本书第十章。

评估时该因素是不予考虑的(第 1268 条)。

其次,哪些损失可以获得救济呢?《司法部责任法草案(2016)》规定,身体损害所引起的各项损失(财产损失与非财产损失),均将依据损失事项非限制性分类表(une nomenclature non limitative des postes de préjudice)逐项确定。该分类表交由最高行政法院制定(第 1269 条)。草案将该分类表命名为"非限制性",似在强调其具有开放性,法官可以在此之外对其他没有列举的事项命令责任人采取相应的救济措施。

对于上述损失事项如何计算呢?《司法部责任法草案(2016)》指出,在前述分类表的基础上,就(身体)功能缺损(le déficit fonctionnel),依据由专门法规制定的统一的医疗等级表(un baréme médical)进行计算,不过,该等级表仅具有"参考意义"(第 1270 条)。而就分类表上的其他损失事项,该草案的起草者还在犹豫是否要对非财产损失事项设立"赔偿参考参照表(un référentiel indicatif d'indemnisation)"。如果制定,该参照表将"定期依据判例所判予的赔付金额的平均数值的发展进行更新"。为此,需要设立"一个满足最高行政法院指令所确定的条件、由政府监控的数据库,收集上诉法院就道路交通事故受害人身体损害赔偿案件作出的终局判决"(第 1271 条)。显然,起草者希望在损害赔偿计算的客观化方面更进一步,以限制法官在此领域内的自由裁量权,但对客观化的程度仍有所犹豫。

3. 第三方清偿人的追偿权

针对人身损害赔偿,《司法部责任法草案(2016)》基本沿用了《卡特拉草案》针对第三方清偿人在对受害人赔偿以后的追偿问题的规定。依据草案,在此领域,只有在法定的情况下,第三方清偿人有权向责任人进行追偿(第 1273 条、第 1274 条、第 1277 条)。其次,第三方清偿人与受害人同时有权要求责任人偿付时,受害人优先受偿;受害人的过错仅对第三方清偿人没有赔偿的部分产生限制责任的作用(第 1276 条)。此外,《司法部责任法草案(2016)》还对部分第三方清偿人与受害人的保险人之间的关系进行了规定,使前者处于优势地位(第 1278 条)。

(五)两种特殊的民事责任类型:陆上机动车责任与缺陷产品责任

在法国现有的众多责任法草案中,陆上机动车责任以及缺陷产品责任均是单列章节予以规定的。其中一个很重要的原因就是,在法国法上,这两类民事责任的主张不需要是区分合同责任还是非合同责任(侵权责任):只要满足了法定要件,直接适用有关责任规范,受害人不需要考虑他与致害方之间是否存在合同关系。①

1. 陆上机动车责任

"陆上机动车责任"在《法国民法典》中并无规范,现主要适用 1985 年 7 月 5 日第 85 - 677 号《旨在改善交通事故受害人的境况与加速赔偿程序的法律》(本书简称为"1985 年 7 月 5 日法律")。②

1985 年 7 月 5 日法律实际上由两个部分组成,第一部分是关于陆上机动车交通事故责任的构成与救济,第二部分是有关加速和简便理赔的规则。

显然,第一部分将成为民事责任法改革的对象并载入民法典。就这一部分,该法律的核心内容有二:一是在赔偿责任的构成要件上,排除对驾驶员过错与事故发生之间的因果关系的考察;二是在免责要件方面,改变了原来不可抗力以及受害人过错成为常用的免责事由的做法。很显然,1985 年 7 月 5 日法律实际上是对传统责任制度的突破,它不考虑责任人,而仅从对受害人的救济角度出发。③这种对交通事故受害人保护的政策方向和基本思路,在两部学者草案以及司法部的草案中均得以延续。前述两点核心内容已体现在《司法部责任法草案(2016)》的第 1285 条、第 1286 条和第 1287 条。

当然利用写入法典的机会,《司法部责任法草案(2016)》拟对 1985 年 7 月 5 日法律的内容进行修订,以更好地突出立法目的。例如,草案将其适用范围扩展到包括火车等轨道交通在内的所有陆上机动车事故(第 1285 条第 1 款);又如,草案对有过错的驾驶员也给予了更为全面的救济(草案删除了该法律的第 4 条:"陆上机动车驾驶员有过错的,限制或者排除其所受损害的赔偿")。

---

① 参见《司法部责任法草案(2016)》第 1285 条第 2 款、第 1289 条。

② 即 Loi n° 85 - 677 du 5 juillet 1985 tendant à l'amélioration de la situation des victimes d'accidents de la circulation et à l'accélération des procédures d'indemnisation,法国法律工作者也以时任司法部长的姓氏巴丹泰(Badinter)称呼该法"巴丹泰法"(Loi Badinter)。下载网址:http://www. legifrance. gouv. fr/affichTexte. do? cidTexte = LEGI-TEXT000006068902&dateTexte = 20100114

③ Ph. Delebecque, F. - J. Pansier, Droit des obligations:Responsablité civile, délit et quasi - délit, 5° éd. , LexisNexis, 2011, p. 219.

2. 缺陷产品责任

与陆上机动车责任的立法比较而言,法国缺陷产品责任立法有如下几个特点。

首先,迫于欧盟(原欧洲共同体)方面的压力,有关规则已经被写入《法国民法典》。① 第二,其规范渊源主要来自于欧盟层面,即作为欧盟前身的欧共体推出的1985 年 7 月 25 日有关产品责任的指令(Directive 85/374/CEE)②。第三,迫于欧盟施加的"统一市场规则"的经济政策,在法国,缺陷产品责任规范的适用具有排他性,不允许受害人主张与该责任具有"相同基础"的其他救济方式(例如瑕疵担保责任、安全保障义务、物件致人损害责任等)。这实际上减少了消费者寻求救济的路径、弱化了法国法给予消费者更多保护的传统。对此,法国学者虽然普遍持质疑态度,但面对欧盟的压力,似乎又无可奈何。本次《司法部责任法草案(2016)》将这一法律适用上的"排他性"予以了明确(第 1290 条、第 1299 - 4 条)。

四、观察与启示

本次法国政府推出的《司法部责任法草案(2016)》有如下几个特点。

(一)合同责任与非合同责任集中规定。其优点在于,首先,集合规范共性规则可节省立法资源(如相关条文数量);第二,在共性规范的基础上,再规定二者各自特有但无法整合的规范,可以很好地突出二者的差异,便于规则的理解与适用;第三,整合共性规范,在某种程度上淡化了责任基础(侵权责任还是合同责任)的角色,可以更好地突出需要被保护的利益,彰显救济政策,例如,通过阅读《司法部责任法草案(2016)》,我们可以很明显地感受到立法者对人身利益、道路交通中的受害人、缺陷产品消费者利益进行特殊的一体化保护(不区分是侵权责任还是合同责任)。

(二)"责任构成(要件)"规范简约,颇为原则。显然,立法者和学者认识到,罗列责任构成要件是对纷杂现实生活的事实进行抽象;越是细致,越容易造成制

---

① 即原第 1386 - 1 条到原第 1386 - 18 条;经 2016 年债法改革以后变更为第 1245 条到第 1245 - 17 条。

② 1999 年 5 月 10 日经欧洲议会与欧盟理事会的 1999/34/EC 号指令修订。

度的真空,不如极尽抽象之能事,以大类区分之即可。

(三)重视"救济规则"的体系化。与上一点形成对比的是,立法者更多将笔墨着于损害救济的法律问题上。立法者在救济规则的体系化方面投入很多,并希望借此能凸显立法政策。例如,区分人身损害、财产损害、环境损害、金钱迟延清偿,旨在设计具有针对性和可操纵性的救济规则。

(四)重视民事责任与保险之间的关系。改革者从整个社会对损失的风险分担与救济角度着眼,试图细致地规定第三人在对受害人进行赔付以后,其与责任人之间的求偿关系。这有利于解决社会保险机构、商业保险公司、事故赔付基金等机构合理规划对民事责任的分担与风险控制方案。

以上立法特点可以成为中国制定民法典时的比照对象,具有较为重要的比较法意义。尤其值得思考的是,我们是否应当从对责任构成的重视,转向对救济规则(尤其是对特殊利益进行救济)的重视呢?

下

|制度创新编|

第五章

法国有关侵权责任与合同责任关系的立法动向

侵权责任与合同责任的关系是民法上一个基本而重要的课题。具体说来,理论上存在如下几个"子课题"。

一是,是否承认"合同责任"的概念? 二是,如果承认"合同责任"概念,其规则与侵权责任规则在立法形式上的关系如何:是"分"还是"合"? 三是,如果承认"合同责任"概念,它与侵权责任在实质上的关系如何:当事人可否自由选择适用? 显然最后一个子课题最为关键。

中国合同法和学理普遍接受责任竞合理论,但实践的问题并不因此而完全解决。法国传统的做法是,否认责任竞合理论,认为侵权责任法为一般制度,合同责任为特殊制度,特殊优于一般,但这次改革中有方案试图有新突破。由专家起草的《卡特拉草案》决定正式将"合同责任"概念引入到《法国民法典》中,该草案提出在"民事责任"一般规定的框架下分述合同责任与侵权责任的"二合一、先总后分"的立法体例;确认合同责任和侵权责任的非竞合原则为一般原则,允许存在有利于人身伤害的受害人的例外;允许合同第三人对合同债务不履行所造成的损害按照合同责任条件提出合同责任赔偿请求,或者按照侵权责任条件提出侵权责任赔偿请求。这一方案曾获得法国上议院民事责任工作组所作《咨讯报告(2009)》的认可。《卡特拉草案》起草者和上议院工作组给出的方向对《司法部责任法草案(2016)》[①]影响深刻。简言之,该方案成为后来诸多草案起草者参考和检讨的范本,深刻影响着法国民事责任法改革的方向。对此如何评价? 是否有值得我们借鉴的地方?

---

① 有关该草案的要点解析,参见本书第四章。

我们试图通过阐述《卡特拉草案》就这两种责任的形式关系与实质关系的基本构想和理论基础,结合《咨讯报告(2009)》对此所表达的态度,展现法国在处理合同责任与侵权责任关系时这一特别具有创新性的立法方案。

一、"合同责任"概念:承认之? 否认之?

《法国民法典》并未使用"合同责任"的表述。在法国,"合同责任"概念是在19世纪发展起来的,于20世纪被判例、学说和教学广泛引用。到了20世纪后半叶,一些重要的研究成果①对"合同责任"的概念(尤其是它与侵权责任的关系)进行了反思。②

(一)对"合同责任"概念的否认

起初,法国学者于艾(Huet)教授研究后指出,"合同责任"具有双重功能,一是"清偿功能",即与强制履行合同债务等效;二是"补救功能",赔偿合同债务不履行所带来的损害。他并没有否定"合同责任"的概念,只是深刻分析其特殊之处。③ 不过,后来的学者在此基础上指出,这两种功能可以分别被两种制度所涵盖,即"清偿功能"隶属于"强制履行制度"(或曰"实际履行制度"),而"补救功能"属于"侵权责任制度",如此"合同责任"根本就是一个"虚假的概念"。详言之,这一理论认为,在(广义上的)合同不履行的情况下,债权人享有主张"强制履行"的权利。而"强制履行"包括实际履行以及在不能实际履行的情况下支付"与其(实际履行)等效的金额"——"合同损害赔偿金"——该金额的支付并不是因

---

① 按时间顺序,相关主要成果有:J. Huet, Responsabilité contratuelle et responsabilité délicturelle - Essai de délimitation entre les deux ordres de responsabilité, th. Paris II, 1978; D. Tallon, L'inexécution du contrat: pour une autre présentation, RTC. Civ. 1994. 233; Pourquoi parler de faute contractuelle? Mélanges Cornu, 1994, 429; Remy, La système français de responsabilité civile, Droit et cultures 1996 - 3, 31. V. Pauline Remy - Corlay, Les effets à l'égard des tiers, In Pour une réforme du droit des contrats, Dalloz, 2009, p. 291 - 299.

② 参见 P. Ancel, La responsabilité contractuelle, in Les concepts contractuels français à l'heure de principes du droit européen des contrats (dir. Remy - Corlay et Fenouillet), Dalloz, 2003. 243; J. Flour, J. - L. Aubert, Y. Flour, éric Savaux, Droit civil, Les obligations (3): Le rapport d'obligation, 5ᵉ éd., Dalloz, 2007, p. 123.

③ 甚至他还希望将其适用范围扩展到合同履行领域之外,包括(在一定限制范围之内)债务不履行对第三人所造成的损害的补救。

为债务人给合同相对人带来了不正当的损害，而仅仅是因为他没有履行合同之债而已；其基础在于合同之债的强制力，而并不要求有损害这一构成要件。该"合同损害赔偿金"构成了合同之债的一种简单的履行方式，属于合同履行部分。而对于合同不履行所造成的损害的补救则属于侵权责任，裁判应当适用侵权责任规则。基于此种观念，莱米（Remy）教授建议就合同债务不履行的后果重新构建并只区分为履行（实际履行）和补救两个部分；据此，所涉的损害赔偿金分属两个部分——"合同损害赔偿金"属于合同之债的履行部分，其他情况下的损害赔偿金则属于侵权责任。[1] 合同不履行的后果仅涉及履行和侵权损害赔偿，根本无涉"合同责任"概念。这种"合同责任概念否定说"由莱米教授确立后，得到了不少学者的支援。[2]

法国上议院民事责任工作组也收集到过类似的观点：有声音指出，在实践中所谓的"合同责任"与侵权责任二者的界限难以明确，就整体发展观之，无论从内容还是主体方面，所谓的"合同责任"的范围在不断扩大。如就某些同类案件，有的法院判决"侵权责任"，而有的判决则认定为"协助契约"的违反；还有很多法官强行从合同中推出"安全义务"，令当事人感到糊涂。"合同责任"概念的存在往往成了争议的渊源。还有学者批判这种区分的意义不大：两种责任存在着许多共同点（可赔偿的损害、因果关系、时效规则[3]等），结果也类似。[4]

于是，反对"合同责任"概念存在的人认为，对合同不履行所致损害的赔偿属于侵权责任；在没有损害的情况下，只能寻求强制履行（在某些情况下支付与实际履行等效的金额）。[5]

---

[1] J. Flour, J. - L. Aubert, Y. Flour, éric Savaux, Droit civil, Les obligations (3)：Le rapport d'obligation, 5ᵉ éd., Dalloz, 2007, p. 123 - 124; A. Bénabent, Droit civil：les obligations, 11ᵉ éd., Montchrestien, 2007, n° 403, 521.

[2] 这一理论最初由莱米教授，根据大量的历史调研和对法国民法典条文的分析，在1997年发表的《"合同责任"：一个虚假概念的历史》一文中提出，之后得到了 Philippe Le Tourneau 教授和 Denis Tallon 教授的认可。

[3] 依据2008年6月17日第2008-561号法律，法国已经统一了民事责任领域中的时效规则。

[4] 参见《咨讯报告（2009）》，第34页。

[5] 参见《咨讯报告（2009）》，第34页。

（二）对"合同责任"概念的承认

不过，否定"合同责任"的理论与绝大多数的司法判例相矛盾，并没有得到学术界多数的附和，也没被《卡特拉草案》起草者和上议院民事责任工作组所采纳。

1. 对"合同责任"概念的承认

反对莱米教授观点的学者指出，合同责任与侵权责任相比，最明显的特殊性是以预先已经存在的合同之债为基础。正是这种延伸性或者说前后连续性解释了前述于艾教授所强调的"合同责任"制度本身的矛盾：履行和补救；也解释了莱米教授所强调的，其所谓的"合同损害赔偿金"不过是"强制履行"下属的一个体系。这种所谓的"强制履行"（"合同损害赔偿金"）与合同机制不同，但与"民事责任"的目的具有异曲同工之妙：合同机制意味着恢复到如同合同之债履行之状态，而"民事责任"是要让受害人处于致害行为未曾发生之景况——因此将其称为"合同责任"也就不足为奇了。在这里，所谓的"强制履行"只徒有其名，本质是对破坏了的经济平衡的修补。再者，从其所谓的"强制履行"到单纯的损害补救之间，没有清晰的路径，因为债权人不仅想获得合同之债的标的，还不想因此而受有损失。不仅如此，所谓"与其（实际履行）等效的金额"的支付与"实际履行"并非一事：该金额的确定不仅需要考虑债的标的，还要考虑到不履行所带来的损失（如债权人再订立合同的不可能等）。"即使是可能的，人们也不希望将这些不履行所带来的后果截然分开，因为所有的这一切都是同一合同的延伸"。因此，"合同责任是复杂但真实的、就在侵权责任身旁的概念"。①

2. 一元说、二元说与折中说

不过，即使在承认合同责任概念的学者中，仍然会有观点坚持合同责任与侵权责任的"一元主义"。合同责任和侵权责任在性质上是一元还是二元的？一直是法国学术界长期关注的问题。传统观念认为性质上是绝对二元。但有学者，如普拉尼奥乐（Planiol）、马佐（Mazeaud）与沙巴（Chabas）教授认为它们具有一元性：

---

① J. Flour, J. - L. Aubert, Y. Flour, éric Savaux, Droit civil, Les obligations（3）：Le rapport d'obligation, 5ᵉ éd., Dalloz, 2007, p. 125；A. Bénabent, Droit civil：les obligations. 11ᵉ éd., Montchrestien, 2007, n° 403.

都是对过错的制裁,该过错就是指对预先存在债务的违反。① 为了避免使用"债务"这一极易引起争议的表述(对于侵权责任而言,难寻先存债务),有学者将其表述为,"该过错是没有按照原本具有的负担行事"。② 这种一元性观点指明两种责任深层的统一性:都是对过错的制裁(无论该过错是被证明的还是被推定的)。

但一元说被二元说者指责为,将合同责任过分地抽象化:无论是原则还是方法,对于一项合同债务的违反的制裁,还依靠于该合同债务的有效性和内容构成。③ 实际上,一元学说和二元学说都没有彼此说服对方。

现在主流的观点④认为,合同责任并非同质的,就其功能来看,它有两种可能(补偿债务不履行和补救该不履行带来之损害),但这两种功能紧密相嵌、很难分裂开来。"由此,合同责任性质具有复杂性和特殊性,既不能被简化成侵权责任,也不能单纯地将其和侵权责任完全对立起来"。这两种责任都是对"应为而不为"的行为的否认。但是除了这种动态原则的一致性外,它们还是有分化的:侵权责任是对来自于法律的义务(而且是对所有人的义务)的违反的制裁;合同责任是对一项在两个当事人之间基于合意而产生的债的违反的制裁。这就带来了实质上的结果:合同责任是处在当事人合意行为构筑的、法律要求他们彼此遵从的内容的延伸部分进行补偿和补救。因此,预先存在的债的有效性和实质内容直接对该责任的判定起决定性作用。显然侵权责任与此不同。

该主流观点还指出:关于两种责任性质上的一元和二元的讨论,还涉及它们彼此的渊源上。在某种意义上,当学者考察债的"第一渊源"的时候,所有的债都是合法的:没有法律的承认,就不能有债的存在。对于两种责任而言,都具有相同的"第一渊源":法定的、一般的不侵害他人的义务。但是,当考察它们的"直接渊

---

① D. Mazeau, F. Chabas, Le? on de droit civil, Obligations, Théorie générale, 9ᵉ éd. , n° 376. V. J. Flour, J. – L. Aubert, Y. Flour, éric Savaux, Droit civil, Les obligations (3): Le rapport d'obligation, 5ᵉ éd. , Dalloz, 2007, p. 126 – 127, n° 174.

② J. Flour, J. – L. Aubert, E. Savaux, Droit civil, les obligations(2): le fait juridique, 14ᵉ éd. , Sirey, 2011, n° 98.

③ J. Flour, J. – L. Aubert, Y. Flour, éric Savaux, Droit civil, Les obligations (3): Le rapport d'obligation, 5ᵉ éd. , Dalloz, 2007, p. 126 – 127, n° 174. Ph. Delebecque, F. – J. Pansier, F. Hanne, Responsabilité civile, délit et quasi – délit, 2008, Litec, p. 1 – 114.

④ 同上。

源"的时候,就会发现有区分;它们的"直接渊源"不同,合同构成特别的要素将这一义务特殊化,带来了特别和确定的债务。

于是,这一主流观点的结论是,两种责任尽管性质上具有极大的相似性,但在具体制度上相互区别。这种折中观点也得到了《卡特拉草案》和《咨讯报告(2009)》的回应。

3. 相关草案的回应

《卡特拉草案》最终正式承认和写入了"合同责任"的概念。起草者指出,基于补救的目的和债务不履行的事实——广义上的非法的行为,允许将其置于责任概念之下,而不需要破坏合同制度的特殊之处。

承认"合同责任"概念这一姿态得到了法国最高法院的认可:"合同责任的目标并不仅限于合同的强制履行,守约方要求对方履行合同的同时还可以要求赔偿损失";"合同责任有自己的特点不能被侵权责任所涵盖,比如赔偿受可预见规则的制约,当事人可以通过合同条款限制或者排除合同责任等"。[①]

上议院民事责任工作组所做的《咨讯报告(2009)》也承认了"合同责任"概念、承认"合同责任"为民事责任的一个分支。[②]

这一方向得到了法国《司法部责任法草案(2016)》的认可。

二、合同责任与侵权责任的形式关系:合还是分?

同时承认"合同责任"和"侵权责任"概念,立法者必须明确两种责任各自的范围以及在法律体系中位置。是否应当维持原有立法的形式模式,仍然按照1804年《法国民法典》起草者的意思,将合同责任和非合同责任分别放在不同的两编?或者相反,鉴于性质皆为"民事责任",将其整合到统一的一编中?

对于上述问题,《卡特拉草案》起草小组成员之间一开始就存有分歧,只得先将其搁置起来,待实质性规则设计完毕后才敲定解决方案。在整体写作完成之后,起草小组发现责任的这两个分支存在着大量的共同规则,遂决定采用第二个

---

① 参见《法国最高法院 < 债法和时效制度改革草案 > 工作组报告》(2007 年 6 月 15 日),第 29 - 32 页。

② 参见《咨讯报告(2009)》,第 34 页。

方案。于是，我们看到《卡特拉草案》设计的《法国民法典》之《债》编之第三副编被命名为"民事责任"，且包含如下章节：

其第一章名为"一般规定"（也可译为"预设规定"），旨在规范合同责任和非合同责任之间的关系。

第二章名曰"责任要件"。其第一节为"合同责任与非合同责任的共同规定"，涉及可补救的损失、因果关系和免责事由等规则——不论涉及的是合同责任还是非合同责任领域，皆以同样的方式定义相关概念。相反地，导致责任的法律事实则分非合同责任和合同责任各自成节——第二节系关于非合同责任的特别规定（相继对本人行为、物件致害、他人行为、侵扰邻居和危险活动给出安排），第三节系关于合同责任的特别规定。

第三章关于"责任效力"，包括如下几节：第一节"原则规定"，涉及实际补救（第1目），损害赔偿金的形式与计算之一般规则（第2目），共同侵权规则（第3目）。第二节涉及对某些种类损害救济的具体规则，分人身侵害（第1目）、财产损害（第2目）和迟延支付金钱（第3目）三个部分。第三节规范赔偿协议，包括限制或者排除赔偿的协议（第1目）和确定某一固定数额的赔偿协议（第2目）。第四节非常短小，用于规范责任的诉讼时效。

第四章"关于赔偿或责任的主要特殊制度"规范两种特殊责任制度：对交通事故受害人的赔偿（第一节）以及缺陷产品责任（第二节）。

在上议院民事责任工作组看来，在形式上保有"合同责任"和"侵权责任"适当分离模式是有意义的。[①]

《卡特拉草案》的这一创新体例也得到了法国《司法部责任法草案（2016）》的积极回应。

三、合同责任和侵权责任的实质关系：受害人是否有选择的自由？

不论"合同责任"与"侵权责任"是否统一到一个标题之下，抑或分列于合同法与侵权责任法两个部分，对"合同责任"的承认使得立法者都必须面对和解决如下重要难题：如何处理合同责任制度和侵权责任制度的实质关系？

---

① 参见《咨讯报告（2009）》，第34页，第六点建议。

显然被害人不可以同时实现此两种补救方式,因此问题的关键点就集中在受害人是否拥有选择的自由。

(一)以合同责任与侵权责任之法条竞合为原则

法国长期以来都坚持由判例所确立的合同责任与侵权责任不竞合的原则:基于合同不履行所生的损害不能依据侵权责任主张,也就是说,因违约而受损害的守约方没有选择适用侵权制度的可能。合同法优于侵权责任法(即所谓的法条竞合说)。《卡特拉草案》起草者就是否应当在法国民法典中认可这个被很多国家所不采的"责任不竞合规则"产生了分歧。

反对传统方案的理由是,侵权责任是最为基础的保障,受害人有权于其认为必要之时主张之,法律应当允许因合同的存在而增加对权利人的保障,但不能因合同的存在而减少权利人的救济途径(不过这方观点也认为,对责任限制或排除的条款的效力也应当予以承认)。

支持传统方案的学者则认为,合同制度构成侵权责任制度的例外,其目的就是在应当其出现的时候替代后者。① 一般说来,禁止自由选择的正当性在于:防止合同当事人选择侵权责任逃避合同条款的约束、进而使双方经过合意达成的合同条款失效(尤其是限制或者排除合同责任的条款);防止颠覆合同当事人根据风险预判行事的风险防范机制;防止合同当事人逃避举证责任而直接依据《法国民法典》有关侵权责任的一般条款(如原第1384条第1款、现第1242条第1款)主张赔偿。简言之,防止合同条款和合同制度被架空。

最终,按照起草小组大多数成员的意见,《卡特拉草案》(第1341条)建议将禁止受害人选择合同责任还是侵权责任救济的原则写入民法典中。

这一法国传统原则也得到了《泰雷责任法草案》(第3条、第4条)和《司法部责任法草案(2016)》(第1233条)的认可。

(二)法条竞合原则的例外之一:保护人身受到伤害的受害人

在支持允许当事人自由选择的人看来,这种对当事人选择自由的禁止还存在于"人身伤害"的情况下是最不能被容忍的,应当抵制之,因为对此种伤害给予"更

---

① J. Flour, J. - L. Aubert, Y. Flour, éric Savaux, Droit civil, Les obligations (3): Le rapport d' obligation, 5ᵉ éd. , Dalloz, 2007, n° 184, 185.

为有效和平衡的赔偿"事关"保护人之尊严之正义"。①

其中有学者提出应对人身伤害的受害人给予完全、简便、高效的赔偿。有观点支持在四种人身伤害赔偿案件(交通事故、产品缺陷、旅客运输和劳工安全与健康)中取消传统的二元区分主义;还有学者建议延伸至重构新体系。② 不过,法国最高法院认为,责任制度的逻辑基础在于可致害的行为,而非要去补救的损害的性质;可导致人身伤害的情况多种多样,并不有利于建立一套替代原有体系的新方案。③ 法国上议院民事责任工作组也认为,优化责任的主要效力的内容以及赔偿的方式更具有积极意义。

按照《卡特拉草案》的设计,对于人身伤害案件,合同责任和侵权责任的区分仍然得以保留,但受害者被赋予了自由选择的权利,选择对其最为有利的制度,不过条件是受害者需要承担对所主张责任的类型的举证责任。如此,法国法将允许:在此种特殊情况下(即人身伤害案件中),合同当事人可以自由选择向合同相对人主张合同责任还是侵权责任。

但《泰雷责任法草案》和《司法部责任法草案(2016)》④则没有采纳这种自由选择的例外规定。

(三)法条竞合原则的例外之二:保护因合同不履行受有损害的第三人

此外,合同以外的人可否向合同当事人主张损害赔偿? 主张的基础和条件是依照侵权责任还是合同责任判定呢? 在实践中,争议集中在如下情形:合同债务的不履行导致第三人受损害。对于此类案件,通常情况下法国判例有支持债务人对第三人负有责任且将其认定为"侵权的"或者说"非合同的"的传统。

不过,法国最高法院不满足于传统的做法,可又缺乏充分的理由和机制能让

---

① 参见《法国最高法院 < 债法和时效制度改革草案 > 工作组报告》(2007 年 6 月 15 日),第32 页。

② 如有建议"依据损害(而非致害原因)建立民事责任法体系",有建议"或者以民事责任名义,或者以国家连带名义,赋予所有的人身伤害受害人以获得赔偿的权利"。但是这种重新建立体系的主张必定遇到困难,学界普遍接受维持现有体系的观点。参见《咨讯报告(2009)》,第 36 – 37 页。

③ 参见《法国最高法院 < 债法和时效制度改革草案 > 工作组报告》(2007 年 6 月 15 日),第29 – 32 页。

④ 有关内容参见本书第四章。

第三人顺理成章地主张合同责任。对以往判例的分析表明,这种立场使得法国最高法院在如下两个方面常表现出一些摇摆:

首先,对于某些类型的案件,法国法院对将责任定性为侵权责任还是合同责任表现出摇摆不定的姿态。比如,法国法院曾采纳"合同群"理论判决支持,当物的所有权基于一系列合同而转移变动的时候,取得者享有向处在这一链条上的所有前手提起"合同责任"——而非"侵权责任"——诉讼的权利。不过,由于该种做法导致合同效力过于宽泛,最终被最高法院放弃了。① 再比如,在某些情况下,最高法院判决,合同安全义务不仅对债权人有利,同样应当对第三人有利,但没有指出受害第三人的诉权是属于合同之债还是非合同之债。② 可见,这些解决方案显露出法官对突破束缚的不确定性。③

第二,对于那些被定性为"侵权责任"的案件,法国法院在认定责任构成要件、回答"合同债务不履行"是否直接构成"侵权行为"这一问题时摇摆不定。法国最高法院商事庭曾坚持合同过错的"相对性",要求受害第三人证明合同债务不履行构成对一般义务的违反。④ 相反地,法国最高法院民事一庭则认为,合同债务不履行即可使因此受有损害的第三人主张侵权责任。⑤ 最后,法国最高法院在2006年10月6日的审判庭联席会议上明确:"违约给第三人带来损害的,第三人可以提出主张,其基础为侵权责任"。换言之,只要对第三人造成损害,对合同的违反就足以构成一项侵权之过错或者一般物件侵害的事实。⑥ 最高法院的这种态度受到了批判。反对意见认为,这将排除与侵权责任制度规范不吻合的合同条款的

---

① Ph. Delebecque, F. - J. Pansier, F. Hanne, Responsabilité civile, délit et quasi - délit, 2008, Litec, p. 34 - 37, n° 61 - 70; J. Flour, J. - L. Aubert, Y. Flour, éric Savaux, Droit civil, Les obligations (3): Le rapport d'obligation, 5ᵉ éd., Dalloz, 2007, p. 133 - 134, n° 183.

② 参见《卡特拉草案立法理由书》。

③ 详细内容参见本书第六章。

④ 如其 2005 年 4 月 5 日之一判决、1997 年 6 月 17 日之一判决。

⑤ 如其 2001 年 2 月 13 日之一判决。

⑥ 这里,"合同过错"或者说"对合同的违反",不再是仅发生在合同当事人之间的事实,被"去相对化"。参见 TOSI, Le manquement contractuel dérelativisé, in Ruptures, mouvements et continuité du droit - Autour de Michelle GOBERT, Economica, 2004, p. 479. V. J. Flour, J. - L. Aubert, Y. Flour, éric Savaux, Droit civil, Les obligations (3): Le rapport d'obligation, 5e éd., Dalloz, 2007, p. 134 - 135, n° 183.

适用(比如排除或者减轻债务或者责任条款,有关司法管辖权或者法律适用的约定等),进而损及当事人之预见与交易安全;对基于合同而主张此种责任的第三人而言,他没有负担任何对价,也不受合同条款的约束,却将超过债权人所可主张的地位,对第三人"过分"有利。这些看起来都极为不正常。① 但法国最高法院的意图是希望借助违约行为直接认定违约方对第三人承担责任。

在这两个方面上的摇摆姿态说明,法国最高法院不满足于传统的做法(合同第三人只能依据"侵权责任"的构成要件向合同违约方主张侵权责任),但又缺乏充分的理由和机制能让第三人顺理成章地主张合同责任。"当然,这种不确定性在学理界也同样存在,学者们都羞于提出协调的解决方案"。于是,《卡特拉草案》的起草者认为有必要消除这些不确定性。他们首先广泛地承认——债务人对因其违约而直接造成损害的第三人负有责任(《卡特拉草案》第1342条第1款)——这一倾向,认为这符合对正义的憧憬。此外,根据学说,它也得到了被普遍承认的"合同(可)对抗性"原理的支撑。②

但如前所述,债务人因违约而向第三人承担侵权责任的做法,有可能破坏合

---

① 参见《咨讯报告(2009)》,第40页。

② "合同(可)对抗性"理论,肇端于对合同相对性的反思。该理论认为,尽管在宣示合同相对性原则时,《法国民法典》原第1165条的表述比较宽泛("契约只在缔约当事人之间发生效力;它们不得损害第三人,且仅在第1121条规定的情况下可使第三人享有利益"),但合同相对性原则的内涵应当是:合同不能对第三人产生权利、义务,第三人也不能被强迫去履行合同,也不能自己主张合同的履行。该条文本身并没有允许第三人不承认合同的存在。合同是一个客观的"社会事实",任何人都应当予以考虑,而且也常会因考虑到其存在而有所行事。
于是,合同相对性原则,交由"合同对抗第三人的一般原则"进一步完善:如果说,第三人非合同当事人,合同不能将其纳入其所生权利和义务关系之中,那么,第三人至少应当尊重该合同以及合同在其当事人之间所设立的法律状态;不仅如此,第三人也可以利用合同,即该合同可以被人们用来证明其所创设的事实状态的存在。对抗原则,是承认"合同机制乃处置个人状态的方式"的逻辑结果,今天已经在法国得到一致的认可。《卡特拉草案》第1165-2条明确规定:契约可以对抗第三人;第三人应当尊重契约并且可以利用契约,但无权要求契约的履行。
Ph. Malaurie, L. Aynès, Ph. Stoffel - Munck, Cours de droit civil: Les obligations, 3ᵉ éd. , Defrénois, p. 410 - 413, n°791 - 793. Pauline Remy - Corlay, Les effets à l'égard des tiers, In Pour une réforme du droit des contrats, Dalloz, 2009, p. 291 - 299. 尹田:《法国现代合同法:契约自由与社会公正的冲突与平衡》,法律出版社2009年版,第333 - 386页。

同当事人的预见,对第三人过分地有利。《卡特拉草案》起草者认为,问题来源于对侵权责任制度的"粗暴"适用,其实违约可导致债务人对第三人承担"合同责任"。起草小组还给出解释:依传统说法,排除合同责任制度、适用侵权责任制度的正当性,通常是基于著名的"合同相对性"原则(即《法国民法典》原第1165条),但实际上,这是对该原则和法律条文的误解。"对该原则进行研究的大量而重要的成果清晰地表明,实际上其意义仅仅限于两个重要结果:一是在合同订立阶段,禁止当事人使第三人负担合同之债;一是在合同履行阶段,只有当事人之间一方有权利要求另一方履行债务。相反地,该原则从未就债务不履行情况下的责任制度的选择适用发出过命令。"①因此,对于选择侵权责任制度还是合同责任制度,应当依据实践的需要给出结论。

《卡特拉草案》起草者认为,实践所需要的是,如果合同第三人的诉权"仅以对合同的违反为基础,那么应当适用合同制度"。②"实际上,这是唯一的一种方法能使得第三人获得对其所遭受的损害的补救,又能使之处于合同对债权人所约束的条件和限制之下。"相反地,"如果第三人能在违约之外构建起导致侵权责任的法律事实向债务人主张责任,也就没有理由剥夺他主张该种(侵权)责任的诉权"。③

于是,《卡特拉草案》设计的第1342条给予因违约而受损害的合同第三人在合同责任和侵权责任之间进行选择的权利。④

对此也有反对意见,比如,"法国企业运动"(企业协会)反对第三人受到他根本就未曾知晓的合同条款的束缚。在该协会看来,第三人与合同当事人本来就不处于同样的地位,因此受到不同的对待再正常不过了。该协会还担心,该制度对

①　参见《卡特拉草案立法理由书》。
②　但结合《卡特拉草案》第1165-2条:第三人无权要求合同债务人履行合同给付的内容。因此,第三人仅能要求损害赔偿。
③　参见《卡特拉草案立法理由书》。
④　第1342条规定,"如果不履行合同之债构成第三人所受损害的直接原因,他(该第三人)可以第1362条到第1366条的规定(即有关合同责任的规定)为基础向债务人主张损害的补救。有关债权人就其本人所受损害获得补救的限制和条件于此适用";"第三人同样可以非合同责任为基础获得补救,但他应当证明(存在某个)第1352条到1362条所规定的致害行为"。

法律适用和法院管辖等带来麻烦。也有律师指出，很难想象如下情形：违约给第三人造成损害但是侵权责任构成要件却不满足，并质疑让第三人受到那些未曾知晓的合同条款束缚的理由。①

不过法国的消费者权益保护组织和最高法院都给予了支持意见，前者认为消费者可以主张"强强"之间的合同条款来保护自己，后者则认为违约可构成一种特殊的致害行为，只是第三人原则上不应当逃脱合同法则，其获得的赔偿不应当超过合同债权人可预见的范围。② 上议院民事责任工作组也投出了关键性的支持票。③

不过，《泰雷责任法草案》和《司法部责任法草案（2016）》④没有采纳这种例外规则。

四、观察与启示

《卡特拉草案》在形式上和实质上对两种责任关系处理的立法尝试，不仅为法国债法改革提供了可供充分讨论的样本，也为比较法研究提供了新的思路，尤其是它就二者实质关系所设计的规则对学理研究具有重要意义。

合同责任与侵权责任的关系乃大陆法系法学研究中的一个永恒的话题，在中国法学研究中也占有重要地位，但学理研究与立法者常将视线范围置于合同当事人之间——合同当事人之间适用何种规则确定相应的责任（对此有法条竞合说、请求权基础竞合说、请求权竞合说等等不同的立法例与学理见解）。而对于合同关系之外的第三人与合同当事人中的违约一方之间的关系，常因所谓的"合同相对性"理念，被限定在侵权责任范畴，⑤从而在根本上排除了第三人主张合同责任

---

① 参见《咨讯报告（2009）》，第40页。
② 参见《法国最高法院〈债法和时效制度改革草案〉工作组报告》（2007年6月15日），第31页。
③ 《咨讯报告（2009）》第八点建议指出："（应当）允许合同第三人对合同债务不履行所造成的损害，按合同责任条件提出合同责任赔偿请求但应受合同条款的约束，或者按照侵权责任条件提出侵权责任赔偿请求"。
④ 参见本书第四章。
⑤ 杨建军："合同履行中的人身侵权及民事责任——基于《最高人民法院公报》人身损害赔偿案例的考察"，《环球法律评论》，2009年第1期，第96-109页。

之可能。

我们注意到,《卡特拉草案》给出的解决方法,不仅就合同当事人之间的合同责任与侵权责任关系有所调整以加入现代司法所追求的价值,而且特别就第三人可依据合同内容向违约方主张责任提供了服务于实务需求的方案。这两方面对我国理论研究与实务均具有启示意义。

首先,就合同当事人之间的关系而言,《卡特拉草案》坚持的原则仍然是传统法国法的理念:合同责任规则是侵权责任法的特殊规则,有合同存在,合同当事人之间的纠纷应当按照合同责任规则处理,排除适用侵权责任法;作为例外,《卡特拉草案》建议,对于人身损害案件允许受害人有选择主张侵权责任的权利,体现了对人身损害受害人给予特殊保护之立法政策。

中国法律在原则上已赋予合同当事人有选择合同责任或侵权责任的自由(《合同法》第122条),以有利于受害人,①但学者们也一直强调应适当限制这种自由,尽管限制的方法和理由有所区别。例如,有以受侵害之法益类型和是否存在限制责任的条款或法律等要素为判断标准限制当事人自由选择的;②有以考量公共利益是否受影响为判断标准限制当事人自由选择的;③也有从侵权责任法之特性与优点角度出发进行考量的。④ 可以认为,法国法和中国法是从两个起点出发,各自以对方的原则为例外,以对方的例外为原则,都在试图寻找例外与原则的分界线。《卡特拉草案》的经验强调:对人身损害受害人给予特殊保护、使之享有选择的自由才更能体现这种自由的价值。而对于财产损害案件,也给予守约方如此自由宽泛的选择、任由其自由行使,则有导致合同订立之时当事人的意思自治被架空之风险,应当加以限制。这种区分和考量体现了现代责任法对人身利益的特殊照顾以及对契约遵守精神的维护。

第二,就第三人与违约的合同当事人之间的关系而言,《卡特拉草案》提供的

---

① 崔建远主编:《合同法》,法律出版社2007年版,第304—304页。
② 如王利明、崔建远:《合同法新论·总则(修订版)》,中国政法大学出版社2000版,第635—637页。
③ 如崔建远:《合同责任研究》,吉林大学出版社1992年版,第166页;汪世虎:"合同责任与侵权责任竞合问题研究",《现代法学》,2002年第4期,第115页。
④ 如刘士国:《现代侵权损害赔偿研究》,法律出版社1998年版,第24—25页。

方案极具创新性,开立法之先河。但是这种创新并非是突发奇想,而是建立在对传统"合同相对性"理论的深刻认识以及长期积淀出来的"合同(可)对抗性"理论的基础之上的,更加值得关注。

法国学者认为合同的相对效力应仅限于如下两种情况:合同订立阶段禁止当事人使第三人负担合同之债;合同履行阶段只有当事人一方有权利要求另一方履行债务。除此之外,合同相对性原则从未就债务不履行情况下的责任制度的选择适用发出过命令。合同是一个客观的"社会事实",任何人都应当予以考虑,而且也常会考虑到它,因此合同还具有"可对抗性"。合同可对抗性是合同相对性效力的补充,而非例外。在合同可对抗性理论的支撑下,《卡特拉草案》建议,违约导致第三人受有损害的,该第三人有选择依据侵权责任法或者合同责任法向违约之人主张损害赔偿的权利;如果他选择了主张违约责任的路径,那么合同损害赔偿责任的规则以及合同中有关债权人就其本人所受损害获得赔偿的限制和条件亦予以适用。合同以外第三人的法律状态因此得以充分考虑并得到一条全新的救济路径。

对此,尽管有学者提出质疑(尤其反映在《泰雷责任法草案》上),尽管没有得到《司法部责任法草案(2016)》的肯定,但《卡特拉草案》的设想展现了法国学者对合同"相对性"与"可对抗性"两种效力关系的思考,是有关合同可对抗性的一个经典的立法设想。

整体观察,按照现有的立法资料(尤其是《卡特拉草案》、《泰雷责任法草案》以及《司法部责任法草案(2016)》),法国的立法趋势是:明确合同责任和侵权责任是性质同一(都是民事责任)的两种分支,价值和规则存有差别;在概念上,应予以分开;但是在立法形式上,采用民事责任统一立法的模式;就实质关系而言,将仍以法条竞合为原则,允许特殊情况下的例外。法国债法改革将基本坚持原有二分体系,同时非常注重两种制度的接近与协调。以上就是正在进行中的法国债法改革在处理合同责任与侵权责任关系时所展示的方向。其对于全面审视和深入思考中国法下的合同责任与侵权责任关系具有比较法上的参考价值,开启了新的视野。

第六章

法国直接诉权的立法经验

　　就合同责任与侵权责任的关系，法国法上还有一个重要而有特色的制度，具有比较法上的特殊之处，引人关注，这就是所谓的"直接诉权"。在理论上，它有"清偿直接诉权"与"合同责任直接诉权"之分，每种类型包含多种可能，具有开放性。法国债法改革中，一个重要而具有争议的问题是，能否统一整合直接诉权规则。

　　"直接诉权"涉及合同对第三人的效力，作为突破合同相对性的制度，常被视为合同法领域内的重要议题。不过，直接诉权制度也不可避免地会涉及到整个民事责任法领域，可起到保护受害人的重要功能，因此也是侵权责任法领域内的重要课题。

　　在法国债法改革过程中，直接诉权首先是合同法改革者共同面对的议题；法国曾有三份重要的合同法建议草案：①《卡特拉草案》、《泰雷合同法草案》和《司法部合同法草案》。其中，《卡特拉草案》试图对多种直接诉权设立一般规范；《泰雷合同法草案》比较谨慎，就最为重要的、许多特别规范已经承认的"清偿直接诉权"设立了一般规范，同时承认了法国司法实务已普遍认可的"瑕疵担保责任直接诉权"；法国司法部早期采取了回避的态度（如 2008 年《司法部合同法草案》），但其近来的方案更接近泰雷先生的方案（如 2016 年《债法改革法令》和《司法部责任法草案（2016）》）。

　　对于这些立法方案的研究与评价，有助于我们更深刻地理解合同责任与侵权

---

　　①　有关三部草案的起草情况以及法国合同法改革的背景，可参见李世刚："法国民法现代化的进程与动因"，《北航法律评论》第 3 辑（2012 年 9 月），第 181 - 189 页。

责任的关系,有利于为受害人确立更为全面的保护机制。可以说,法国的立法经
验对比较法学而言具有重要的研究价值。

一、直接诉权立法的背景分析

法国学者指出,合同"对于第三人的效力"被视为是"合同生活最为核心的一
个领域"。① 法国学界近些年来在此领域内的研究已形成较为完整和成熟的理论
体系,并与判例相呼应,这凸显了《法国民法典》原有的不足与缺憾。

三部合同法改革的草案以及 2016 年《债法改革法令》以判例和学理为基础,
利用《法国民法典》既有的一节"契约对于第三人的效力"统合此领域的规则,收
纳和重整《法国民法典》中既有的十分分散的规范,②重新表述部分概念与规则,
增添值得通过法典化予以强化的内容,提出了很多具有创新性的建议,试图给出
体系化的、详细的、清晰的规则。③

整体观察,三部合同法草案有关合同"对于第三人的效力"一节内容,主要涉
及两大方面,并已基本体现在 2016 年《债法改革法令》之中。

一个方面是对合同"相对性"的外部补充:合同的"可对抗性"。④ "可对抗
性"与合同的"相对性",处于平行关系,共同充实和完善着合同的效力。⑤

---

① 《卡特拉草案立法理由书》之相关部分(J. - L. Aubert, P. Leclercq, Effet des conventions à
l'égard des tiers)。

② 2016 年法国债法改革之前的《法国民法典》的不足,在形式方面表现为,虽然在该法典中
有专节规范"契约对第三人的效力"(第三编"合同或一般契约之债"之第三章"债的效
力"之下的第六节),但很多相关规范仍分散在其他章节中。例如,"作保"和"为他人利益
订定合同"的规定位于第二章"契约有效的实质条件"之第一节"合意"标题下的原第
1119 条及其后条文中;"隐藏行为"情况下第三人的权利则由第六章"债的证据与债的支
付"之下的原第 1321 条规制。而第三章之第六节"契约对第三人的效力"之下的三个条
文只规定了相对效力之原则(原第 1165 条)、间接诉权(原第 1166 条)和保罗诉权(原第
1167 条)。

③ 《卡特拉草案立法理由书》之相关部分(J. - L. Aubert, P. Leclercq, Effet des conventions à
l'égard des tiers); P. Remy - Corlay, Les effets à l'égard des tiers, in. Pour une réforme du
droit des contrats, Dalloz, 2009, p. 291 - 299.

④ 根据 2016 年《债法改革法令》,修订后的《法国民法典》第 1200 条规定:"第三人应当尊重
合同所创设的法律状态。""特别是为了证明某一事实(fait)时,第三人得援引合同。"

⑤ "合同(可)对抗性"已经成为法国理论界与司法实务界的重要概念与机制。对这个概念
的说明,可参见本书第五章。

另一个方面是对合同"相对性"的内部缓和(或者说突破)。这种缓和的发生,有的情形仅限于某些特殊类型的合同,如作保允诺、①为第三人利益订定的合同、②相互依存的合同等。有的情形可发生在所有类型的合同之上,如主体的变更,③又如保护合同债权人的三类诉权:债权人撤销权("保罗诉权")与债权人代位权("间接诉权")④以及具有争议的"直接诉权"。⑤

作为对合同相对性的一种突破,"直接诉权"是法国法上颇具特色的概念,难觅比较法上的支援,于是在合同法改革中成为颇为棘手的题目之一。

参与起草《泰雷合同法草案》的莱米 – 科尔莱(Remy – Corlay)教授坦言:"直接诉权"可能是合同法改革中最为困难的一个难题:是否需要一个条文对其进行规定?该条文应当保留现有判例的精神还是对判例的精神进行限制?规定的直接诉权应包括哪些类型? ……模范法及外国法因为都不涉及这种可能而不能提供任何支援。翻阅常见的合同法示范范本,如《欧洲合同法原则》(PECL)、《国际商事合同通则》(PICC)、《欧洲民法典》(ECC)、《共同参考框架草案》(DCFR),没有任何一家可以提供有用之参考。直接诉权的问题,在那些拥有比法国法概念更为严格的"相对效力"概念的法律体系中,是不存在的。⑥

按照法国学界的研究成果,直接诉权可有多种类型,主要分成"清偿直接诉权"和"合同责任直接诉权"两大类。

---

① 根据 2016 年《债法改革法令》,修订后的《法国民法典》第 1204 条规定:"任何人可就第三人的行为作出允诺保证(se porter fort)。""该行为由第三人完成时,允诺人免除全部债务。在相反的情况下,允诺人负责损害赔偿。""当作保协议(le porte – fort)以(第三人)认可某债务约束为内容,该项约束溯及既往从作保协议签订之日起有效。"

② 根据 2016 年《债法改革法令》,修订后的《法国民法典》第 1205 条规定:"任何人得为他人订立(合同)。""合同一方当事人即指定人(le stipulant),可以使得另一方当事人即允诺人(le promettant)作出允诺,为第三人即受益人(le bénéficiaire)之利益完成给付。该第三人可以是未来之人,但是应当被明确指明或在承诺履行时可得确定。"

③ 根据 2016 年《债法改革法令》,修订后的《法国民法典》第 1321 条及以下条款与此相关。

④ 根据 2016 年《债法改革法令》,修订后的《法国民法典》第 1341 – 1 条和第 1341 – 2 条规定了这两种诉权。

⑤ 根据 2016 年《债法改革法令》,修订后的《法国民法典》第 1341 – 3 条。

⑥ P. Remy – Corlay, Les effets à l'égard des tiers, in. Pour une réforme du droit des contrats, Dalloz, 2009, p. 291 – 299.

二、清偿直接诉权

"清偿直接诉权"（actions directes en paiement）也被译为"支付直接诉权"，是指法律赋予某些债权人，以自己的名义，就自己的债权，直接要求其债务人的债务人予以清偿的诉权。传统意义上的"直接诉权"，就是指"清偿直接诉权"。

（一）特征

"清偿直接诉权"的基本特征如下：

就制度目的而言，清偿直接诉权以实现债权人自己的债权为目的，因此它区别于惩罚恶意债务人的撤销权（"保罗诉权"）和补救债务人消极对待财富的代位权（"间接诉权"）——这两个诉权都以保全债务人的财产为目的。

就效力而言，清偿直接诉权具有排他性（如同所有权担保一样），即债权人对其债权具有第一位的优先受偿的特殊地位，债务人的其他债权都得让位于直接诉权所保障的债权。如果债务人进入到破产程序，直接诉权对其权利人的价值就尤为突出。① 直接诉权可以允许债权人避免债务人破产对其带来的不利，也允许其"跳过"寻求"间接诉权"及执行程序的繁琐与不便。②

就渊源而言，按照"无明文规定无优先特权"的名言，直接诉权仅存在于法律有规定的情况下，因此不同于意定产生的债权转移。《法国民法典》中有三个条文规定了三种直接诉权：出租人向次承租人提起支付承租人所欠租金的诉权，但金额不得超过次承租合同的租金（第 1753 条）；工程承揽人雇佣的瓦匠、木匠及其他工人直接向工程发包人提起支付承揽人所欠工薪的诉权，但数额不得超过发包人对承揽人所欠的金额（第 1798 条）；委托人直接向次被委托人提起完成被委托人转委托的任务的诉权（第 1944 条第 2 款），同时判例也"双边化"该直接诉权，允许次被委托人直接向委托人提起支付被委托人所欠费用和报酬的诉权。③《法国民法典》之外的法律规范也创设了大量的直接诉权，最为常见的有：受害人直接向承担责任险的保险人提起赔偿的诉权（《法国保险法典》第 L. 124 - 3 条）；次承包人

---

① R. Cabrillac, Droit des obligations, 4ᵉ éd. , Dalloz, 2000, p. 306 - 308.

② A. Bénabent, Droit civil, Les obligations, 11ᵉ éd. , Montchrestien, 2007, p. 203 - 207；P. Malaurie, L. Aynès, P. Stoffel - Munck, Les obligations, 3ᵉ éd. , Defrénois, 2007, p. 447.

③ R. Cabrillac, Droit des obligations, 4ᵉ éd. , Dalloz, 2000, p. 306 - 307.

直接向工程发包人提起支付工程款的诉权（1973 年 1 月 2 日法律的第 1 条）；财政部门直接向应税人的债务人（尤其是存放应税人资产的第三人）提起支付税款的诉权（《法国税法典》第 1921、1922 条）。①如果法律没有规定直接诉权，那么就不能享有直接诉权：出卖人不能直接起诉次买受人支付货款（这就是为什么法律赋予出卖人对转卖价款的先取特权②）。③

清偿直接诉权和"先取特权"一样都渊源于法律的规定，而且它们在效力上也十分接近。正因为如此，法国很多知名学者曾将其列为一种担保方式——清偿直接诉权赋予权利人从其债务人的财产当中的某个"债权"上得到优先清偿的地位，因此是一种担保方式。④ 不过，担保法改革将其关闭在担保概念的大门之外。⑤

就行使的范围而言，清偿直接诉权须以两个债务数额为限：债务人对债权人的债务、次债务人对债务人的债务。

就标的而言，所有的这些直接诉权主要以支付一定的金钱为其内容。⑥ 正因如此，人们将其称为"清偿直接诉权"或"支付直接诉权"。

立法者如果赋予某类债权人如此强大效力的诉权，必定是对此类债权人利益的特殊眷顾，体现特殊的利益考量；直接诉权效力强大，易对法律关系的稳定构成威胁，需要审慎考虑其可能带来的后果。所以说，直接诉权的确定具有极强的政策性与技术性。

---

① A. Bénabent, Droit civil, Les obligations, 11ᵉ éd., Montchrestien, 2007, p. 203 – 207；P. Malaurie, L. Aynès, P. Stoffel – Munck, Les obligations, 3ᵉ éd., Defrénois, 2007, p. 447；R. Cabrillac, Droit des obligations, 4ᵉ éd., Dalloz, 2000, p. 306 – 307.

② 即《法国民法典》第 2374 条第 1 项，参见李世刚："论法定不动产担保物权隐秘性削减的修法趋势——以法国和台湾地区的经验看我国《合同法》第 286 条"，《法学杂志》，2016 年第 11 期，第 60 – 69 页。

③ A. Bénabent, Droit civil, Les obligations, 11ᵉ éd., Montchrestien, 2007, p. 203.

④ C. Jamin, La notion de l'action directe, LGDJ, 1991, p. 2 – 44；M. Cabrillac, Les sûretés réelles entre vins nouveau et vieilles outres, in. Le droit privé français à la fin du XXe siècle — études offertes à Pierre Catala, Litec, 2001, p. 716；P. Simler, P. Delebecque, Les sûretés：la publicité foncière, Dalloz, 2012, p. 17.

⑤ 参见李世刚，《法国担保法改革》，法律出版社 2011 年版，第 10 页。

⑥ P. Malaurie, L. Aynès, P. Stoffel – Munck, Les obligations, 3ᵉ éd., Defrénois, 2007, p. 447.

（二）有关立法方案

对于清偿直接诉权，2012 年《司法部合同法草案》选择了沉默。

而《泰雷合同法草案》（第 135 条）①采用与《卡特拉草案》（第 1168 条第 1 款）相同的文字对"清偿直接诉权"进行了界定：某些债权人可基于法律之规定而享有就其债权向其债务人的某一债务人主张直接清偿的诉讼权利，但是应以两债权中数额较少者为限。这里两部学者草案都将"清偿直接诉权"及其"法定主义"予以明确，并加入了"应以两债权中数额较少者为限"的规定，颇有共识。

2016 年《债法改革法令》第 1341 - 3 条给出了"清偿直接诉权"的定义，并强调了它的"法定主义"，但没有对其效力作出类似于两部学者草案（"应以两债权中数额较少者为限"）的一般性规定。

引发争议主要是《卡特拉草案》第 1168 条第 2 款，该款规定了"清偿直接诉权"以外的"合同责任直接诉权"。②

三、合同责任直接诉权

法国判例在没有法律规定的情况下确立了一种在"连锁合同"（chaîne de con-trats）情况下的所谓的"合同责任直接诉权"：③两个或多个合同相继以同一财产为标的物，这些合同形成"连锁"，那么处于连锁两端之人之间的责任可以是合同责任。④ 这里的合同责任既可能是以损害赔偿责任为内容，也可能是以瑕疵担保责任为内容。这种所谓的直接诉权，其实是将合同责任诉权转让到非当事人手中。

---

① 《泰雷合同法草案》第 135 条规定："某些债权人可基于法律规定享有就其债权向其债务人的某一债务人主张直接清偿的诉讼权利，但是应以两债权中数额较少者为限"。

② 《卡特拉草案》第 1168 条规定："某些债权人可基于法律规定享有就其债权向其债务人的某一债务人主张直接清偿的诉讼权利，但是应以两债权中数额较少者为限。""考虑到统一多个合同的联系（lien，或可译为"链接"），如果债权人只以避免其财产不正当的减少为目的，也同样可以提起直接诉权。"

③ 在某些法国学者看来，判例针对"转移连锁合同"或"合同组群"而创设的所谓"直接诉权"是"假的""直接诉权"，判例所承认的权利不过是明示或者暗示意愿所承认的权利。

④ R. Cabrillac, Droit des obligations, 4ᵉ éd., Dalloz, 2000, p. 306, 99 - 100.

（一）合同责任直接诉权的适用范围

1. 所有权转移连锁合同

起初，这种诉权源自于连续买卖的案件：次买受人（或曰"第二买受人"）有权直接起诉最初出卖人（通常是制造者），要求其对出卖物的隐藏瑕疵承担责任。它的特殊性就在于，次买受人基于他没有参与缔结的第一个买卖合同，主张第一买受人对制造者的权利（参见表1）。而在此之前，次买受人仅能以普通第三人的身份向最初出卖人主张侵权责任。

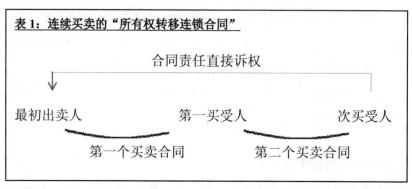

后来，该种诉权的适用范围扩张到部分其他的"连锁合同"：不论这些合同是同种性质或者异种性质，只要涉及"转让"财产的，财产的新继受人即"享有物属于前手时附于物之上的所有的权利与诉权"（1986年2月7日法国最高法院审判庭联席会议之措词）。例如，发包人（承包合同当事人）可以直接起诉向承包人出售建材的供应商（买卖合同当事人）（参见表2）。又如，财产的连续买受人可以起诉参与建筑或者制造的承包人（参见表3）。

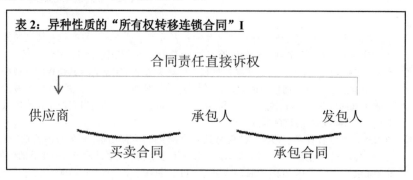

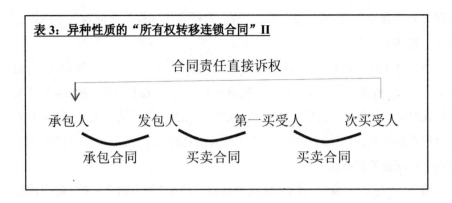

表3：异种性质的"所有权转移连锁合同" II

合同责任直接诉权

承包人　　　发包人　　　第一买受人　　　次买受人

承包合同　　　买卖合同　　　买卖合同

2. 无所有权转移连锁合同

法国最高法院1988年3月8日一项判决继续进行扩张,该判决支持在由两个无涉所有权转移的合同组成的连锁合同的两端的当事人之间存在合同责任的可能:合同债务人使他人履行其合同债务,债权人对该他人享有合同性质之诉权,但以其权利和替代债务人的义务范围为限(参见表4)。

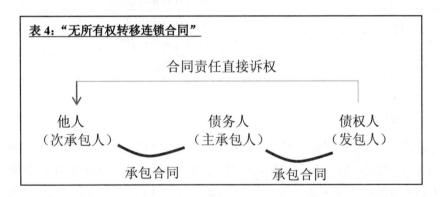

表4："无所有权转移连锁合同"

合同责任直接诉权

他人　　　　　债务人　　　　债权人
（次承包人）　（主承包人）　（发包人）

承包合同　　　　承包合同

但这种扩张被1991年7月12日最高法院审判庭联席会议所终结。依据该会议之结论,主承包人对次承包人的以合同为基础的责任诉权不能转让到发包人处,发包人仅能依据侵权责任的一般规定以第三人的身份向次承包人主张责任。该判决重拾前述1986年2月7日审判庭联席会议之措词,指出合同责任直接诉权需要物之所有权的转让。即买卖合同以及一部分承包人制造或建造某物的承包合同。相反地,对于不涉及转让的服务合同(如分包合同、转委托保管合同、转租合同等),因其缺少"物的支撑",而不能有"责任直接诉权",合同责任不能因直接诉权而转移。

当然对于这些合同责任仅限于当事人之间的情况,第三人(如发包人、出租人等)可以向合同债务人(如次承包人、次承租人等)主张侵权责任,为此需要证明后者存在过错。该第三人证明这项过错,只能依据侵权责任的一般法则,而不能依据合同中的条款;但实际上,若按照法国最高法院的意思,这里的"过错"的渊源只存在于合同债务的不履行。①

简言之,在今天,法国合同责任直接诉权仅限于"附于物之上的"责任诉权随物转让的情况(连锁合同与直接诉权的简明关系,可参见表5)。对此,有学者批评道:根据次承包人提供过材料(木工)或者仅仅提供劳动(电工、管道工)而进行区分的制度缺乏正当性,是难以令人信服的。②

表 5:连锁合同与直接诉权的关系

连锁合同类型	直接诉权性质
买卖 + 买卖	合同责任直接诉权
买卖 + 承包	合同责任直接诉权
承包 + 买卖	合同责任直接诉权
承包 + 承包	侵权责任诉权

3. 合同组群

法国学者还曾试图进一步扩张,提炼出所谓"合同组群"(groupe de contrats)的概念:具有相同约因、允许实现相同之运作的两个或多个合同构成"组群合同",所有的当事人构成同一组群,彼此之间可有合同责任的发生;这些当事人之间,"只是因为与初始合同有联系而遭受到损害的",即可拥有一项以初始合同为基础的"责任直接诉权"。合同组群的概念使得合同责任直接诉权扩及到不以同一标的为内容的合同领域。这种扩张同样因前述最高法院审判庭联席会议 1991 年 7

① R. Cabrillac, Droit des obligations, 4ᵉ éd., Dalloz, 2000, p. 97-98; A. Bénabent, Droit civil, Les obligations, 11ᵉ éd., Montchrestien, 2007, p. 204-205.

② A. Bénabent, Droit civil, Les obligations, 11ᵉ éd., Montchrestien, 2007, p. 204-205.

月 12 日的结论而终结。①

（二）合同责任直接诉权的法律效力

合同责任直接诉权实质上是合同责任诉权转移到其他连锁合同的受害人手中。该受害人行使的是初始合同当事人的诉权，而非他自己的诉权。因此，该直接诉权完全受制于初始合同。例如，初始债权人怠于行使权利致使诉讼时效期间已过的后果、初始合同中的免责条款等，直接诉权人都须承担。同样地，次买受人行使直接诉权主张解除合同，返还的价款以初始买卖合同的价款为准，而非该次买受人所付的价款。基于同样逻辑，损害的计算应当是以初始合同当事人所遭受的损害进行计算，而非直接诉权人自己的损害。即使合同责任诉权已经转移给其他连锁合同的受害人，该诉权原来的主人仍可就剩余利益主张权利。②

（三）有关立法方案

1. 设立"合同责任直接诉权"一般条款的方案

如前所述，《卡特拉草案》先定义"清偿直接诉权"并确认了其"法定主义"（第1168 条第 1 款），但同时该草案也接纳了一种例外——在法律有明文规定之外，如果存在统一多个合同的"联系"（lien），也可以存在直接诉权（第 1168 条第 2款）。③

很显然，《卡特拉草案》希望创设"直接诉权"的一般条款，并且用第 1168 条第2 款统摄"合同责任直接诉权"（该合同责任既包括"瑕疵担保责任"也包括"损害

---

① R. Cabrillac, Droit des obligations, 4ᵉ éd. , Dalloz, 2000, p. 100 – 101; A. Bénabent, Droit civil, Les obligations, 11ᵉ éd. , Montchrestien, 2007, p. 204 – 205.

② A. Bénabent, Droit civil, Les obligations, 11ᵉ éd. , Montchrestien, 2007, p. 204 – 207.

③ 《卡特拉草案立法理由书》之相关部分(J. – L. Aubert, P. Leclercq, Effet des conventions à l'égard des tiers).

赔偿责任"①）。而《卡特拉草案》第 1342 条②的规定使得其方案更为全面：③一方面，因合同债务不履行而直接遭受损害的第三人可以直接提起侵权责任之诉，证明一项客观过错的存在。另一方面，因合同债务不履行而直接遭受损害的第三人也可以直接依据合同条款提起合同之诉，而不再要求该合同一定是转让某物的合同；如果第三人选择提起合同之诉，他将受到合同关系中"有关债权人就其本人所受损害获得补救的限制和条件"的约束。

《卡特拉草案》的特点在于极大地扩大了第三人救济的途径，至于如何理解统一多个合同的"联系"，则交由判例和学理进行类型化。

2. 承认"瑕疵担保责任直接诉权"、否定"损害赔偿合同责任直接诉权"的方案

与《卡特拉草案》不同，《泰雷合同法草案》非常谨慎和保守地对待"合同责任直接诉权"。其起草者认为，就"合同责任直接诉权"起草一般条款，使其在民法典中占有一席之地，是件非常棘手的事情："合同责任直接诉权"赋予何人？何种关系才是《卡特拉草案》所言的"联系"？"合同组群"、"连锁合同（同种性质的合同、异种性质的合同）"等概念或判断标准是否足以确定所谓的"联系"？④

由此，《泰雷合同法草案》起草者对"损害赔偿合同责任直接诉权"持非常消极的否定态度；对"瑕疵担保责任直接诉权"建议在买卖合同部分设立特别规则，不在总则部分设立一般规范。

《泰雷合同法草案》起草者认为："损害赔偿合同责任直接诉权"在法国的发展不太可能获得成功，困难的根源在于法国现有的侵权责任一般化，"在前述 1991 年最高法院审判庭联席会议之前，有关合同组群理论实际上是对侵权责任的完完

---

① 与之对应，"合同责任直接诉权"分为"瑕疵担保责任直接诉权"和"损害赔偿合同责任直接诉权"。

② 《卡特拉草案》第 1342 条规定："如果不履行合同之债构成第三人所受损害的直接原因，他（该第三人）可以第 1362 条到第 1366 条的规定（即有关合同责任的规定）为基础向债务人主张损害的补救。有关债权人就其本人所受损害获得补救的限制和条件于此适用。""该第三人同样可以非合同责任为基础获得补救，但他应当证明（存在某个）第 1352 条到 1362 条所规定的致害行为"。

③ A. Bénabent, Droit civil, Les obligations, 11ᵉ éd., Montchrestien, 2007, p. 204.

④ P. Remy - Corlay, Les effets à l'égard des tiers, in. Pour une réforme du droit des contrats, Dalloz, 2009, p. 292, 299.

全全的践踏";而从比较法的角度看,在侵权责任法相对狭小的立法体系中,扩张合同责任才是有补充意义的。在法国,只要侵权责任要件都具备,侵权责任之诉就从不被排除,这是对一项一般义务的违反。有关内容应当在侵权责任之路上受到规制。①

此外,针对常见的缺陷产品致使他人损害的案件,《泰雷合同法草案》起草者认为:依据有关缺陷产品责任的条款,如果被转移的财产造成一项产品本身受到损害之外的损害,受害人有权向制造者或生产者提起一项特别之诉,而就对产品本身所受到的损害,瑕疵担保直接诉权可以根源于特别合同的法则。为此,《泰雷合同法草案》起草者建议:未来有必要在"买卖合同"一章节下,将所有权连续转让情况下的直接诉权的判例予以确认,以背书一项古老的解决方案,即加入一个特别条款规制出卖人在连续性买卖合同中的担保义务,如可在《法国民法典》第1603条第2款规定:"在出卖人的债务与买受人的权利的双重限制下,财产的连续买受人可以主张债务(的履行)"。②

在此方面,《司法部责任法草案(2016)》基本复制了《泰雷合同法草案》起草者的态度。

四、观察与启示

经过观察,我们认为,就直接诉权而言,法国债法改革的核心问题在于,能否将直接诉权统一整合起来。直接诉权在理论上有多种类型,而且又是开放的体系。对它们统一进行抽象、归纳到一个条文中并非易事,即使是对每种类型进行统筹也非常具有难度。正因为如此,试图对多种直接诉权设置一般规范的《卡特拉草案》受到批评也就不足为奇。

比较而言,《泰雷合同法草案》起草者较为谨慎,建议仅就特别规范已广泛承认的"清偿直接诉权"设立一般规范,同时在民法典的买卖合同单元中写入司法实务中已普遍认可的"瑕疵担保责任直接诉权";不支持设立"损害赔偿合同责任直

---

① P. Remy – Corlay, Les effets à l'égard des tiers, in. *Pour une réforme du droit des contrats*, Dalloz, 2009, p. 291 – 299.

② P. Remy – Corlay, Les effets à l'égard des tiers, in. *Pour une réforme du droit des contrats*, Dalloz, 2009, p. 293.

接诉权"的一般规范。

这一方案最终被法国司法部所采纳:2016年《债法改革法令》(第1341-3条)定义了"清偿直接诉权"并强调了其"法定主义",紧接着《司法部责任法草案(2016)》)建议在《法国民法典》买卖合同单元写入"瑕疵担保合同责任直接诉权"。

尽管有分歧,尽管全面上升为一般条款的可能性不大,但"直接诉权"的法国经验表明,其赋予处在由多个债相互衔接之链条远端的债权人直接救济的权利,具有保护债权人的重要功能,值得在适当范围内予以借鉴和引入。尤其是最为传统的"清偿直接诉权",它以实现债权人自己的债权为目的,允许债权人对其债权享有优先受偿的地位,如同所有权担保一般具有排他性,债权人可因此避免债务人破产对其带来的不利影响,也允许其"跳过"寻求间接诉权(债权人代位权)及执行程序而带来的繁琐与不便。

当然,直接诉权的强大效力,易对法律关系的稳定构成威胁,需要审慎考虑其可能带来的后果,其类型的引入与确定应慎重,可先从适用较为简单的"清偿直接诉权"开始。

法国立法经验成熟、已经类型化的几种清偿直接诉权制度,适用范围明确、规则清晰、效果明显,对解决我国在农民工工资拖薪、工程款拖欠、租金收缴、受害人向保险公司索付等方面的重要问题,提供了可操作性强的范例,具有积极的借鉴意义。

例如,借鉴《法国民法典》第1798条所规定的直接诉权,在工程承包商拖欠其员工劳动报酬的情况下,允许员工直接向工程发包人提起支付承包商所欠工薪的诉权,但数额以不得超过发包人对承揽商所欠的金额为限。这将为劳动者讨薪提供一种新的救济对象和方法。而且它是一种有力的救济方法,如前所述,这种"清偿直接诉权"具有强大的排他性,如果债务人进入到破产程序,直接诉权对其权利人的价值就尤为突出。

同样地,我们还可以有选择地赋予其他情况下的债权人"清偿直接诉权"以使得其具有特殊的地位。如出租人对承租人所欠租金向次承租人请求支付的直接诉权。又如,次承包人直接向工程发包人提起支付工程款的诉权等。

实际上,中国《最高人民法院关于适用〈中华人民共和国合同法〉若干问题的解释(一)》(法释[1999]19号)第20条对《合同法》第73条债权人代位权法律效果的规定,采用优先受偿说,否定了传统债权人代位权的"入库规则",这可否理解为建立了一种"清偿直接诉权"呢?

此外,法国在"合同责任直接诉权"方面的司法经验与理论研究,虽仍处于一种开放状态并引发争议,但为解决中国所面临的产品质量责任、建筑质量责任等问题,也提供了一条具有参考意义的解决路径。此类直接诉权,若是以特定交易环节中的标的物为联系纽带,能适当扩张特定交易中的责任链条网络,可凸显对此类交易中的债权人进行特殊保护的立法政策;且其适用边界仍可被限定在合理的范围内,具有司法上的可操作性。

第七章

法国损害救济规则立法趋势的整体观察

中国《侵权责任法》(第二章与第三章)就救济规则设计了基本规范,但与责任构成要件相比仍较为原则,尤其是在人身损害的救济领域,给实务与理论留下了许多议题,如损害赔偿金的计算、不同责任方式之间的关系、间接受害人赔偿边界、精神损害的救济范围等。而最高人民法院曾针对实务需要制定了操作性较强的有关人身损害赔偿的司法解释①以及有关精神损害赔偿的司法解释②,这在很大程度上表明:未来中国制定民法典似有必要就人身损害赔偿进一步统一规则,甚至体系化。在此方面,法国侵权责任法正在进行改革,具有很好的借鉴意义。

与中国《侵权责任法》有些类似,1804 年《法国民法典》中有关侵权责任的规范(第 1382 条到第 1385 条)主要集中在致害行为方面,欠缺有关侵权责任或者说损害救济的专门规范。长期以来,法国判例与学理结合民法典有关合同责任的规则形成了一套侵权责任的规范体系。今天法国侵权责任法改革中的一项重要任务就是将此内容成文化、体系化和实务化。

在此方面,前期得到官方支持的两部学者草案(《卡特拉草案》、《泰雷责任法草案》)已经为后续改革打下了坚实的基础;而《司法部责任法草案(2016)》并没有质的超越,更似两部学者草案的综合。可以说,改革方案已比较成熟。

法国侵权责任法改革的方向,将坚持对损害的完整救济原则,规范实际补救和损害赔偿两种责任方式,并专门针对人身损害设计特别救济规则。

---

① 如自 2004 年 5 月 1 日起实施的最高人民法院《关于审理人身损害赔偿案件适用法律若干问题的解释》(法释[2003]20 号)。

② 如自 2001 年 3 月 10 日起实施的最高人民法院《关于确定民事侵权精神损害赔偿责任若干问题的解释》(法释[2001]7 号)。

一、完整补救原则

法国司法实务与理论界普遍认可"完整补救原则"(le principle de préparation intégrale)或曰"补救全部损害原则"。它并非来自于法典或法条的明确规定,但对《法国民法典》原第 1382 条、新第 1240 条①的依赖程度非常高。②

前述学者草案均引入了该原则,并赋予了极高的地位:它既适用于救济侵害人身造成的损失,也适用于侵害财产所造成的损失。例如,《泰雷责任法草案》在救济方式规则部分将其作为首要的原则(第 49 条③)予以规范。《卡特拉草案》在责任效力的开始部分也将其作为具体救济措施的共性规则予以明确(第 1368 条④)。

对该原则的含义,学者草案给出了类似但有区别的解释。《泰雷责任法草案》(第 49 条第 1 款)非常清晰地指出,所谓完整补救是指使受害人处于如同损害没有对其发生之状态;原则上,该补救既不使其有所损失也不得使其有所获益。起草者非常明确地指出,希望这种表述能突出侵权责任与合同责任的差异性。合同责任旨在使债权人处于如同合同被完好履行的状态。⑤ 这里的表述在比较法上很容易找到回应。⑥

而我们注意到,《卡特拉草案》在此问题上的表述是,使得受害人处于致害行

---

① "任何因其过错对他人造成损害的行为人都有义务对损害进行补救。"

② F. Chabas, L'article 1382 du Code civil: peau de vair ou peau de chagrin? in Mélanges Etudes offertes à Jacques Dupichot, Liber amicorum, Bruylant, 2004, p. 79.

③ 第 49 条:"原则上,受害人可依据以下规范与区分就其全部损失请求补救。""补救旨在使得请求人处于如同损害没有对其发生之状态;原则上,该补救既不使其有所损失也不得使其有所获利。"

④ 第 1368 条:"根据法官之选择,补救可以采取实际补救的方式或者(支付)损害赔偿金的方式,这两种方式可以并用以实现对损害的完整补救。"

⑤ P. Remy - Corlay, De la réparation, In. Pour une réforme de la responsabilité civile, Dalloz, 2011, p. 191 - 222.

⑥ 例如《共同参考框架草案》第 VI - 6:101(1)条规定:(损害)救济旨在使遭受了法律上具有相关性损害的人回复到如同损害未曾发生时其所处之状态。又如,《欧洲侵权法原则》第 10:101 条(赔偿的性质和目的)规定:损害赔偿是以支付金钱的方式赔偿受害人,换言之,在金钱可能的范围内,使受害人回复到如同损害未曾发生时的状态。损害赔偿也以服务于预防损害之目的。

为没有发生的状态下。这可以有两种解释:针对侵权责任是指使受害人处于没有侵害行为、侵权损害没有发生的状态;针对合同责任是指如同违约行为没有发生、合同被完好履行的状态。如此同时涵盖二者的原因很简单:《卡特拉草案》是将合同责任与侵权责任合并在一起进行规范的。

简言之,学者草案均认为,侵权损害救济既不使受害人有所损失也不得使其有所获利。类似地,《司法部责任法草案(2016)》在"责任的效力"一章的开始部分即规定:"除有相反之规定或约定,补救应旨在尽可能使受害人重新处于致害行为未曾发生的情况下其所处的状态。既不使其有所损失,也不使其有所获利"(第1258条)。

践行"完整补救原则",法国法不允许法官依据责任人的过错严重程度去评估损害赔偿金的数额。但是也有学者认为,由于法国法官具有高度的自由裁量权,因此在评估损害赔偿的时候,也很周全地考虑了过错的严重程度。①

值得注意的是,在宣布完整补救为基本原则的同时,几部草案均以不同方式强调了该原则允许有例外或者缓和的特别规定。例如几部草案原则上允许责任限制条款具有合法性。《卡特拉草案》规定:"排除或者限制补救的条款,无论针对的是合同责任还是非合同责任,原则上有效"(第1382条),但是任何人不能通过契约方式排除或者限制对人身损害的赔偿(第1382-1条)。在侵权责任法领域,"任何人不能排除或者限制对因其过错而造成的损害的补救"(第1382-4条)。类似的规定也出现在《司法部责任法草案(2016)》第1281条到第1283条、《泰雷责任法草案》第48条。此外,《泰雷责任法草案》第57条还指出,对人身或心理完整性受到侵害的案件,只有列明的事项可以获得救济。

二、损害救济的两种方式:实际补救与损害赔偿

参与法国侵权责任法改革的各方普遍认为,对受害人的救济方式(或者说侵权人的责任方式),不能仅限于损害赔偿,应当重视依据损害的实际情况可采取的

---

① P. Remy - Corlay, De la réparation, In. Pour une réforme de la responsabilité civile, Dalloz, 2011, p. 192 - 193.

其他救济方式。于是多部草案分别针对实际补救（依性质补救）①与损害赔偿（等价补救）②两种方式及其相互关系进行了规范。

（一）两种救济方式的关系

长期以来，在侵权责任领域，法国法官拥有了采取实际补救措施而非损害赔偿的自由，换言之，法官自由选择在其看来恰当的救济方式。③ 由此，债法改革各方草案均认为：采取何种方式，由法官依职权确定，可以选用其中一种，也可以两种同时采用，④只要符合对损害的完整补救原则即可。

从比较法的角度看，《共同参考框架草案》承认法国的方式。⑤ 中国侵权责任法亦然。⑥ 而《欧洲侵权法原则》似乎对救济的方式进行了等级设定：损害赔偿作为原则，实际补救作为补充。⑦

面对比较法上的冲突，《泰雷责任法草案》起草者认为，应当给法官的自由裁量加上一些限制条件，救济措施的选择应当考虑经济性。于是，《泰雷责任法草案》（第51条第1款）给出两个消极条件：如果实际补救将构成对被告基本自由的侵害或者根据案件情况将导致过分高昂的成本，则不得判决实际补救。后面的这个消极条件对于法国法而言是新事物，在实务中并没有这种提法。它实际上是对《欧洲侵权法原则》第10：104条的借鉴结果。它和该规则本身的基本想法是一致的，如果可以有经济的方法进行补救、使得受害人处在损害没有发生的状况，即应

---

① 法文 la réparation en nature，可译为"实际补救"（与"损害赔偿"相对应），亦可译为"依性质补救"（与"等价补救"相对应）。

② 《贝塔耶草案》所采用的术语是"等价补救"（la réparation par équivalent）；两部学者草案以及《司法部责任法草案（2016）》采用的是"损害赔偿（金）"。

③ Y. M. Serinet, Les domains respectifs de la remise en état par voie de restitution et de réparation, in Etudes offertes à Geneviève Viney, LGDJ, 2008, p. 867.

④ 此即《卡特拉草案》第1368条、《司法部责任法草案（2016）》第1259条之内容。《泰雷责任法草案》（第50条）规定"法官决定补救的恰当方式"，应采同样之解释。

⑤ 第 VI－6：101（2）条："根据损害类型与程度以及案件的其他具体情况，救济可以采用金钱方式（赔偿）或者其他最为恰当的方式。"

⑥ 中国《侵权责任法》第15条指出："承担侵权责任的方式，可以单独适用，也可以合并适用"。

⑦ 第10：104条（恢复原状）："除损害赔偿外，受害人有权要求恢复原状，但以恢复原状为可能且不对另一方造成过多负担为限。"

采取之。① 类似的规定还出现在《司法部责任法草案（2016）》第 1261 条第 2 款："如果实际补救是不可能的，或者将构成对基本自由的侵害，或者将导致责任人承担与受害人利益相比过分不合理的代价，则不得判决实际补救。"

需要说明的是，在传统法国法上，法官确定侵权责任的救济方式是使侵权责任与合同责任相互区别的一个重要方面，因为在合同领域通常是债权人选择令其满意的救济方式。而如今《卡特拉草案》和《司法部责任法草案（2016）》采用民事责任统一模式的立法体例，这是否意味着否定了这种传统的区别，还有待进一步观察。

（二）实际补救的方式

中国《侵权责任法》第 15 条罗列了多种实际救济的方法。② 法国法上属于实际补救的方式也有很多，例如将受损害的物件恢复原状、提供同种类的替代物、在媒体上刊载声明或法院判决、禁止不正当竞争行为、禁止产生噪音侵扰邻居、责令责任人结清治疗费用等等。③ 但是，法国民法改革者们认为没有必要将其一一列举说明。④

法国实务中普遍承认"间接赔偿"这种救济措施，即受害人自行采取补救损害的措施而费用由责任人承担。间接赔偿方式也体现在几部草案中，只不过程度有所区别。例如，《卡特拉草案》（第 1369 - 1 条⑤）仅将这种方式限定在受害人负有减损义务的情况之下。而这种限制在《泰雷责任法草案》起草者看来是"令人难以

---

① P. Remy - Corlay, De la réparation, In. Pour une réforme de la responsabilité civile, Dalloz, 2011, p. 194 - 195.
② 除了损害赔偿，《侵权责任法》第 15 条还规定了其他七种救济措施：停止侵害；排除妨碍；消除危险；返还财产；恢复原状；赔礼道歉；消除影响、恢复名誉。
③ Y. M. Serinet, Les domains respectifs de la remise en état par voie de restitution et de réparation, in Etudes offertes à Geneviève Viney, LGDJ, 2008, p. 867.
④ P. Remy - Corlay, De la réparation, In. Pour une réforme de la responsabilité civile, Dalloz, 2011, p. 194.
⑤ 第 1369 - 1 条规定："当损害有加重、重现或永续之虞，基于受害人之请求，法官可决定任何适宜之措施以求避免此类结果，包括于必要时停止致害行为。"法官也可以允许受害人自行采取上述措施，"所生费用由责任人负担。该责任人可被裁判先行支付必要的金额。"

理解的",①于是该草案(第51条第2款②)允许受害人在得到法官的许可以后,自行采取补救损害的措施,而费用由责任人承担。《司法部责任法草案(2016)》也有类似规定:"法官可授权受害人自行采取实际补救的措施,费用由责任人承担;该责任人可被命令先行支付必要的金额"(第1261条第3款)。

(三)损害赔偿的计算与支付

1. 损害赔偿的计算节点与事项

法国有关侵权责任法改革的几套方案普遍认为,法官对损害赔偿的计算应以其作出裁判之日为准。③ 这是法国判例在1942年3月23日所确立的一项规则。④ 之所以没有采用类似中国《侵权责任法》所规定的、⑤以损害发生之日为计算节点的方案,主要是考虑到漫长的诉讼周期所可能引发的币值变动对当事人带来的影响,尤其是贬值对受害人带来的不利影响;而以裁判之日为节点,还可以留给法官对损害后续变化的观察时间。⑥ 为此,多部草案规定:法官需要在判决作出时考虑到自损害发生之日起能对损失的范围和持续性产生影响的所有情况。⑦

依据完整补救原则,如果财产有损坏,应当是以恢复原状为目的给付损害赔偿;如果毁损,赔偿应当是以替换毁损财产为目的给付损害赔偿。但是恢复原状或者替换补救是否应当考虑到原来财产的折旧率呢? 如果不考虑可能会导致受害人获得不当利益。法国最高法院拒绝考虑受损财产的折旧率,允许受害人获得一项与被毁损财产功能具有可比性的财产(如1987年7月8日最高法院民事二

① P. Remy – Corlay, De la réparation, In. Pour une réforme de la responsabilité civile, Dalloz, 2011, p. 195.

② 第51条第2款:"在相同的条件下,经法官许可,请求人可自行采取依性质补救之措施,所生费用由被告承担;被告可被裁判先行支付必要金额。"

③ 《卡特拉草案》第1372条、《泰雷责任法草案》第52条第1款、《司法部责任法草案(2016)》第1262条第1款。

④ Civ. 23 mars 1942, RTD civ. 1942. 289, obs. Mazeaud.

⑤ 《侵权责任法》第19条:"侵害他人财产的,财产损失按照损失发生时的市场价格或者其他方式计算"。

⑥ P. Remy – Corlay, De la réparation, In. Pour une réforme de la responsabilité civile, Dalloz, 2011, p. 196.

⑦ 《卡特拉草案》第1372条、《泰雷责任法草案》第52条第1款、《司法部责任法草案(2016)》第1262条第1款。

庭判决:受害人可以要求恢复汽车原状而不考虑折旧率)。① 另一问题是,恢复原状费用明显高于替换受损财产的花费,如何选择呢?法国最高法院认为,补救费用应当不超过替代财产的价格(如1978年12月7日最高法院民事二庭的一项判决)。此外,按照法国司法裁判的经验,救济不应当仅针对财产本身,还应当涵盖其使用价值,或者说,与财产的丧失或损坏相关联的物质损失(收益损失、经营损失或其他花费)。② 这些实务中的解决方案已体现在《卡特拉草案》(第1380条、第1380-1条和第1380-1条)、《泰雷责任法草案》(第65条、第66条)以及《司法部责任法草案(2016)》(第1278条、第1279条)之中,也得到法国最高法院的认可。③

此外,按照法国判例的做法,法官还应当考虑到在裁判之日可合理预见到的损害的后续发展情况,并体现在损害赔偿金上。对此多部改革草案予以了认可。④ 但是,法官的预判往往和裁判作出以后实际损害的新变化有所出入。有时,在裁判之后损害会有所加重,改革草案普遍支持受害人有权就此主张补充救济。⑤ 而有时,在裁判之后损害反而会有所减少,从法国学者对裁判生效之后责任人主张减少赔偿金的案件整理来看,法国判例对此主张持否定态度;⑥几部草案均没有提及责任人可否要求减轻其责任,不过《泰雷责任法草案》起草者指出,没有规定也就意味着否定的态度。⑦

---

① 法国最高法院民事三庭2009年12月1日、2010年1月12日、刑庭2009年2月24日的判例均采纳此意见。不过法国行政法院则采相反的路径(CE, 4 octobre 1972, Fournier, Rec. p. 613 ; CE, 28 avril 1978, Rivière, Rec. p. 191)。

② 《法国最高法院关于泰雷民事责任法草案的评估报告》,第83页;R. Cabrillac, Droit des obligations, 9e éd. , 2010, Dalloz, p. 268 – 269.

③ 《法国最高法院关于泰雷民事责任法草案的评估报告》,第83页。

④ 《卡特拉草案》第1372条、《泰雷责任法草案》第52条第1款、《司法部责任法草案(2016)》第1262条第1款。

⑤ 《卡特拉草案》第1375条、《泰雷责任法草案》第52条第1款、《司法部责任法草案(2016)》第1262条第2款。

⑥ M. Le Roy, L'évaluation du préjudice corporel, Litec, 18e éd. , 2007 ; M. Quenillet – Bourrié, Pour une réforme conférant un statut juridique à la réparation du préjudice corporel, JCP G 1996, I, 3919.

⑦ P. Remy – Corlay, De la réparation, In. Pour une réforme de la responsabilité civile, Dalloz, 2011, p. 196 – 198.

2. 利息的计算

考虑到可操作性，法官对损害赔偿的计算节点是裁判之日而不可能是实际支付之日。对于在判决作出以后到实际支付这段时间，按照金钱之债的一般规定，会产生当然的利息。

依据《法国民法典》原第 1153－1 条、现第 1231－7 条，对于所有类型的案件，只要判决裁定责任人支付赔偿金的，即使当事人没有要求或者判决书中没有特别指出，也应按法定利率计算利息。该利息自判决宣布之日起算，除非法律另有特别规定或者法官另有决定。就上诉案件而言，如上诉法官对一审法官责令支付损害赔偿金的判决给予了无条件的、简单的确认，其自一审判决作出时起当然地产生法定利息；在其他情况下，上诉判付的赔偿金自上诉判决起产生利息，除非上诉法官作出了不同的裁判。

3. 多个受害人场合的分配问题

法国法采用完整补救原则，法官通常是就损害整体进行评估。因此当遇到多数受害人的场合，这些受害人对如何分得赔偿金常感到困惑，进而可能对法院产生误解，认为是"葫芦僧判葫芦案"。

为此，《卡特拉草案》（第 1374 条）建议，应当要求法官单独计算出每项被主张的损害的赔偿金额，否则须陈明其判决理由。《泰雷责任法草案》（第 52 条第 2 款）也给予了支持意见。法国上议院民事责任工作组的《咨讯报告（2009）》对此也表示支持，但考虑到"对于小金额的损害单独计算导致司法成本太高"，建议将小金额的损害赔偿案件排除。于是提出了进一步修订的意见：除了小金额的损害，法律应当要求法官单独计算出每项被主张的损害的赔偿金额，否则须陈明其判决理由。①

《司法部责任法草案（2016）》未区分受害人为一人还是多人，针对所有的情况要求"法官应当就每种被主张的损失分别进行评估"（第 1262 条第 3 款）。

4. 支付方式

《卡特拉草案》（第 1376 条）规定：原则上由法官决定支付赔偿金的方式是本金（即一次性支付）还是定期金（即分期支付）。不过，上议院民事责任工作组认

---

① 《咨讯报告（2009）》第二十五点建议。

为,对于小数额的损害,应优先采用本金方式予以赔偿。① 于是有方案建议:损害赔偿金可以本金或者定期金的方式予以支付,但如果其金额低于相关指令(réglementaire)所确定的数额,赔偿金优先以现金方式支付。②

5. 关于损害赔偿金的使用

受害人从侵权人处获得赔偿金的基础与目的在于对侵权行为所造成的损失进行救济,那么受害人在获得赔偿以后是否可以另作他用?《卡特拉草案》(第1377 条)、《泰雷责任法草案》(第 57 条)以及《司法部责任法草案(2016)》(第1264 条)均指出,除于特定场合法官指定损害赔偿金用于某种特定补救之方式,受害人可按其意愿自由支配获得的金额。

三、人身损害救济规则与财产损害救济规则的区分主义

法国债法改革各方方案均就侵权救济规则设计了一般性的规则,如前述的"完整补救原则"、实际补救和损害赔偿两种方式的一般规定等。但是,这些一般规则与实际纠纷的解决仍有些距离。为此,仍需要进一步的细化规则。

法国民法改革者普遍认为,区分财产损害与人身损害是构建损害救济规则的基础分类方法。《卡特拉草案》、《泰雷责任法草案》以及《司法部责任法草案(2016)》均设有专门部分集中规范人身损害的特殊救济规则;以此为出发点,分别就每种损失类型下的救济事项与范围设计了客观的标准。

法国相关的改革方案集中规范人身损害的特殊救济规则,与其说主要是为了突出和强化人身损害救济的特殊地位,借此更好地保护人身利益,不如说是为了统一此领域内的裁判规则,限制法官的裁量自由度,以求实现法律上的可预见性与安全性、对不同案件当事人提供平等的保护、提高救济的效率。③

长期以来,法国法官在损害救济(尤其是人身损害救济)的事项与范围上,拥有强大的自主性。由于这被认为属于事实认定部分,属于基层的事实审法官的权限,最高法院实际上并没有进行过多的控制与审查。显然,这种情况常导致的结

---

① 《咨讯报告(2009)》第二十七点建议。

② 如 2010 年《贝塔耶草案》建议在民法典中新增的第 1386 - 29 条。

③ Ph. Delebecque, F. - J. Pansier, Droit des obligations, Responsablité civile, délit et quasi - délit, 5ᵉ éd., LexisNexis, 2011, p. 351.

果就是相类似案件中的受害人获得不同的赔偿数额；而对于人身损害而言，这种差异更为明显，也自然会引起人们的质疑。

为此法国改革者希望通过类型化和标准化的方式解决这一问题。[①]

四、观察与启示

可以说，法国侵权责任法改革的多套方案展示了较为丰富的内容，这既是对长期经验的整理，也是对积聚出来的问题的一次集中解答。

法国侵权责任法的方向将坚持完整补救原则；赋予法官对救济方式的决定权，法官可以依据实际情况在损害赔偿与实际补救中选择其一或者二者皆选，这与中国法的立场基本一致。

法国侵权责任法的方向将依据人身损害和财产损害构建责任救济规则，重视二者之间的差异性；这有助于落实对不同损害的有效救济，也在实际上有助于明确法官自由裁量的范围。它不同于中国《侵权责任法》虽有救济规则体现了财产损害（如第 19 条）与人身损害（如第 16 条、第 18 条、第 20 条、第 22 条）之区别、但尚未体系化和具体化的做法。值得注意的是，最高人民法院《关于审理人身损害赔偿案件适用法律若干问题的解释》共计 36 个条文，以及《关于确定民事侵权精神损害赔偿责任若干问题的解释》共计 12 个条文，这很好地表明：未来侵权责任法在救济规则方面应重视人身损害赔偿的体系化，以响应司法实践的需要。未来中国民法典之下的"侵权责任法"部分可以设立单独的"侵权救济"单元，与"侵权责任的构成"、"侵权责任的减免"、"特别侵权责任"单元相互并列；而在"侵权救济"单元分别针对人身损害、财产损害、精神损害设立专题。

除了这种区分主义在救济规则体系上具有借鉴意义，法国侵权责任法改革还在许多具体制度上提供了丰富的比较法经验。

---

① 参见本书第八章。

第八章

人身损害救济事项与计算的标准化

在法国司法实践中,如何确定人身损害案件受害人可主张的救济事项与具体范围,存在较大的差异。这里有两个问题:一是哪些损失可以得到救济,二是每项损失救济或赔偿多少。

对于第一个问题,法国改革者似乎已经达成共识,应当对人身损害所带来的、可以获得救济的损失进行类型化。

《卡特拉草案》(第 1379 条第 1 款①)采取列举的方式规定,就人身侵害而言,有两种类型的损失可以获得救济:一是财产性的,例如受害人因人身受到伤害所支出的花费以及未来所需的费用、所损失的收入以及未来不再能获得的收入;二是非经济的、人身上的损失,如忍受的痛苦,在身体机能、外貌、性生活和安居等方面的损失。从其措辞上看,这种列举是开放式的。

《泰雷责任法草案》则与之略有不同,其认同通过制定法的方式确立一个可以获得救济的损失事项分类表(une nomenclature des postes de préjudice),法官据此逐项审查(第 57 条第 1 款)。从其表述来看,不在此表之上的损失事项不能获得赔偿。

实际上,法国民间力量已经开始在设计此种分类表格方面做出了相当的准备

---

① 第 1379 条:"在伤害人身完整性的情况下,受害人有权主张补救其所受的经济和职业上的损失,如已支出的花费、未来的费用、收入的损失、未获得的收益;他也有权主张补救其所受非经济的和人身上的损失,如忍受的痛苦,在生理、容貌、娱乐、性和住处等方面的损失。""其他间接受害人有权主张补救他们所受的涵盖收入丧失和各种费用的经济损失,以及情感和陪同方面的人身损失。""法官应当在其裁判文书中区分每一种被裁判赔偿的经济或者人身损失。"

工作,同时法国法院、律师、保险业者①以及法国立法机构也开始逐渐接受相应的分类方法和发展趋势②。上议院民事责任工作组对此也持支持意见。③ 其中,最为重要的两个表格分别来自法国"受害人救助国家委员会"以及法国最高法院的专门工作组。

一、损失事项分类表

法国"受害人救助国家委员会"（Conseil national de l'aide aux victim：CNAV）曾成立专门的工作组就人身损害赔偿问题提出了一份报告（又名"朗贝尔－菲伍尔报告"④),该报告希望明确定义有关损失的不同项目、设立损失事项分类表（科目表）。报告认为应当按照如下三种分类方法设计损失科目表：直接受害人损失和间接受害人损失,经济损失与非经济损失,临时损失与永久损失。

NOMENCLATURE DES CHEFS DE PREJUDICES		损失诉讼事由科目表
Préjudices de la victime directe		直接受害人的损失
I – Préjudices économiques		I – 经济损失
1° Chefs de préjudices économiques temporaires		1. 临时性经济损失诉讼事由
DS *	Dépenses de santé actuelles	当前医疗开支
FD	Frais divers : honoraires des conseils de la victime et autres frais	各种费用:受害者咨询费用和其他费用

---

① Fédération française des sociétés d'assurances, Livre blanc sur l'indemnisation du dommage corporel, avril 2008, p. 5.

② 例如 2006 年 12 月 21 日《有关 2007 年社会保险资助的法律》的第 25 条以及 2007 年 2 月 22 日《有关人身损害赔偿第三方支付追偿的通知》,即 Loi n° 2006 – 1640 du 21 décembre 2006 de financement de la sécurité sociale pour 2007, 下载网址: http://www. legifrance. gouv. fr/eli/loi/2006/12/21/SANX0600163L/jo/texte 以及 Circulaire de la DACS n° 2007 – 05 du 22 février 2007 relative à l'amélioration des conditions d'exercice du recours subrogatoire des tiers payeurs en cas d'indemnisation du dommage corporel,下载网址: http://www. textes. justice. gouv. fr/art_pix/boj_DACS_22%2002%2007. pdf

③ 《咨讯报告(2009)》,第 104 页。

④ 即《关于人身损害赔偿的报告(2003 年 6 月 15 日)》(Rapport sur l'indemnisation du dommage corporel, 15 juin 2003)。其负责人为朗贝尔－菲伍尔(Yvonne Lambert – Faivre)女士,人们也经常以其姓氏称呼该报告。http://www. ladocumentationfrancaise. fr/var/storage/rapports – publics/034000490/0000. pdf

续表

NOMENCLATURE DES CHEFS DE PREJUDICES		损失诉讼事由科目表
IPT	Incidence professionnelle temporaire	临时职业影响
RP	Reclassement professionnel	职业的重新分类
2° Chefs de préjudices économiques permanents		2. 永久性经济损失诉讼事由
FF	Frais futurs：dépenses de santé futures	未来费用:未来的医疗费用
FLA	Frais de logement（adapté）	（相匹配的）住房费用
FVA	Frais de véhicule（adapté）	（相匹配的）车辆费用
TP	Tierce personne	第三方
IPD	Incidence professionnelle définitive	确定的职业影响
II – Préjudices non économiques		II – 非经济损失
1° Chefs de préjudices non économiques temporaires		1. 临时性非经济损失诉讼事由
PFT	Préjudice fonctionnel temporaire	临时性功能损失
SE	Souffrances endurées（physiques et psychiques）	忍受的(生理和心理)痛苦
2° Chefs de préjudices non économiques permanents		2. 永久性非经济损失诉讼事由
PFP	Préjudice fonctionnel permanent	永久性功能损失
PAS	Préjudice d'agrément spécifique	特定愉悦感损失
PE	Préjudice esthétique	外貌损失
PS	Préjudice sexuel	性损失
PET	Préjudice d'établissement	安居损失
Préjudices de la victime par ricochet		间接受害人的损失
I – Préjudices économiques		I – 经济损失
Frais d'obsèques et de sépulture		安葬与墓地费用
Autres frais		其他费用
Perte de revenus		收入损失
II – Préjudices non économiques		II – 非经济损失
Préjudice d'accompagnement		陪伴损失
Préjudice d'affection		情感损失

＊该事项的法文缩写（下同）

借鉴《朗贝尔－菲伍尔报告》,2005 年法国最高法院民事二庭庭长丁提雅克(Jean－Pierre Dintilhac)先生主持的工作组设计了另一份人身损失事项(分类)建议表。① 其采用的分类组别有:直接受害人损失和间接受害人损失,财产损失与非财产损失,临时损失与永久损失,以及直接受害人死亡情况与非死亡情况下间接受害人的损失。

A – Proposition de nomenclature des préjudices corporels de la victime directe	A – 直接受害人人身损失事项建议表
1°) Préjudices patrimoniaux	1)财产损失
a) Préjudices patrimoniaux temporaires (avant consolidation) :	a)临时性财产损失(创伤定型以前):
– Dépenses de santé actuelles (D. S. A.)	– 当前医疗开支(D. S. A.)
– Frais divers (F. D.)	– 各种费用(F. D.)
– Pertes de gains professionnels actuels (P. G. P. A.)	– 当前职业收入损失(P. G. P. A.)
b) Préjudices patrimoniaux permanents (après consolidation) :	b)永久性财产损失(创伤定型以后):
– Dépenses de santé futures (D. S. F.)	– 未来医疗支出(D. S. F.)
– Frais de logement adapté (F. L. A.)	– 匹配的住房费用(F. L. A.)
– Frais de véhicule adapté (F. V. A.)	– 匹配的交通工具费用(F. V. A.)
– Assistance par tierce personne (A. T. P.)	– 第三方辅助(A. T. P.)
– Pertes de gains professionnels futurs (P. G. P. F.)	– 未来职业收入损失(P. G. P. F.)
– Incidence professionnelle (I. P.)	– 职业影响(I. P.)

---

① Rapport du Groupe de travail chargé d'élaborer une nomenclature des préjudices corporels, juillet 2005. http://www. ladocumentationfrancaise. fr/var/storage/rapports – publics/064000217/0000. pdf

续表

– Préjudice scolaire, universitaire ou de formation（P. S. U.）	– 基础教育、高等教育或培训的损失（P. S. U.）
2°）Préjudices extra – patrimoniaux	2）非财产损失
a）Préjudices extra – patrimoniaux temporaires（avant consolidation）：	a）（创伤定型以前的）临时性非财产损失：
– Déficit fonctionnel temporaire（D. F. T.）	– 临时性功能缺损（D. F. T.）
– Souffrances endurées（S. E.）	– 忍受的痛苦（S. E.）
– Préjudice esthétique temporaire（P. E. T.）	– 临时性外貌损失（P. E. T.）
b）Préjudices extra – patrimoniaux permanents（après consolidation）：	b）（创伤定型以后的）永久性非财产损失：
– Déficit fonctionnel permanent（D. F. P.）	– 永久性功能缺损（D. F. P.）
– Préjudice d'agrément（P. A.）	– 愉悦感损失（P. A.）
– Préjudice esthétique permanent（P. E. P.）	– 永久性外貌损失（P. E. P.）
– Préjudice sexuel（P. S.）	– 性损失（P. S.）
– Préjudice d'établissement（P. E.）	– 安居损失（P. E.）
– Préjudices permanents exceptionnels（P. P. E.）	– 特殊的永久性损失（P. P. E.）
c）Préjudices extra – patrimoniaux évolutifs（hors consolidation）：	c）（无涉创伤定型的）发展性非财产损失：
– Préjudices liés à des pathologies évolutives（P. EV.）	– 与发展性病理相关的损失（P. EV.）
B – Proposition de nomenclature des préjudices corporels des victimes indirectes（victimes par ricochet）	B – 间接受害人人身损失事项建议表
1°）Préjudices des victimes indirectes en cas de décès de la victime directe	1）直接受害人死亡情况下间接受害人的损失

续表

a) Préjudices patrimoniaux	a)财产损失
– Frais d'obsèques (F. O.)	– 安葬费(F. O.)
– Pertes de revenus des proches (P. R.)	– 近亲属收入损失(P. R.)
– Frais divers des proches (F. D.)	– 近亲属各种费用(F. D.)
b) Préjudices extra – patrimoniaux	b)非财产损失
– Préjudice d'accompagnement (P. AC.)	– 陪伴损失(P. AC.)
– Préjudice d'affection (P. AF.)	– 情感损失(P. AF.)
2°) Préjudices des victimes indirectes en cas de survie de la victime directe	2)直接受害人非死亡情况下间接受害人的损失
a) Préjudices patrimoniaux	a)财产损失
– Pertes de revenus des proches (P. R.)	– 近亲属收入损失(P. R.)
– Frais divers des proches (F. D.)	– 近亲属各种费用(F. D.)
b) Préjudices extra – patrimoniaux	b)非财产损失
– Préjudice d'affection (P. AF.)	– 情感损失(P. AF.)
– Préjudices extra – patrimoniaux exceptionnels (P. EX.)	– 特殊的非财产损失(P. E. X.)

二、损失事项分类表的进一步使用：事项具体数额的确定

显然，仅明确可以救济的损失事项，尚不能明确具体赔偿数额，法官还需要针对不同的事项进行计算。

法国的现实情况是，"通过对司法系统数据库进行的统计分析可以看出，不同法院之间判决的数额差距非常大"。①法国基层法官在采用何种方法计算具体损失方面拥有极大的自由裁量权,法国最高法院也原则上拒绝对此进行限制或控制,其民事二庭在1983年2月17日就指出,没有任何规范要求法官须采用特定方式评估当事人所主张的损失(最高法院只对评估的理由部分是否充分、矛盾或者错误进行审查)。由此各地法官常参照不同机构提供的计算方法,如保险机构、医疗机构、甚至杂志上公布的裁判数据等。法官们都会按照自己已经习惯采用的、最为方便的方式计算。②"为了消除不平等性,法院经常制作费率表(baréme),按点计算:先确定一个基准数额,对应残疾程度为百分之一的情况,然后用受害人的实际残疾程度乘以该基准数额,得出最终赔偿数额。这类费率表的使用必须是非官方、非正式的,否则就闯入了禁止司法裁判立法的禁区"。③ 这必然导致同类案件在不同的司法辖区内的赔偿结果相差悬殊。受到最为直接影响的受害人团体、保险人团体对此显然有所不满。④

　　针对上述情况和司法实践的积累,法国出现了不同的几套改革方案。

　　第一套方案,"前述法国受害人救助国家委员会"设立的专门工作组在其报告中曾建议使用"数据与发展国家指数参照表"(RINSE),在人身损害案件"损失事项分类表(科目表)"的基础上,针对每项人身损失确立计算"参照指数"。这项工作尚未完全具体化,但其思路具有可行性且有助于解决上述问题。

　　这一方案通过制定法的方式全面、统一地按照损失类型确定具体的计算方

---

① R. Cabrillac, Droit des obligations, 9e éd. , 2010, Dalloz, p. 267.
② 《咨讯报告(2009)》,第104页。
③ R. Cabrillac, Droit des obligations, 9e éd. , 2010, Dalloz, p. 267.
④ 《咨讯报告(2009)》,第104页。

法,得到了《泰雷责任法草案》(第 56 条、第 57 条、第 58 条①)的认可。由此在人身损害案件中,财产与非财产损失均有相应的客观计算方法,草案原则性指明需要后续单独制定"医疗等级表"、"赔偿参照表",并确定各种指数。此外,从其表述来看,该草案还严格限制法官发挥自由裁量权的空间。在此方面,法国最高法院有较大的抵触情绪,例如其建议删除第 58 条第 2 款要求法官自由裁量须在指令所要求的限度内的表述。②

第二套方案,《卡特拉草案》(第 1379 - 1 条)建议仅就"人身功能损失"一项设立"伤残等级表",而没有就其他的非财产损失(如性生活的损失、外貌的损失等)提出计算方法上的限制。《卡特拉草案》的方案得到了法国上议院民事责任工作组的支持,其主要理由是考虑到其他人身损失类型内部量化难以展开,例如所经历的痛苦,就难以在不同当事人之间进行比较。③《司法部责任法草案(2016)》(第 1270 条)的方案更接近《卡特拉草案》。

此外,还有第三种意见。实际上,对前述客观计算方法统一化的做法,也存在质疑与担心。例如,针对《卡特拉草案》(第 1379 - 1 条),法国著名的消费者保护组织"消费者联盟"(Que choisir)法律负责人就曾表达了其团体对这种"统包价"的官方化的做法将可能违背完整补救原则的担心。对此,上议院民事责任工作组的意见是,"伤残等级表"仅为法官裁判提供"参考",以便在对损失计算进行整体观察之后能体现一定的趋同方向,确保对诉讼当事人的平等对待;"它不应成为对法官独立裁判权的捆绑"。同时,考虑到救济事项与计算方法客观化能带来的积

---

① 第 56 条:"除非有特别规定,对心理或人身完整性的侵害,依据统一的医疗等级表(un baréme médical)进行评估。该等级表通过法规(voie réglementaire)的形式予以制定和修改。"

第 57 条:"对侵害心理或人身完整性所造成的财产损失与非财产损失,依据损失事项分类表(une nomenclature des postes de préjudice),逐项确定。该分类表通过法规的形式予以制定。""受害人本身具有易致病性因素(prédisposition)",但在致害行为发生之前其可导致的损害结果并没有显现的,"该因素对损失的评估不产生影响。"

第 58 条:"法官对非财产损失的评估,依据赔偿参照表(un référentiel d'indemnisation)进行。该参照表通过指令的形式予以制定。该参照表每年依据工伤赔付定期金的重估指数进行更新。""不采用该项评估的法官,须就裁判理由予以特殊说明,且应在指令(décret)所要求的限度以内。"

② 《法国最高法院关于泰雷民事责任法草案的评估报告》,第 22 页、第 77 页。

③ 《咨讯报告(2009)》,第 105 页。

极效应依赖于其与社会发展的同步性,该工作组建议应当明确制定者负有不断根据新收集的数据"定期修订"相关内容的义务。①

从相关草案的态度看,上述各种计算表格、指数或方法的制定与修订将交由行政机构负责。

三、一些特殊情况的处理

（一）受害人本身的易致病性因素

《卡特拉草案》（第 1379 - 2 条）、《泰雷责任法草案》（第 57 条第 2 款）、《司法部责任法草案（2016）》（第 1268 条）均认为,受害人本身如果具有某种易致病性因素,但只要在致害行为发生之时没有产生损失结果,那么该因素对损失的评估就不产生影响。

有学者指出,这里区分了"没有外在显现"和"定型与稳定的病理状态"两种情况,前者不构成减少赔偿的原因,后者则不应归责于侵权案件中的加害人。②这个方案与现在法国法院实际操作的方案基本一致。③

（二）受害人拒绝治疗

受害人拒绝接受本可以减少损害的治疗,是否可以成为减少赔偿的理由? 法国学者指出:④法国判例早前传统的方案会依据治疗是否会引起较大的痛苦或者风险区分两种情况。如果答案是肯定的,那么受害人拒绝接受治疗并不导致损害赔偿数额的减少（如 1969 年 7 月 3 日最高法院刑庭判决）。相反地,如果治疗并不会带来过分的疼痛也没有较大的风险,那么受害人的拒绝构成过错,与拒绝治疗相关的损害将不能得到救济（如 1974 年 10 月 30 日最高法院刑庭判决）。但是

---

① 《咨讯报告（2009）》,第 105 页。

② G. Viney, P. Jourdain, Les conditions de la responsabilité, 4ᵉ, éd., 2013, LGDJ, n° 121; P. Remy - Corlay, De la réparation, In. Pour une réforme de la responsabilité civile, Dalloz, 2011, p. 203 - 204.

③ J. Flour, J. - L Aubert, E. Savaux, Droit civil, les obligations: le fait juridique, 14ᵉ éd., Sirey, 2011, p. 218 - 219.

④ R. Cabrillac, Droit des obligations, 9ᵉ éd., 2010, Dalloz, p. 268; J. L. Aubert, Quelques remarques sur l'obligation pour la victime de limiter les conséquences dommageables d'un fait générateur de responsabilité. A propos de l'article 1373 de l'avant projet de réforme du droit des obligations, in Etudes offertes à Geneviève Viney, LGDJ, 2008, p. 55.

最近以来的法国判例认为,拒绝治疗是一项权利,排除任何对赔偿的限制。1999年3月19日最高法院民事二庭的一项判决在一般意义上指出,受害人"不负有为了责任人的利益而限制其损失的义务"。2003年6月19日最高法院民事二庭作出了两项判决,一项判决中,一起事故导致受害人不能亲自去经营其面包店,他也没有请他人代为经营从而减少损失,由此而导致的损失也可以获得赔偿;另一项判决认为,受害人没有义务去接受心理上的再教育以避免减少损害赔偿的获得。这实际上拒绝了英美法中的减轻损失义务(mitigation of damages)。

《卡特拉草案》采取了一种审慎的态度:可以在民法典中引入了减损义务规则,但在采取的措施可能会伤及受害人人身完整性的情况下,则允许存在例外(第1373条①)。《泰雷责任法草案》第53条在侵权责任领域内也确立了类似规则。而《司法部责任法草案(2016)》较为保守,仅在合同责任领域内确认了此规则(第1263条)。

(三)职业收入

人身损害还经常导致财产方面的损失,例如医疗以及辅助治疗费用、住所或交通工具变更、教育费用等。在此方面法国法官会根据受害人的实际情况,按照完整补救原则确定赔偿数额。例如,对未来可能需要的花费,法官会根据可以预见到的发展情况确定一个数额:对于收入损失,如果是在创伤定型之前的临时性收入损失,按照工资单或收入证明即可算出;对于未来可能的收入损失,如果是领取较为稳定收入的工薪人员,也不难计算,法官根据可以预见到的未来情况确定即可。

比较困难的情况是,受害人在被伤害的时候尚未就业或者尚处于可能迅猛发展之前的状态。有时这种计算几乎是不可能的。为此,法官们常会采用两个计算表进行计算:首先由专家根据客观的伤害情况依据伤残等级表确立等级,然后法官根据费率计算表确定赔偿金。但是这个做法受到学者的质疑:一方面,法国尚无统一的官方的上述标准,会导致法律适用的不统一、带来法律上的不确定性,当

---

① 第1373条:"如果受害人本有可能通过安全、合理以及相称的措施减少其受损害的范围或者避免该损害的加重,但未采取该种措施的,其可获得的赔偿将被酌减,除非这些措施具有损害其人身完整的性质。"

然这个问题可以通过立法来解决。另一方面,法官们按照统一标准计算,而没有去细致考察受害人的经济以及精神方面的要素,这将使得法官们掌有非常另类的评估方法——完全依据性质进行判定。伤残等级费率虽然对受害人在精神上的损害具有参考意义,但是似乎不适合用于经济收入的补偿。因为一根手指可以毁掉一位职业小提琴手的事业,但是并不会阻碍他进入办公室工作。只有精神损失可以以同样的方式影响到遭遇同类伤残的受害人。①

为此,《卡特拉草案》(第 1379 – 3 条)和《泰雷责任法草案》(第 59 条)规定:对未获得的职业收益的赔偿金,应当采用指数定期金的形式,否则裁判文书应特别写明理由,以便最高法院通过对裁判理由的审查而进行控制。《司法部责任法草案(2016)》(第 1272 条)也有类似规定。

(四)植物人

在受害人成为植物人的情况下,受害人对其损失已经不再有感知,是否应当限制对其赔偿? 早期法国最高法院民事二庭(1989 年 6 月 21 日的判决)与刑庭(1978 年 4 月 3 日的判决)之间分歧严重,最后民事二庭 1995 年 2 月 11 日的判决转而支持后者的方案,形成了统一意见:该判例拒绝对其赔偿进行限制,一是基于道义上的考量,二是基于完整补救原则。② 不过几部草案并没有就此进行特别规定。

四、观察与启示

法国各方比较成熟的意见认为:对人身损害的救济事项进行类型化,未来可能在某些事项上确立统一的计算标准供法官使用或者参考,以便解决损害赔偿的计算问题;法官对损害赔偿的计算以其作出裁判之日为准,而非损失发生之日;受害人本身如果具有某种易致病性因素,但只要在致害行为发生之时没有产生损失结果,那么该因素对损失的计算不产生影响;人身损害导致的职业收入损失,交由法官根据受害人职业发展情况进行类型化处理。

---

① M. Bacache – Gibeili, Les Obligations – La Responsabilité civile extracontractuelle, 2007, Economica, p. 680 – 681.

② R. Cabrillac, Droit des obligations, 9ᵉ éd., 2010, Dalloz, p. 267.

第九章

间接受害人救济范围的宽泛与限制

法国侵权责任法存在"一般条款",因此具有对间接受害人提供广泛救济的天然基因,司法判例主要通过因果关系等侵权责任构成要件的一般规则对其范围进行限制。传统做法显然不能起到界限清晰的限制作用,因此法官拥有宽泛的自由裁量权。是否要限制这种自由裁量权,如何在救济间接受害人和法律的可预见性之间进行平衡,改革者之间有不同的观点。

一、法国法的特点

间接受害人是指因他人所遭受的损害而间接遭受损害的人。依据法国的司法实践,可获得救济的间接受害人被限制为与直接受害人具有某种特殊关系的人,即那些"与直接受害人在情感或职业上有关联(liens)的人",他们因直接受害人所遭受的损害(直接损害)而遭受的损害(间接损害)可以获得侵权责任法上的救济。① 间接损害可以是精神上的,也可以是财产上的,其来源是另一个损害(直接受害人死亡或者其他)。间接受害人获得赔偿的权利,是一种不同于间接受害人作为继承人时从死者那里继承而来的、被继承人本人的权利。这也是一种不同于已经向直接受害人进行赔付的第三人转向加害人主张代位求偿的权利。②

典型的例子是,交通事故导致子女失去父母,子女并不是交通事故的直接受害人,没有因事故而受伤,也不是他们的汽车在事故中受损。子女所遭受的损害

---

① G. Cornu, Vocabulaire juridique, Puf, 2007, p. 706.
② P. Remy – Corlay, De la réparation, In. Pour une réforme de la responsabilité civile, Dalloz, 2011, p. 203.

是其父母所受损害的结果,长辈的死亡间接地、反弹地(par ricochet)导致其在情感和经济上失去了支撑。① 按照法国学界的看法,间接受害人受到的损害是"自身"的损害,因此当然有权就此提出救济。这里存在两个受害人,两个诉权,但是仅一个致害事实。② 法国司法实践也对此给予了肯定,只要这些损害是确定的,间接受害人就应当得到救济。

法国司法实务虽也就其救济条件与范围设立边界。但因为法国侵权责任法存在一般条款,"对间接损失的救济看上去如同一项一般原则,损害所导致的损失均可以导致完整赔偿:需要辩解的是,仅在某些情况下存在例外"。"正如我们所看到的,仅仅是用关于损失补救的一般规则(因果关系与损失的确定性)去选择可以被救济的间接损失,这些一般规则实际上是一个效用低下且完全不具有确定性的工具";"从结构上看,法国体系因此没有'抵制'对间接损失的救济请求"。③ 可见,如何看待既往的做法,是否应当设置较为苛严的条件,成为本次改革值得关注的问题。

二、法国司法实践的传统做法

(一)与直接损害的关系

间接损害是直接受害人因侵害行为遭遇损害的间接结果。法国学者与实务界均认为,这里有两种不同的诉权,分别针对间接受害人的损失与直接受害人的损失,目的不同。间接受害人的损害救济权利系一种其自身享有的、区别于直接受害人的损害救济权利的权利,换言之,具有独立性。④ 需要探讨的是,间接受害人诉权的独立性的程度:它是否可以完全独立于直接受害人的诉权。在此方面有两个具体的问题,法国的相关判例似乎有些不协调。

第一个问题是,直接受害人的过错是否对间接受害人的诉权发生影响? 详言

---

① M. Fabre – Magnan, Droit des obligations, 2, Responsabilité civile et quasi – contrats, PUF, p. 131.

② Ph. Malaurie, L. Aynès, Ph. Stoffel – Munck, Les obligations, 5ᵉ éd., Defrénois, p. 49 – 50.

③ P. Remy – Corlay, De la réparation, In. Pour une réforme de la responsabilité civile, Dalloz, 2011, p. 191 – 222.

④ G. Viney, L'autonomie du droit à résponsabilité de la victim par ricochet, D. 1974, chron. p. 3.

之,如果直接受害人所遭受的损害同时基于他本身的过错和侵权人的过错,那么侵权人可否以直接受害人存在过错来对抗间接受害人?① 就此问题,法国判例曾经有不同的方向。

根据学者的观察和整理,②在很长一段时间内,法国判例认为直接受害人的过错可以对抗间接受害人:按照其过错对损害发生的比例减轻加害人对间接受害人的最终赔偿数额。例如法国最高法院刑庭1956年11月27日的一项判决就表达了这样的观点。③ 不过,1960年3月31日该审判庭改变了方向,认为不能以直接受害人的过错对抗间接受害人,后者可以就其损失获得完整的赔偿。在随后几年里,最高法院民事二庭也采纳了这种处理方式。④ 而1964年11月25日法国最高法院审判庭联席会议的裁判认为:虽是两个诉权,但是并不能完全独立,因此又判定可以对抗。但该判决的理由比较模糊,似乎故意避免形成权威意见,这就为后来的改变预留了空间。1978年10月25日最高法院民事二庭的一项判决选择了与1964年裁判相互割裂的方向。最终这个问题从1981年6月19日法国最高法院审判庭联席会议处得到了解决,它不仅维持了1964年裁判的方向,而且明确地指出了这一解决方法的基础:"如果(间接受害人的)诉权在目的上区别于直接受害人,那么它来自于在所有情况下均应被考虑的同一事实。"⑤

上述不同方向均有支持者。"不可以对抗"或者说"完全赔偿"的解决方案得到部分权威学者的支持,其主要理由就在于间接受害人救济权利的独立性。这种方向的基础还是在于间接受害人的损失是一种他自身的损失,有两个原因:行为人的过错以及直接受害人的过错。此二人共同造成了间接受害人的损失,因此应当连带承担责任,间接受害人对损害的完整救济可以向其中任何一人提出。显然,这里有种理念隐含在背后:直接受害人因对其死亡或伤残负有过错,也因此对

---

① 由于间接损害救济是独立的侵权之诉,按照逻辑来讲,间接受害人应当负有义务去证明加害人对其造成损害具有过错,但是法国学者指出,法国判例似乎并没有这一要求。A. Bénabent, Droit civil: Les obligations, 11ᵉ, Montchrestien, p. 482.

② J. Flour, J. – L. Aubert, E. Savaux, Droit civil, les obligations: le fait juridique, 14ᵉ éd., Sirey, 2011, p. 478 – 482.

③ Crim. 27 nov. 1956, D. 1957. 373, note Savatier.

④ Civ. 2ᵉ 20 nov. 1963, D. 1964. 549, note Boré.

⑤ Civ. 2ᵉ 20 oct. 1978, D. 1979. 114, note Larrouet.

间接受害人具有过错；任何人，对其所供养之人或会因其消失而承受精神痛苦之人，均负有对自身身体的完整性和生命的注意义务。①

而"可以对抗"或者说法国最高法院1981年6月19日判例的解决方案也得到部分权威学者的支持，其理由在于损害的单一性：很难令人理解某一事实导致责任人对间接损失承担责任而没有导致对直接损失承担责任；"诚然有多个不同的损失，不同的救济权利，且属于不同的受害人——直接的或间接的"，但是这些不同的损失均来自于同一个损害，对直接受害人人身的侵害；被告人的免责事由所考察的正是基于这个单一的损害，尤其是受害人对损害发生的过错。②

1981年判例的方向还反映在随后的1985年7月5日有关道路交通的法律之中。该法律第6条规定：交通事故中的直接受害人的损害给第三人带来损失的，对该损失的补救应当考虑对（直接）损害救济时适用的限制或免除（理由）。这个表述显然承认了致害事实的单一性。按照这种理解，驾驶员的过错也应当对间接受害人的损失救济产生影响。立法者在交通事故责任领域内明确采纳了与1981年判例相类似的解决方案：可以对抗。③

第二个问题是，与直接受害人订立的责任限制条款可否被用来对抗间接受害人？

由于具有独立性，即使直接受害人受制于合同关系，间接受害人仍可依据侵权责任的规定寻求救济。例如2003年10月28日法国最高法院民事二庭的一项判决支持参加旅行社项目的游客的近亲属要求旅行社对该近亲属承担间接损害侵权责任的主张。④ 问题在于，直接受害人曾订立的责任限制条款可否被用来对抗间接受害人？

又比如，在交通事故案件中，承运人享有责任限制或免除条款。对此，法国最

---

① J. Fossereau, L'incidence de la faute de la victim sur le droit à réparation de ses ayants cause agissant à titre personnel, RTD civ. 1963. 9; J. Flour, J. – L. Aubert, E. Savaux, Droit civil, les obligations：le fait juridique, 14ᵉ éd., Sirey, 2011, p. 478 – 482.

② P. Remy – Corlay, De la réparation, In. Pour une réforme de la responsabilité civile, Dalloz, 2011, p. 216.

③ R. Cabrillac, Droit des obligations, 4e éd., Dalloz, p. 212.

④ Civ. 2ᵉ, 23 oct. 2003, JCP 2004. I. 163, nᵒ 11, obs. Viney. V. A. Bénabent, Droit civil：Les obligations, 11ᵉ, Montchrestien, p. 482.

高法院的判决指出：①此类限制或免除责任条款,无论是基于法律的规定还是当事人之间的约定,是与合同责任相关的,仅在合同当事人之间有效力,不能被用来对抗间接受害人,尤其是在近亲属以个人身份主张赔偿的情况下。此类案件中,间接受害人如同合同的第三人,可以主张侵权责任(主要依据《法国民法典》原第1384条第1款、现第1242条第1款的规定),获得完整的赔偿。②

最高法院在处理直接受害人订立的责任限制条款可否对抗间接受害人这个问题上的态度,显然与前述处理直接受害人的过错可否对抗间接受害人的态度(如前述1981年6月19日判决)以及1985年7月5日有关道路交通的法律第6条所采取的方向,形成了明显对比,有些不协调。弗洛尔等学者指出:鉴于损失来自于共同的法律条件,对间接受害人的救济应当包括对直接受害人救济权利的限制;既然最高法院承认可以用直接受害人的过错对抗间接受害人,那么有关责任限制或免除条款也应当如此;没有任何理由做如下区分:间接受害人的救济权利受到直接受害人的过错的约束,但是不受后者已经同意的合同条款的约束。③ 对间接损害进行救济的条件取决于直接损害的救济条件,间接损失仅在直接受害人的损失也应当予以赔偿的情况下才能得以赔偿。④

(二)对直接损害类型的要求

对间接损害救济范围的控制,还可以通过区分直接损害的类型予以推进。实际上,法国法上的"间接损害"概念最初仅限于直接受害人"死亡"的情况下⑤(如同中国《侵权责任法》第18条)。但是,今天法国的判例将其扩展到死亡以外的情况。例如人身受到伤害的情形,法国最高法院民事二庭1998年1月14日有关父母(间接受害人)看到女儿(直接受害人)被性侵的案件的判决,对父母的索赔主

---

① 例如1959年1月23日法国最高法院民事二庭的两个民事判决,其中一个涉及法航事故,另一个涉及尚波利翁(Champollion)海难。

② J. Flour, J. – L. Aubert, E. Savaux, Droit civil, les obligations: le fait juridique, 14ᵉ éd., Sirey, 2011, p. 478 – 482.

③ J. Flour, J. – L. Aubert, E. Savaux, Droit civil, les obligations: le fait juridique, 14ᵉ éd., Sirey, 2011, p. 478 – 482.

④ Ph. Malaurie, L. Aynès, Ph. Stoffel – Munck, Les obligations, 5ᵉ éd., Defrénois, p. 49 – 50.

⑤ A. Bénabent, Droit civil: Les obligations, 11ᵉ, Montchrestien, p. 482 – 483.

张给予了支持。①如果仅扩张到人身伤害的受害人存活的情况下,间接受害人因不得不面对或承受直接受害人所遭遇的痛苦或者混乱的生活状态从而可以获得救济,那么间接损害救济的范围似乎能得到有效的控制。

但是在一个没有区分损害性质的法律体系中,任何损失的救济均不应当被排除。问题随之而来,间接损害救济到底是不是一个可以不区分直接受害人所遭受损害的类型而予以适用的基本制度? 既然间接损害的救济条件适用一般法则,那么没有理由去将间接损害的救济限制在直接受害人死亡或者人身被侵害的情况下。这就是为什么法国最高法院民事一庭在 2008 年 4 月 16 日的一项判决中认定,一个被司法机关错误羁押的受害人的父母有权主张因此而受到的间接损失。该案已不涉及人身伤害(直接受害人仅人身自由受到侵犯)。对此,有学者指出,最高法院似乎不认为应当考察最初损害的性质以限制对间接损害的救济。② 在直接损害是人身损害的情况下,对间接损害的救济几乎是绝对的;唯一用来限制的标准仍是一般规则中的因果关系和损失的确定性。③

(三)间接受害人的范围

由于间接受害人负有义务证明自己所受损害的存在与内容,这就意味着,他需要证明自己的损害和直接受害人的损害具有因果关系,也因此需要证明,他与直接受害人之间在财产或情感上具有足够亲密的特殊关系。法国传统判例借此区分间接损害的类型,对间接受害人的范围进行控制或者限制。

间接受害人负有义务证明其损害的存在,因此,如果主张财产损害,他需要证明,他与直接受害人之间存在紧密的关联使得直接受害人作为其财产收入的来源或者使得直接损害为其带来额外负担;④如果主张对非财产损害的救济,间接受

---

① Civ. 2ᵉ, 14 janv. 1998, Bull. Civ. , II, n° 14.

② P. Remy - Corlay, De la réparation, In. Pour une réforme de la responsabilité civile, Dalloz, 2011, p. 217 - 218.

③ Ph. Malaurie, L. Aynès, Ph. Stoffel - Munck, Les obligations, 5ᵉ éd. , Defrénois, p. 49 - 50.

④ 例如,1955 年 4 月 20 日科尔马(Colmar)地方法院判决,足球俱乐部因为其运动员遭遇事故而在门票收入方面有所损失(CA Colmar, 20 avr. 1955, D. 1956. 723, note R. Savatier)。1975 年 10 月 22 日南特地方法院认定,交通事故导致理发店店铺毁损,店铺员工因此失业而遭受的损失应当得到赔偿(TGI Nanterre, 22 oct. 1975, RTD Civ. 1976. 551, obs. G. Durry)。

害人需要证明他与直接受害人之间存在情感上的联系。①

需要强调的是,如今的法国判例并不要求直接受害人与间接受害人之间具有"法律"上的关系。在很长一段时间内,法国最高法院的民事审判庭要求这两者之间存在亲权或者婚姻关系;尤其对于同居关系中的一方因第三人行为死亡而对另一方造成的财产损失(失去经济来源)或者精神损失(失去伴侣的痛苦),不予支持。而最高法院的刑庭则持相反态度。由此最高法院混合庭在1970年2月27日做出了一项裁判:同居关系一方当事人只要证明与另一方存在持续的经济或者情感上的关联,便可以就其所受损害得到救济。② 随后的判决均不再要求直接受害人和间接受害人之间存在"法律"上的关系。例如,2000年10月17日最高法院刑庭的一项判决认定,由死者于生前在家中抚养四年的儿童,可以获得间接损害的经济赔偿,而他们之间没有任何"法律"上的关系。③ 不仅如此,间接受害人和直接受害人如有姘居关系也不受影响。在1975年7月11日法律取消通奸罪前夕,在丈夫被判决通奸罪的情况下,鉴于其妻子没有起诉,法国最高法院刑庭在1975年6月19日的判决中支持了与该丈夫有姘居关系的人作为间接受害人的赔偿请求。④ 诚然,非法利益不能得到救济,"姘居者对于从其非法状态中获得的好处的丧失不能构成可以获得补救的损害(因为非法利益不能获得救济),但是有一种损害看上去却是可以获得救济的:姘居关系中的一方对另一方自愿负担的帮助突然停止所带来的损害。既然承认姘居一方对另一方不离不弃的照顾属于一种自然之债,那么这个损害不能被认定为非法的。"⑤对此,有法国学者总结到,1970年的裁判是具有分界意义的案件,自此"法国判例处于一种自由发展的状态。"⑥

为了承认同居者的诉权,法国最高法院取消了原先的"存在法律上的关系"之

---

① M. Fabre – Magnan, Droit des obligations, 2, Responsabilité civile et quasi – contrats, PUF, p. 131.

② Ch. mixte, 27 févr. 1970, D. 1970, 201, not Combaldieu.

③ Crim., 17 oct. 2000, RTD civ. 2001 379, obs. Jourdain.

④ Crim. 19 juin 1975, D. 1975. 679, note Tunc.

⑤ J. Vidal, L'arrêt de la chambre mixte du 27 février 1970, Le droit à la réparation de la concubine et le concept de dommage réparable, JCP 1971. I. 2390.

⑥ H. Capitant, F. Terré, Y. Lequette, Les grands arrêts de la jurisprudence civile, 12ᵉ éd., Dalloz, 2008, p. 306 – 307.

要件的要求;在此方面,已经没有特殊的、排除特定间接受害人的标准。那些与直接受害人在经济或者情感上有紧密关联的人很有可能超出亲属或者同居者的圈子。实际上,在此领域,法国法官们除了按照一般侵权责任法规则予以控制以外,没有使用其他的政策或工具。"将所有的这些损害认定为间接损害本是逻辑的。而法院按照责任膨胀的整体发展趋势,已经认为对他们进行补救是公平的,因为因果关系对于他们而言并没有看上去那么宽松"。①

因此,亲属或同居关系以外的人也可以成为间接受害人。例如,1996年4月16日法国最高法院民事二庭认为,下级法院不能以没有证明请求人与受害人之间存在特殊的情感联系为理由而驳回受害人的叔伯与姑婶因其死亡而遭受情感损失的诉讼请求:只要有确定的损失即可。这种扩张很容易涉及到比较法上经常提及的所谓"纯粹经济损失"问题。②例如1955年4月20日科尔马上诉法院支持足球俱乐部因其运动员遭受意外事故而失去的门票收入的赔偿请求。③ 1975年10月22日南特地方法院认定,交通事故导致店铺毁损,店铺员工因此失业而遭受的损失应当得到赔偿;④法国判例还一度允许第三方清偿人(如保险机构),在其代位追偿无法满足其已经向受害人支付的给付的情况下,依据间接损害向责任人提起诉讼;⑤但是该做法后被1985年7月5日有关道路交通的法律第33条所禁止。⑥

当然,也有判例不支持亲属或同居关系以外的人主张间接损害救济。例如,根据1958年11月14日法国最高法院民事二庭的一项裁判,交通事故导致剧院不得不临时替换一位重要演职人员,剧院负责人主张由此而导致的票房收入减少应当得到赔偿,但是该法庭没有给予支持。其主要理由是,戏剧作品的失败可以有

---

① Ph. Malaurie, L. Aynès, Ph. Stoffel – Munck, Les obligations, 5ᵉ éd., Defrénois, p. 49 – 50.
② 从比较法角度看,在没有一般条款的法律体系中,法官原则上不对纯粹经济损失进行救济,仅在极为有限的范围内承认精神损害救济,对间接损害的救济看上去是一种例外,因为间接受害人的损失,在任何情况下,或者是纯粹经济损失,或者是纯精神损失。
③ CA Colmar, 20 avr. 1955, D. 1956. 723, note R. Savatier
④ TGI Nanterre, 22 oct. 1975, RTD Civ. 1976. 551, obs. G. Durry.
⑤ Soc., 14 mars 1984, Bull civ. V, n° 97; Civ. 2e, 14 févr. 1985, Bull. civ., II, n° 40 ; Civ. 1ʳᵉ, 3 déc. 1985, Bull. civ. I, n° 332.
⑥ A. Bénabent, Droit civil: Les obligations, 11ᵉ, Montchrestien, p. 483.

多种因素或意外导致的,一位演唱者的失败只是其中之一。① 1961 年 7 月 12 日法国最高法院商事庭认定,协会以其社员死亡导致协会破产为由主张损害赔偿的请求不予支持。② 1979 年 2 月 21 日法国最高法院民事二庭认为,直接受害人的债权人以直接受害人的死亡导致其得到偿还的机会的丧失为由主张损害赔偿的请求,不应得到支持。③ 就这些判决而言,法院不支持的理由均来自于一般法上的规则(如因果关系及损失的不确定性),而不是基于阻却间接损害赔偿的政策。只要法官没有找到这类拒绝间接受害人主张的理由,他们还是愿意为其提供救济的。④

很显然,单纯地使用一般性规则(如因果关系和损失的确定性)来限制间接损害救济,是一种容易左右摇摆、缺乏可预见性的方式。法国的判例看上去也相当地不确定:为什么"适用于体育俱乐部的规则不适用于剧院"?⑤

(四)可以获得救济的间接损害的类型

在法国法上,间接损害可以是财产上的,也可以是精神上的。前述《朗贝尔 - 菲伍尔报告》指出,经济损失包括收入损失以及安葬与墓地费用等负担;非经济损失包括陪伴损失与情感损失。

所谓收入损失最为常见的情况是,受害人系供养他人之人,因人身伤害而无法继续提供补助金,被其供养之人因此而受有损失。对此,法国判例认为,间接受害人应当得到救济,条件是如果直接受害人没有死亡或者没有遭遇到致残的伤害,请求者本可以持续获得补助金。

依据判例,对死者债务的清偿义务不构成被救济的对象,因为它是继承的一项法律效力(如 1998 年 11 月 18 日法国最高法院刑庭的判决);至于间接受害人从死者那里继承财产并因此而得利,也不予考虑(如 1994 年 2 月 2 日法国最高法院民事二庭的判决)。⑥

---

① Civ. 2°,14 nov. 1985, Bull. civ. , II, n° 730.

② Com, 12 juill. 1961, Bull. civ. , IV, n° 330.

③ Civ. 2°, 21 févr. 1979, Bull. civ. , II, n° 56.

④ P. Remy - Corlay, De la réparation, In. Pour une réforme de la responsabilité civile, Dalloz, 2011, p. 214 – 215.

⑤ Ph. Malaurie, L. Aynès, Ph. Stoffel - Munck, Les obligations, 5° éd. , Defrénois, p. 49 – 50.

⑥ Ph. Malaurie, L. Aynès, Ph. Stoffel - Munck, Les obligations, 5° éd. , Defrénois, p. 49 – 50.

三、各方草案的态度

在法国这种承认侵权责任一般条款的法律体系中,承认间接受害人的救济权利并非难事,困难主要在于如何确定一个具有可操作性的限制范围。传统的方式是借助因果关系的判定,即要求损失是确定的。《卡特拉草案》第 1379 条第 2 款就间接受害人的救济问题进行了原则性地规定:间接受害人有权就他们所遭受的涵盖收入丧失和各种费用的经济损失,以及情感和陪同方面的人身损失提出救济。

而《泰雷责任法草案》第 63 条、第 64 条集中就间接受害人救济进行了较为详细的规定,[1]要点体现在三个方面:(1)侵权人可以对抗直接受害人的免责事由均可以用来对抗间接受害人;(2)对间接损害的救济仅限直接受害人的人身与心理完整性受到侵害的情况;(3)可获得救济的间接损害限于列举之人的情感损失(非财产类型损失)以及供养费用(财产类损失)。

而这些要点比较"巧合"地接近着比较法范本在限制间接损失方面所做的努力。《共同参考框架草案》与《欧洲侵权法原则》提供了两种较为近似的模式以限

---

① 第 63 条:"受害人的人身或心理完整性受到侵害的,其所供养或者分担供养的人,因该侵害而无法得到其供养的,有权就此请求补救。""受害人的配偶、父母、子女有权就其情感损失主张损害赔偿。损害发生时,与受害人一起居住的近亲属,亦同。""直接受害人死亡的,于必要之情形,上述权利与上述人员作为权利与义务的继承人从直接受害人处继承的权利相互兼容。""可对抗直接受害人或其权利与义务的继承人(ayant causes)的免责事由,可以对抗主张补救间接损失(un préjudice réfléchi)的请求人。"
第 64 条:"除前条所规定的情况外,排除对间接损失的补救。但在异常严重的情况下,允许对情感损失的补救,为此判决理由予以特别说明。"

制间接损失:①(1)可以对抗直接受害人的抗辩同样可以对抗间接受害人;(2)间接损失仅在受害人的人身完整性受到侵害的情况下予以认可(但对死亡的情况有区别对待);(3)非经济损失(情感损失)的赔偿要求请求人在损害发生时与直接受害人有"(特别)密切(close)"的关系;(4)可被赔偿的经济损失仅是死者曾经提供生计的自然人或者因死亡未能实现但依法应当供养的自然人在此方面的损失。显然,这并不是一种巧合,《泰雷责任法草案》起草者对这些内容是非常清楚的,借鉴比较法的经验是因为他们认为,在一个没有就被保护的利益进行等级排序的体系中,有必要摆脱依赖于损害救济的一般条件,单独确立一个明确的民事政策,"帮助"法官们确定哪些人能获得赔偿。②

遗憾的是,《司法部责任法草案(2016)》在整体上采取了回避的态度。不过其第 1256 条规定:可以用来对抗直接受害人的过错,同样可以用来对抗间接受害人。

---

① 《共同参考框架草案》第 VI – 2:202 条(第三人因他人人身伤害或死亡而遭受的损失):"(1)因他人人身伤害或死亡而对伤害时与之具有特别密切个人关系的某自然人所造成的非经济损失,是具有法律相关性的损害;(2)在某人遭受致命伤害的情况下,a. 受害人死亡之前所遭受的伤害导致的具有法律相关性的损害转变为其继承人的具有法律相关性的损害;b. 合理的丧葬费用对于负担此费用之人构成具有法律相关性的损害;c. 供养费用,对于死者生前依据法律规定而供养的自然人,或者虽因死亡而尚未供养但依据法律规定其负有供养义务的自然人,或者死者曾提供照顾和经济支持的自然人,构成具有法律相关性的损害。"第 VI – 5:501 条(对受害人的抗辩扩展到第三人):"针对受害人人身损害救济权利可以主张的(或者如未死亡本可主张的)抗辩,同样可以用于对抗遭受第 VI – 2:202 条所规定的损失的第三人。"

《欧洲侵权法原则》第 10:202 条(人身伤亡)第 2 款规定,"受害人死亡的,其生前供养的或者因死亡未能供养但本应供养的家庭成员,对此项支撑的失去属于可以获得救济的损害。"第 10:301 条(非经济损害)第 1 款规定,"考虑到合法利益所保护的范围(第 2:102 条),对该利益的侵犯应当获得非经济损害赔偿,尤其是在受害人人身被侵犯或者个人尊严、自由及其他人格权被侵犯的情况下。非经济损害可同样用于赔偿与遭受致命伤害或非致命伤害的受害人有密切关系的人。"第 8:101 条(受害人与有过错的行为或活动)规定:"(1)考虑受害人的与有过错以及其他可以影响确定和降低受害人责任(如于受害人是侵权行为者时)的相关因素,侵权人的责任可被排除或减少。(2)所主张的损害赔偿涉及受害人的死亡,他的行为或者活动可基于本条第 1 款的规定构成对侵权责任的排除或减少。"

② P. Remy – Corlay, De la réparation, In. Pour une réforme de la responsabilité civile, Dalloz, 2011, p. 191 – 222.

四、观察与启示

在间接损害救济方面,法国法的传统确实显得非常宽泛:法国法官仅在损失不确定的情况下或者因果关系难以建立的情况下拒绝对间接损害给予救济。实质原因是其责任体系的结构:具有一般责任条款,却没有相应的限制政策与工具。而《泰雷责任法草案》所提出的限制方案,将使得法国法在此方面转为苛严,具有可预见性、可操作性。

比较而言,这一领域中国法在如下两个方面可以借鉴法国责任法改革中的经验:第一,中国规则的适用范围非常有限(限于直接受害人"死亡"或"脱离监护",间接受害人系其近亲属的情况①),似乎过于苛严,可以予以扩充;第二,在中国规则下,直接损害对间接损害的救济的影响(如责任限制条款,直接受害人的过错等),有待进一步明确。

---

① 《侵权责任法》第18条规定:"被侵权人死亡的,其近亲属有权请求侵权人承担侵权责任";"被侵权人死亡的,支付被侵权人医疗费、丧葬费等合理费用的人有权请求侵权人赔偿费用,但侵权人已支付该费用的除外"。

自2001年3月10日起施行的《最高人民法院关于确定民事侵权精神损害赔偿责任若干问题的解释》(法释[2001]7号)第2条:"非法使被监护人脱离监护,导致亲子关系或者近亲属间的亲属关系遭受严重损害,监护人向人民法院起诉请求赔偿精神损害的,人民法院应当依法予以受理"。第3条规定:"自然人死亡后,其近亲属因下列侵权行为遭受精神痛苦,向人民法院起诉请求赔偿精神损害的,人民法院应当依法予以受理:(一)以侮辱、诽谤、贬损、丑化或者违反社会公共利益、社会公德的其他方式,侵害死者姓名、肖像、名誉、荣誉;(二)非法披露、利用死者隐私,或者以违反社会公共利益、社会公德的其他方式侵害死者隐私;(三)非法利用、损害遗体、遗骨,或者以违反社会公共利益、社会公德的其他方式侵害遗体、遗骨。"

第十章

精神损害救济的体系化与扩张趋势

不同于其他几部改革方案,《泰雷责任法草案》在此领域形成了体系化的方案,体现了一种扩张趋势,具有比较法上的重要意义。

根据法国学者的整理,精神损害(dommage moral)有几种情况:因人身损害(dommage corporel)而给受害人带来的精神痛苦;因对人格权侵害而给受害人造成的精神痛苦(即所谓的狭义精神损害或者纯粹精神损害,这里的人格权排除了人的身体、生命方面的权利,主要指非身体方面的权利);间接受害人所遭受的精神痛苦;因财产损害而给受害人造成的精神痛苦。这些精神损害的唯一共同点是非财产性,因此需要由法官依据常理进行评估,而所谓的常理也紧随法官所处的时代与社会。[1]

《泰雷责任法草案》起草者希望该草案能较为全面地涵盖这几种精神损害的规则,因此,一方面,主要针对狭义的精神损害设立的特殊规则(第68条[2]、第69条[3])并专设一目"关于伤害精神完整性所致损失的补救的特别规定";另一方面,在财产损害的特殊规则部分,就相应的精神损害类型设计了独立的条文(第67

---

[1] P. Remy - Corlay, De la réparation, In. Pour une réforme de la responsabilité civile, Dalloz, 2011, p. 220.

[2] 第68条:"任何人可就其精神完整性受到伤害所产生的损失获得补救,尤其是在其尊严、荣誉、名誉或者私人生活受到伤害的情况下。于必要之情形,法人作为严重过错的受害人时,法人亦可享有此项权利。"

[3] 第69条:"除非另有特别规定,补救的形式与数额仅具有象征意义。""若损害系因故意过错所致,法官可责令行为人采取惩戒性补救措施(réparation exemplaire),对此,判决应就裁判之理由给予特别说明。"

条①)。非常遗憾的是,这些具有体系性的归纳没有出现在《司法部责任法草案(2016)》中。

可以说,《泰雷责任法草案》对精神损害救济规则的体系化是对法国长期司法实践经验和理论的提纯,因此其中所展现的扩张趋势虽显得有些"激进",但并非"空中楼阁",值得给予持续的关注。

一、纯粹精神损害可否获得救济

《泰雷责任法草案》第 68 条、第 69 条所规范的主要是狭义的、纯粹的精神损害:基于对非身体方面的人格权的侵害(如尊严、名誉、荣誉、私人生活、姓名等)而发生的。② 其起草者认为,③即使不是来自于对财产或人身的侵害,对单纯精神的侵害也应获得特殊的救济保护(《法国民法典》第 9 条),这是《人权宣言》第 2 条所包含的、具有宪法意义的事业。因此,仅是对私人生活的侵害也可以导致损害赔偿(1996 年 11 月 5 日最高法院民事一庭判决)。"不能因为难以找寻客观、物质化的损失构成以及进而在提供救济方面的困难而放弃对这种损失提供救济、对有害行为进行惩罚"。④ 对此,法国最高法院表示了认可。⑤

如果说就精神损害单独设立救济规则能得到各方的理解,那么承认法人也可享有精神损害救济权利则会引起较多的质疑。

二、法人可否主张精神损害救济

《泰雷责任法草案》规定,法人也可获得一定程度的精神损害的救济权利(第 68 条)。其起草者认为,诽谤这类行为在社会生活的各个领域都可能存在。在商业领域,即表现为不正当竞争,其所产生的后果可能非常严重。他们引用社会学

---

① 第 67 条:"因失去财产而产生的情感损失,仅在损害系故意所致且对受害人造成严重不安的情况下,可获得补救。"

② Ph. Malaurie, L. Aynès, Ph. Stoffel – Munck, Les obligations, 5ᵉ éd., Defrénois, p. 139.

③ P. Remy – Corlay, De la réparation, In. Pour une réforme de la responsabilité civile, Dalloz, 2011, p. 221 – 222.

④ F. Terré, Le préjudice moral, in. Pour une réforme de la responsabilité civile, Dalloz, 2011, p. 223 – 224.

⑤ 《法国最高法院关于泰雷民事责任法草案的评估报告》,第 84 页。

领域的托马斯定理(一个人对情境的主观解释或界定会直接影响他的行为)指出，这类诽谤行为在经济生活领域产生的影响将可能引发灾难性的后果，因此，应当承认法人的精神损害赔偿。① 此外，有法国学者指出，如果从字面或概念的角度看，法人也有人格，似可因人格权受侵害而获得与自然人类似的精神损害之救济。②

对此，质疑主要来自两个方面。首先，从比较法的角度看，很难找到与该方向一致的立法样本。例如《共同参考框架草案》第 VI - 2:203 条仅承认对自然人造成的精神侵害可以获得救济。③《泰雷责任法草案》起草者也承认这个情况，"看上去外国法没有承认法人可以享有此种权利的趋势"，但是他们从欧洲人权法院的一些行动中获得了灵感和支撑，例如该法院支持某协会依据"欧洲保障人权和基本自由公约"第 9 条(有关思想、信仰与宗教自由的规定)主张对通信秘密予以保护的请求。④

第二，有学者指出，将精神损害与经济损失区分开来是一件困难的事情。⑤《泰雷责任法草案》起草者也认识到这一点，于是规定法人获得精神损害救济在构成上不同于自然人：要求行为人存在严重过错以限制其适用范围(第 68 条)。

值得注意的是，法国最高法院对《泰雷责任法草案》的第 68 条给出了肯定的意见，并且指出，纯粹的精神损害赔偿并不必然不可评估，在受害人是法人的情况下，其损害的兑换可以通过多种方式予以实现，例如公司因名声受损可以反映在股票市价的减少上。⑥ 在欧洲人权法院的带动下，法国最高法院在此方面也表现

---

① F. Terré, Le préjudice moral, in. Pour une réforme de la responsabilité civile, Dalloz, 2011, p. 223 - 224.

② Ph. Stoffel - Munck, Le préjudice moral des personnes morales, in Mélanges en l'honneur de Philippe Le Tourneau, Dalloz, 2008, p. 959.

③ 克里斯蒂安·冯·巴尔、埃里克·克莱夫主编，王文胜、李昊等译：《欧洲私法的原则、定义与示范规则：欧洲示范民法典草案(全译本)(第五、六、七卷)》，法律出版社 2014 年版，第 321 - 322 页。

④ CEDH 2008 juin 2007, Assoc. Pour l'intégration européenne et les droits de l'homme, n° 62540/00. P. Remy - Corlay, De la réparation, In. Pour une réforme de la responsabilité civile, Dalloz, 2011, p. 221 - 222.

⑤ F. Terré, Le préjudice moral, in. Pour une réforme de la responsabilité civile, Dalloz, 2011, p. 223 - 224.

⑥ 《法国最高法院关于泰雷民事责任法草案的评估报告》，第 84 页。

得颇为积极。①

当然,精神损害仍然主要是针对情感所造成的痛苦,是针对自然人而存在的。

三、侵害财产所致的精神损害可否获得救济

从结构以及内容上看,《泰雷责任法草案》与《卡特拉草案》在有关财产损害的特殊救济规则方面的规定非常类似,主要区别在于前者规制了侵害财产所致的精神损害问题,即第67条。

这一条文可以带来两个方面的变化。首先,在法国的司法实务中,精神损害可以获得救济的主要依据是《法国民法典》原第1382条、现第1240条。而该条文将改变这一法律适用的传统。这还是次要的方面。

第二,该条意味着任何类型的财产损害均可能带来精神损害赔偿。这是主要的方面。在法国的司法实践中,此类赔偿主要是针对宠物的案件。按照学者的观察,法国判例自上个世纪六十年代开始针对伤害宠物的案件支持给予精神损害赔偿,而对其他涉及财产的案件则不支持精神损害赔偿。②为了防止范围过宽,该条对救济因财产毁坏所致的情感损失设置了两个特别要件:一个是侵权人在主观上须是故意的,二是客观上对受害人带来了严重的困扰。就此,起草者指出,这里的精神损害赔偿既有救济性质也有民事惩罚性质,虽然没有在这里规定惩罚性赔偿制度,但最终的裁判是交由法官依据受害人所受困扰的严重程度对其认为重要的利益确定赔偿数额给予相应的保护。③

对此,法国最高法院更倾向于取消该条规定,其主要理由是,该条规定"承认的是对与财产损失相关联的精神损失提供救济,而实际上人们也可以将其视为一种加重了的财产损失,只是略带精神损失的味道而已",它发挥作用仅依存于法官给予的赔偿份额。不过最高法院也为该条留有一定的余地:如果该条应当得以保

---

① V. Wester – Ouisse, Le préjudice moral des personnes morales, JCP G 2003, I, 145.

② 例如法国最高法院民事一庭在1962年1月16日判决赛马的主人因赛马的死亡所遭受的痛苦可以获得赔偿。Ph. Malaurie, L. Aynès, Ph. Stoffel – Munck, Les obligations, 5ᵉ éd., Defrénois, p. 140; M. Fabre – Magnan, Droit des obligations, 2, Responsabilité civile et quasi – contrats, PUF, p. 131.

③ Remy – Corlay, De la réparation, In. Pour une réforme de la responsabilité civile, Dalloz, 2011, p. 191 – 222.

留,其有关严格限制的部分应当得到肯定。①

《泰雷责任法草案》第67条显然和法国传统的学术风格有所冲突,也与该草案试图限制法官过宽的自由裁量权的初衷有所偏离。

四、精神损害的救济方式

精神损害的救济可采实际补救的方式,例如刊登恢复名誉的公告等。但主要问题在于可否采取损害赔偿(金钱救济)的方式,以及如何评估这种损失的赔偿数额。对于前一个问题,法国民事判例在1833年、行政法院在1961年就给出了肯定的答复,其主要理由是,金钱补救可以在一定程度上提供一些替代的救济,同时也可以防止那些造成他人精神损害的人逃避制裁。②

第二个问题则有些棘手。虽然有时可在某些案件中找到一些客观的财产性质的映射(例如客户数量的流失等),但是这毕竟不是常态。在此,适用完整补救原则似乎不太可能,赋予法官以宽松的自由裁量权是不得不与之配套的措施。但同时《泰雷责任法草案》的起草者建议从两个方面加以限制:一方面,在通常情况下,法官仅能判决一个具有"象征意义"的补救数额(第69条第1款);另一方面,在存在"故意"过错情况下,允许判决数额较高的惩罚性赔偿(第69条第2款)。起草者认为,这有助于避免法官在根本没有客观因素参考的情形下作出虚假的评估;同时保留了恫吓与威慑的可能,允许法官对那些他认为重要的利益给予更好的保护。③

这些限制被法国最高法院批评为是对完整补救原则的抛弃,其工作组提出了反对意见并指出:首先,第69条所谓的"象征性补救"也是一种完全救济方式。第二,事实审法官的评估权力实际上有助于法官采取其他方式就精神损失提供完全救济,而"不必借助惩罚性赔偿——这个法国法律传统所不熟悉的"制度;第69条

---

① 《法国最高法院关于泰雷民事责任法草案的评估报告》,第84页。

② R. Cabrillac, Droit des obligations, 9ᵉ éd. , 2010, Dalloz, p. 244.

③ F. Terré, Le préjudice moral, in. Pour une réforme de la responsabilité civile, Dalloz, 2011, p. 223 – 224 ; Remy – Corlay, De la réparation, In. Pour une réforme de la responsabilité civile, Dalloz, 2011, p. 221 – 222.

所使用的"惩戒性补救"也不能减少判决的不可预见性。①

五、观察与启示

就精神损害赔偿,法国法的确有一种扩张的趋势:就案件范围,从自然人扩张到法人,从人身损害案件以及单纯的精神损害案件扩展到侵害财产所致的精神损害案件;就救济方式,金钱赔偿获得了肯定与正面评价。

比较而言,中国《侵权责任法》第22条的规定("侵害他人人身权益,造成他人严重精神损害的,被侵权人可以请求精神损害赔偿"),不仅较法国法的趋势保守,也较中国司法解释所确定的范围(侵害人格权、侵害监护关系、自然人死亡或自然人死亡后其人格或者遗体遭受侵害情况下的近亲属受到的精神损害、甚至毁损具有人格象征意义的特定纪念物品等)狭窄。

---

① 《法国最高法院关于泰雷民事责任法草案的评估报告》,第84页。

附　录

附录一　2005 年《卡特拉草案》之"民事责任"目次与条文

目次

第三副编　民事责任

第一章　一般规定

第二章　责任要件

第一节　合同责任与非合同责任的共同规定

第 1 目　可补救的损失

第 2 目　因果关系

第 3 目　免责事由(原因)

第二节　非合同责任的专有规定

第 1 目　本人行为

第 2 目　物的行为(fait)

第 3 目　他人行为

第 4 目　对相邻关系的侵扰

第 5 目　危险活动

第三节　合同责任的特有规定

第三副编 民事责任

第一章 一般规定

第1340条 行为人应当补救可归咎于他的、所有非法的或者不正常的(事实)行为(fait)给他人带来的损害。

同样地,债务人应当对所有因其合同债务不履行而给债权人带来的损害负责。

第1340-1条 在欠缺识别能力的情况之下给他人造成损害的,仍负有补救的义务。

第1341条 合同债务不履行的,债务人和债权人均不可以为了选择非合同责任而逃避适用有关合同责任的特别规定。

但是,如果该不履行导致了身体损害,合同相对人为了获得对该损害的补救,可以选择对其更为有利的规则。

第 1342 条　如果合同债务不履行系第三人遭受损害的直接原因,他可以第 1362 条到第 1366 条的规定为基础向债务人主张对损害的补救。有关债权人就其本人所受损害获得补救的限制和条件于此适用。

该第三人同样可以非合同责任为基础获得补救,但他应当证明(存在某个)第 1352 条到 1362 条所规定的致害行为。

第二章　责任要件

第一节　合同责任与非合同责任的共同规定

第 1 目　可补救的损失

第 1343 条　可补救的是所有确定的损失,由对财产的或者非财产的、个人或者集体的合法利益的侵害(la lésion)构成。

第 1344 条　预防损害的紧迫发生或者避免其加重以及减少其结果而支出的合理费用,构成一项可补救的损失。

第 1345 条　如果未来损失是现存事物状态直接和确定的延续,则它是可补救的。

如果损失的确定性取决于某个未来且不确定的事件,那么法官可以立即判决责任人对判决的执行以该事件的发生为条件。

第 1346 条　机会的丧失构成一项可补救的损失,但区别于该机会实现本可带来的好处。

第 2 目　因果关系

第 1347 条　责任以归咎于被告的行为(fait)和损害之间具有因果关系得以证明为条件。

第 1348 条　如果一项损害是由某个团体(un groupe)中的不确定成员所造成的,所有身份得以确定的成员承当连带责任,但能够证明自己不可能成为致害人的除外。

第 3 目　免责事由(原因)

第 1349 条　损害是基于具有不可抗力特性的外部原因造成的,没有责任。

外部原因可以是意外事件、受害人的行为或者被告不必负责的第三人的行为。

不可抗力是指,不能预见的或者尽合理方式不能避免其效果的,不能抵抗的事件。

第1350条 故意追求损害的受害人将被剥夺全部补救。

第1351条 受害人的过错只有促成了损害的发生,才能引起部分免除责任。对身体完整性造成侵害的,只有严重过错才能带来部分免责。

第1351-1条 前两条有关免责的规定不适用于缺乏识别能力之人。

第二节 非合同责任的专有规定

第1目 本人行为

第1352条 行为人应补救其任何过错所造成的损害。

对于法律或法规所强制要求的行为规则的违反,或者对于谨慎或勤勉的一般义务的违反,构成过错。

处于《刑法典》第122-4条到第122-7条所规定的状态的行为人没有过错。

第1353条 法人过错不仅限于代表人所为之过错,也包括其职能或者组织的缺陷所生之过错。

第2目 物的行为(fait)

第1354条 任何人对其看管之物的行为造成的损害当然地负有责任。

第1354-1条 物在运动中与损害之处发生接触,即可证实(存在)物的行为。

其他情况下,受害人应当通过证实(存在)物的瑕疵(la vice),或者物的位置(position)或状态(état)具有不正常性,从而证明物的行为。

第1354-2条 看管人是指在致害事实(发生)时对物进行管控(maîtriser)的人。所有权人被推定为看管人。

第1354-3条 物的瑕疵以及看管人的身体问题,均不得成为免责理由。

第1354-4条 动物造成损害的,适用第1354条到第1354-3条。

第3目 他人行为

第1355条 任何人规制他人生活方式,或者,为本人利益而组织、管理或者控制他人行为的,对受安排、组织、管理或者控制下的人所造成的侵害当然负有责任。

此项责任发生在第1356条到第1360条所规定的情况及条件下。它要求证明(存在)一个使直接行为人应对损害承担责任的行为。

第1356条 对未成年子女所造成的损害负有责任的是:

– 行使亲权的父亲和母亲;

– 前者死亡情况下的监护人;

– 基于司法或行政裁决或者合同约定,负有规制未成年人生活方式的自然人或者法人。此项责任可以和父母或者监护人责任共存(se cumuler)。

第1357条 其状态或者境况需要特别监督的成年人所造成的损害,由基于司法或行政裁决或者合同约定负有规制其生活方式的自然人或者法人承担责任。

第1358条 其他的人,若基于职业承担监督他人任务的,对造成损害的直接行为人的行为负责,除非能证明其(监督者)没有过错。

第1359条 委派人(commettant)对其被指派人(préposé)造成的损害承担责任。有权力给被指派人下达与完成职务相关的命令或者指令的人为委派人。

如能证明被指派人所为非其被使用之职务、具有与其职责无关的目的且未经其授权,委派人则不承担责任。如能证明受害人本可合理地不认为被指派人系为委派人行事的,委派人也不承担责任。

第1359–1条 被委派人如果没有故意之过错,且没有违背委派人的命令,并在其职务范围内,依照与其职责相符之目的行事,则不对受害人承担责任,但在受害人证明不能从委派人以及其保险人那里获得赔偿的情况下除外。

第1360条 在没有委派关系(lien de préposition)的情况下,领导或者组织他人职业行为,且从中获得经济利益的人,对该行为所造成的侵害承担责任。比如,治疗机构对于其使用的医生所造成的侵害。请求者应当证明致害行为产生于职业行为。

同样地,为自己的利益,控制处于依赖境况的职业者的财产或者经济行为的,对该行为所造成的侵害承担责任。受害人应当证明致害行为与实施控制之间的关系。

第4目　对相邻关系的侵扰

第1361条　因地产导致对相邻关系的侵扰,且该侵扰超过正常情况下的不便利,地产的所有人、持有人或者经营者当然地承担责任。

第5目　危险活动

第1362条　如无其他特别规定,从事非正常危险行为的,即使合法,也应当对其行为带来的损害承担赔偿责任。

可以同时给相当数量的人带来严重损害风险的行为被认为是非正常危险行为。(该行为的)从事者(exploitant)只有,按照第1349条到第1351-1条确立的条件,证明受害人有过错,才能免除责任。

第三节　合同责任的特有规定

第1363条　在债务不履行的情况下,有效订立的合同之债的债权人可以本节之规定为基础请求债务人补救其所受到的损失。

第1364条　如果债务人负有义务提供符合第1149条规定的一项结果,没有达到该结果即构成(债务)不履行,除非债务人提出第1394条规定的外在原因(表明其不履行)具有正当性。

在其他情况下,没有尽到必要的勤勉的债务人对损失进行补救。

第1365条　对迟延(履行)所致损失的补救(提出主张的),以对债务人的预先催告为前提。对于其他损失的补救(提出主张的),只有当催告构成(债务)不履行的必要要件时,才以催告为前提。

第1366条　除非债务人有欺诈或者严重过错,债务人只需补救于合同订立之时可合理预见的、因不履行造成的结果。

第三章　责任效力

第一节　原则规定

第1367条　补救债权产生于损害发生之日,或者,对于未来的损害而言,补救债权产生于损害得以确定之日。

第 1368 条　依据法官之选择,补救可以采取实际补救的方式或者赔偿损害赔偿金的方式,这两种方式可以并用以实现对损害的完整补救。

第 1 目　实际补救

第 1369 条　如果法官判决一项实际补救之措施,那么该措施应当特别适合于损害的消除、减少或者补偿。

第 1369 - 1 条　当损害有加重、重现或永续之虞,基于受害人之请求,法官可决定任何适宜之措施以求避免此类结果,包括于必要时停止致害行为。

同样地,法官可允许受害人自行采取上述措施,所生费用由责任人负担。该责任人可被裁判先行支付必要的金额。

第 2 目　损害赔偿(金)

第 1370 条　除有相反之规定或约定,损害赔偿金的给予应旨在尽可能使受害人重新处于致害行为未曾发生的情况下其所处的状态。既不使其有所损失,也不使其有所获益。

第 1371 条　明显有蓄意之过错的,尤其是有利可图之过错的,除补偿性损害赔偿金(dommages et intérêts compensatoires)外,还可被责令支付惩罚性损害赔偿金,且就其中之一部分法官有权要求上缴国库。法官的裁判应就此类损害赔偿金之判决理由给予特别的说明,且应当将其数额与给予被害人的其他损害赔偿金相区别。惩罚性损害赔偿金不能成为保险标的。

第 1372 条　法官对损害赔偿的估算应以其作出裁判之日为准,并应当考虑到能对(损害的)持续性和价值产生影响的所有情况,还应当考虑到可合理预见到的后续发展。

第 1373 条　受害人本可通过安全、合理且相称的措施减少其受损害的范围或者避免该损害加重,而未采取该种措施的,其可获得的赔偿将被酌减,除非这些措施具有损害其人身完整的性质。

第 1374 条　法官应当就其所考虑的每项被主张的损失分别评估。如果法官拒绝一项损失的请求,应当在其裁判中说明缘由。

第1375条　如果受害人证实一项损失没有成为其请求的一部分或者其所受损害加重,他可以获得一项补充的补救,必要时提起新的诉讼。

第1376条　由法官决定支付赔偿金的方式是本金或者定期金,但遇到第1379-3条规定的情况除外。

第1377条　除于特定场合法官指定损害赔偿金用于某种特定补救之方式,受害人可按其意愿自由支配获得的金额。

第3目　多数责任人的特殊情况

第1378条　同一损害的所有责任人连带承担补救(责任)。

如果所有共同行为人基于已经被证明的过错而承担责任,他们依据各自过错的严重程度按比例分担。

如果没有共同行为人处于前述情形,他们平均分担。

否则,依据过错的严重程度,只由被证明有过错的共同行为人承担,该过错的证明或曾由被害人完成,或单纯发生在追偿的情况下。

第1378-1条　在下述情况下,向受害人的近亲属追索分担的主张不予受理:该近亲属没有被保险,并且,由于被害人和被告人维系共同生活,该追索将直接或者间接地剥夺受害人所有的补偿权利。

同样地,完成赔偿义务的债务人对受害人的直接继承人或者受害人的保险人的追索不予受理。

第二节　对某些种类损害的补救的特别规则

第1目　对伤害人身完整性所致损失的补救的特殊规则

第1379条　在伤害人身完整性的情况下,受害人有权主张补救其所受的经济和职业上的损失,如已支出的花费以及未来所需的费用、收入的损失以及未能获得的收益;他也有权主张补救其所受非经济的和人身上的损失,如忍受的痛苦,在机能、外貌、人格魅力、性和安居等方面的损失。

其他间接受害人有权主张补救他们所受的涵盖收入丧失和各种费用的经济损失,以及情感和陪同方面的人身损失。

法官应当在其裁判文书中区分每一项被裁判赔偿的经济或者人身损失。

第 1379 - 1 条　机能损失的范围依照政府指令确立的伤残等级表确定。

第 1379 - 2 条　对人身损害的评估不应当考虑受害人所具有的但在致害行为发生之时没有产生损失结果的易致病性因素(prédisposition)。

第 1379 - 3 条　对未获得的职业收益的赔偿金、对失去物质支援的赔偿金或者对第三方辅助的赔偿金,应当采用指数定期金的形式,否则裁判文书应特别写明理由。法官有自由选择指数的自由。

只要明确地指明修改的条件与周期,法官可以规定于损害减轻或者加重的情况下定期金应予以修改。

第 1379 - 4 条　如果第三方清偿人已经向因人身完整性被伤害而受到损失的受害人支付下列有限列举的给付,那么该第三方清偿人,通过抵充受害人权利的方式,有权代位追索负有补救责任之人或其保险人。

第 1379 - 5 条　就与致害行为有直接关联的下列给付,可产生追索权:

1. 运作强制社会保险制度的组织、机构或者服务部门,以及乡村法典第 1106 - 9 条、第 1234 - 8 条和第 1234 - 20 条所提及的组织、机构或者服务部门,拨付的给付;

2. 关于国家以及其他公共机构的民事补救诉讼的 1959 年 1 月 7 日第 59 - 76 号法令第 1 条第 II 项所列举的给付;

3. 清偿医疗费用以及再教育费用而支付金额;

4. 在因致害事件所导致的持续不能劳动的期间内,雇主持续支付的工资和工资性福利;

5. 保险法典规制下的保险公司、社会保障法典或乡村法典规制下的公积金(prévoyance)机构、或者互助保险法典规制下的互助团体所支付的病人日赔偿金以及残疾人给付金。

第 1379 - 6 条　如果在合同中有约定,已向受害人垫付事故赔偿金的保险人,可向负有补救义务的人代位追偿,但应在第 1379 - 4 条规定的第三人支付后可处理的余额内行使。且应在法律给予第三方清偿人主张其债权的期限内行使。

依据保险合同承保人身伤害所生损失的保险人,就合同所约定的保险金的支付,可向负有责任的第三人代位行使合同相对人或者其(合同相对人)权利承受人的权利。只要在计算和分配的方式上保险金的数额参考和依赖损失,即使其计算依据事先预设的要素,保险金也被推定为具有赔偿性质。

第 1379 - 7 条　第三方清偿人的代位追偿应分别就每项损失行使,且在其已支付的、应由责任人负担补救的损失的赔偿金的范围之内。如果法官只(裁判)修补某项机会的丧失,此类追偿应按相同之条件行使。

第 1379 - 8 条　除第 1379 - 5 条所提及的给付外,任何依据法定、约定或者章程之义务为受害人所为之支付均不产生对负有补救责任之人或其保险人提起诉讼的权利。

所有与第 1379 条到 1379 - 8 条规范相反的规定视为没有写就,但该规定对受害人更为有利的除外。

第 2 目　对伤害财产所造成损失的补救的特殊规则

第 1380 条　在一项财产被损坏或损毁的情况下,受害人有权主张可使其恢复该财产之原状或替换该财产的赔偿金,该权利不因(财产的)破旧程度而有所减损。补救所可能带来的价值增加不予考虑。

但是如果补救的成本高于替换的成本,受害人只能主张后者。

第 1380 - 1 条　如果财产既不能被补救也不能被替换,受害人有权主张处于受损之前状态下的该财产于裁判之日的评估价值。责任人可以要求将实际状态下的该财产转归其名下。即使本用于出售之财产不再适宜被出售的,也适用此规则。

第 1380 - 2 条　即使经过补救,财产也部分地失去其价值的,受害人有权就其贬值部分主张赔偿金。

受害人有权就其丧失(对财产的)收益的持续损害主张赔偿,在必要情况下,对经营损失主张赔偿。

第 3 目　金钱迟延清偿所生损失补救的特殊规则

第 1381 条　对金钱的迟延清偿所生损失的赔偿为支付法定利率的利息。

此些损害赔偿金是必须的,债权人不须证明任何损失(的存在)。其仅自催告之日起发生,除非法律规定其当然发生。

就迟延债务人对债权人造成的额外损失,债权人可获得不同于债权延期利息的损害赔偿金。

第三节　对于损害的约定

第 1 目　排除或者限制补救的契约

第 1382 条　排除或者限制补救的契约,无论针对的是合同责任还是非合同责任,原则上都有效。

第 1382 – 1 条　任何人不得排除或者限制他对身体损害应当承担的责任。

第 1382 – 2 条　一方合同当事人不得限制或者排除因欺诈过错、重大过错或者因其不履行某一实质债务而对合同相对人造成的损害的补救(责任)。

在没有实际的、可靠的和明定的对价的情况下,职业从业者(professionnel)不得排除或者限制其对非专业者或者消费者所造成的合同损害的补救义务。

第 1382 – 3 条　在合同领域,排除或者限制补救(责任)条款所对抗的一方当事人应当在合同订立之前知道该条款。

第 1382 – 4 条　在非合同领域,任何人不得排除或者限制对因其过错而造成的损害的补救(责任)。

在其他情况下,(排除或者限制补救的)契约具有效力须主张者证明受害人曾明确地接受该契约。

第 2 目　违约金条款与定量补救契约(Convention de préparation forfaitaire)

第 1383 条　当事人已事先确定了应负的补救(责任)的,如果此约定的制裁明显过分,法官可依职权予以降低。

如果条款以强制合同债务人履行为对象,法官有同样的权力。

在部分履行的情况下,法官可依职权按照部分履行已给债权人带来的利益之比例,减少约定的制裁,且不影响前款规定的适用。

任何相反的约定视为未曾写就。

第四节　责任诉讼时效

第 1384 条　民事责任诉讼时效为 10 年,自损害或其加重显现之日起算,人身损害不考虑其后果固化的日期。

第四章　关于赔偿或责任的主要特殊制度

第一节　对交通事故受害人的赔偿

第1385 条

在陆上机动车辆,及其挂车或者半挂车所牵涉(impliquer)的交通事故中,涉事(implique)车辆的驾驶员或者看管人,就可归咎于该事故的损害向受害人赔偿,即使在受害人依据合同搭乘的情况下,亦然。

基于通行(déplacement)以外的功能而使用不在通行状态中的机动车辆所造成的事故不属于交通事故。

在复杂事故中,在交通事故发生时,无论以何种原因介入,每一车辆均属于涉事车辆。

即使仅有一辆涉事车辆,任何受害人均得向任一赔偿债务人主张补救,包括看管人向驾驶员或者驾驶员向看管人(主张)。

第1385 – 1 条

不得以意外事件或者第三人的行为对抗受害人,即使它们具有不可抗力的特性。

第1385 – 2 条

受害人基于人身伤害所造成的损失应得到赔偿,不得以其过错对抗之,除非其过错是不可原谅的且是事故发生的排他原因。

但在前款所言之情形下,受害人故意追求其所受之损害的,对其人身伤害造成的损失不由交通事故的肇事者赔偿。

第1385 – 3 条

对于因财产侵害所造成的损失的赔偿,(可因)受害人的过错(而受到)限制或者排除;对赔偿的排除应当参考过错的严重性单独予以证明(motiver)。

基于医嘱而使用的用品与设备导致的赔偿案件,适用有关人身伤害补救的规定。

如果陆上机动车辆的驾驶员不是该车辆的所有权人,该驾驶员的过错可被用来对抗所有权人就其机动车损害(提出的)赔偿主张。所有权人有权向驾驶员追偿。

第 1385 - 4 条

对于因财产侵害所造成的损失的赔偿,(可因)受害人的过错(而受到)限制或者排除;对赔偿的排除应当参考过错的严重性单独予以证明(motiver)。

间接受害人的过错可以按照第 1385 - 2 条和第 1385 - 3 条的规定来对抗他本人。

第 1385 - 5 条

赔偿债务人是多人时,对受害人承担连带责任。

依照一般规定,对交通事故负有责任的第三人同样承担连带责任。

在交通事故中,涉事陆地机动车辆的驾驶员或者看管人有权向其他涉事车辆的驾驶员或者看管人或者向依照一般规定对事故负有责任的第三人代位追偿。同样地,依照一般规定对交通事故承担责任之人,有权向涉事车辆的驾驶员或者看管人代位追偿。

对赔偿债务的分担适用第 1378 条和第 1378 - 1 条的规定。

第二节 缺陷产品责任

(民法典中的第 1386 - 1 条到第 1386 - 18 条编号改为本草案的第 1386 条到第 1386 - 17 条,原条文中的"本编"改成"本节"。)

附录二 2010 年《贝塔耶草案》全文

民事责任改革法建议案

（议员贝塔耶 2010 年 7 月 9 日）

第 1 条

废除《（法国）民法典》第 1146 条至第 1152 条以及第 1153 – 1 条。

第 2 条

I. 第三卷第四编以"契约产生之义务与责任"为题。

II. 法典第三卷第四编第二章内容如下：

第二章 责任

第一节 章首规定

第 1382 条 人的任何行为对他人造成损害的或者任何违反合同债务对他人造成损害的，其行为人均应予以补救。

第 1383 条 本编之规定并不阻却其他法律所设特殊规则的适用。

这些特殊责任规则的适用将排除本编规定的适用，法律另有规定的除外。

第二节 责任条件

第一副节 适用于合同责任与侵权责任的共同条件

第 1384 条 可补救的是确定的损失，由对财产的或者非财产的合法利益的侵害(la lésion)构成。

如果未来损失是现存事物状态直接和确定的延续，则它是可补救的。

机会的丧失构成一项可补救的损失，但区别于该机会如若实现本可带来的好处。

第 1385 条 预防损害的紧迫发生或者避免其加重以及减少其结果而支出的合理费用，构成一项可补救的损失。

第 1386 条　作为第 1384 条和第 1385 条之例外,因意外事件、受害人的行为或者第三人的行为而导致的、不可预见(imprévisible)且不能避免的(irrésistible)的损害,不是可补救的。

由受害者故意引致的损害同样不是可补救的,不具有辨识能力的受害者不在此限。

第 1386 - 1 条　除非受害者的过错促成了损害的发生,否则不得部分免除行为人的责任。在侵害身体完整性的情况中,只有严重的过错才能适用部分免责。

第 1386 - 2 条　因经营者与消费者之间合同的未履行或者不当履行,或者从事了《商法典》第四卷或者违反《货币与金融法典》第三卷、第四卷第六编第五章第一节所禁止的行为,给多个受害者造成了类似的物质损害(dommages matériels similaires)的,法官得判决不当行为之行为人(l'auteur des manquements)对所有的同类情形承担责任。

只有经司法部长和负责经济事务的部长联署法令特别授权的消费者或者投资者保护组织才得提起宣告不当行为之行为人的基准责任之诉,否则法院将不予受理。

不当行为之行为人的基准责任(le principe de la responsabilité)一经确定,受害者得在同一诉讼中集体行使诉权,要求行为人按照法国行政法院法令所规定的条件对每位受害人所受到的物质损害予以补救。

第二副节　侵权责任的特殊条件

第一目　过错责任

第 1386 - 3 条　违反法律或者法规,或者未尽谨慎或勤勉义务的,应当对其所造成之损害进行补救。

第二目　与物有关之行为的责任

第 1386 - 4 条　任何人对其看管之物或动物的行为造成的损害当然地负有责任。

物的瑕疵以及看管人的身体问题,均不得成为免责理由。

第 1386 - 5 条　物在运动中与损害之处发生接触,即可证实(存在)物的行为。

其他情况下,受害人应当通过证实(存在)物的瑕疵(la vice),或者物的位置(position)或状态(état)具有不正常性,从而证明物的行为。

第1386-6条 看管人系在致害事实发生时对物或动物进行管控(maîtriser)的人。推定所有权人为看管人。

第三目 与他人行为有关的责任

第1386-7条 对未成年人所造成侵害当然地负有责任的是:

1. 行使亲权的父亲和母亲;

2. 前者死亡情况下的监护人;

3. 基于司法或行政裁决或者合同约定,负有规制未成年人生活方式的自然人或者法人。

此项责任可以和父母或者监护人责任共存。

第1386-8条 其状态或者境况需要特别监督的成年人所造成的侵害,由基于司法或行政裁决或者合同约定负有规制其生活方式的自然人或者法人当然地负责任。

第1386-9条 第1386-7条和第1386-9条没有规定的其他人,若基于职业对他人负有监督任务的,对造成侵害的直接行为人的行为负责,除非证明其(监督者)没有过错。

第1386-10条 委派人(commettant)对其被指派人(préposé)造成的侵害承担责任,除非委派人证明被指派人所为非其被使用之职务,未经其授权,且具有与其职责无关的目的,或者,能证明受害人不能合法地相信被指派人系为委派人行事的,也不承担责任。

第1386-11条 仅在满足如下条件的情况下,第1386-7条到第1386-10条所规定之人对其应当负责之人的行为承担责任:证明有使直接行为人对侵害负有责任的行为。

第四目 与侵扰邻居之行为有关的责任

第1386-12条 土地的所有者、占有者或者开发者对其邻居的侵扰超过正常情况下的不便利,则理应对由此侵扰而导致的后果负责。

第1386-12-1条　在土地上进行施工的承揽人,应当对施工过程中因过错或者因其雇员的行为给第三人造成的损害承担责任。承揽人应使得业主(le maître de l'ouvrage)与承包方(le maître d'oeuvre)避免因其债务不履行而被追诉。

第三副节　合同责任的特殊条件

第1386-13条　因有效成立之合同的不履行而对共同缔约人造成损害的,责任的承担受本节条文规制。

第1386-14条　债务人应当向债权人提供某一结果的,结果不达即构成不履行。

在其他情况下,只有债务人未尽必要的勤勉义务,才承担补救责任。

第1386-15条　因迟延致使合同未履行的损害补救责任之承担应以催告债务人为前提。

对于其他损失的补救责任之承担不要求前款所述催告,除非该催告是构成合同不履行所必需的。催告可能来源于债的本身。

第1386-16条　除了欺诈和严重过错以外,债务人仅对于合同成立之时双方当事人已经能够合理预见到的合同不履行将导致的损害后果进行补救。

第1386-17条　因合同不履行而受损害的共同缔约人不得逃避本节规定的适用。

但是,如果上述合同不履行造成了身体损害,债权人或者债务人均有权在本章第二节所规定的条件下获得补救。

第1386-18条　如果一项合同债务的不履行是第三人遭受损害的直接原因,则该第三人有权在本节规定的基础上要求债务人进行补救。有关债权人就其本人所受损害获得补救的限制和条件因此而约束该第三人。

在能够证明本章第二节所规定某种导致侵权责任发生的行为时,第三人也得基于侵权责任的规定请求损害赔偿。

第三节　责任的效力

第一副节　补救的方式

第 1386 – 19 条　补救债权产生于损害发生之日,或者,对于未来的损害而言,补救债权产生于损害得以确定之日。

第 1386 – 20 条　同一损害的所有责任人连带承担补救责任。

第 1386 – 21 条　向受害者无保险的亲属追索分担的诉讼,将导致受害者基于其与被告人的生活共同体所享有的损害赔偿请求权被剥夺的,不予受理。

已经履行赔偿义务的债务人向受害者的继承人或者保险人进行索赔的,同样不予受理。

第 1 目　实际补救

第 1386 – 22 条　对损害的实际补救应当具有消除、减少或者补偿损害的目的。它可与价值补救配合使用。

第 1386 – 23 条　当损害有加重、重现或永续之虞,基于受害人之请求,法官可决定任何适宜之措施以求避免此类结果,包括于必要时停止致害行为。

同样地,法官可允许受害人自行采取上述措施,所生费用由责任人负担。该责任人可被裁判先行支付必要的金额。

第 2 目　价值补救

第 1386 – 24 条　损害赔偿金的拨付应旨在使受害人尽可能重新处于致害行为未曾发生的情况下其所处的状态。既不使其有所损失,也不得使其有所获益。

依受害人之请求或者在不能采取实际补救措施的情况下,由法官宣布价值补救。

第 1386 – 25 条　在法律有明确规定的情况下,若损害产生于侵权之过错或者故意所为的合同不履行,并可导致行为人得利,且单纯的损害赔偿不足以消除该得利部分,法官在依据第 1386 – 22 条之规定判决损害赔偿金之外,还可责令致害人支付惩罚性损害赔偿金,该惩罚性损害赔偿金的数额不得超过补偿性赔偿金(dommages et intérêts compensatoires)的两倍。法官的裁判应就此类损害赔偿金之判决理由给予特别的说明。

按照法官确定的比例,惩罚性赔偿金分别支付给受害人、旨在补救与受害人所受损害相类似之损害的赔偿基金(un fonds d'indemnisation)。若无此类基金,非支付给受害人的部分上缴国库。

第1386－26条　法官对损害赔偿的估算应以其作出裁判之日为准,并应当考虑到能对(损害的)持续性和价值产生影响的所有情况,还应当考虑到可合理预见到的后续发展。

还应当考虑受害人本可通过安全、合理且相称的措施减少其所受非人身损害的范围或者避免该损害加重之可能性。

第1386－27条　除非损害低于法官估算职权标准,法官应当就其所考虑的每项被主张的损失分别评估。

第1386－28条　就人身损害案件,法官(应当)参考事项分类表(une nomen-clature)以及国家伤残等级表(un barème national d'invalidité)。上述各项通过指令形式予以制定并定期更新。

第1386－29条　损害赔偿金可以本金(un capital)或者定期金(une rente)的方式予以支付。

但如果其(金额)低于相关法令(réglementaire)所确定的数额,赔偿金优先以本金方式支付。

第1386－30条　如果赔偿金采用定期金的形式予以支付,法官可以决定,在损害加重或减轻的情况下,其支付应将遵循的指数和条件。

第1386－31条　在任何情况下,即使当事人没有要求或者判决中没有特别指出,裁定的赔偿金均按法定利率计算利息。除非法律另有特别规定,在法官没有特别指明的情况下,该利息自判决宣布之日起算。

第1386－32条　如上诉法官对责令支付损害赔偿金的判决给予了无条件的、简单的确认(confirmation pure et simple),其自一审判决起当然地产生法定利息。在其他情况下,上诉判付的赔偿金自上诉判决起产生利息。上诉法官可不依本条之规定另行裁判。

第二副节　补救的协议调整

第1386－33条　对除人身损害以外的其他损害的补救,可以通过契约予以排除或限制,本节另有规定的除外。

第1386－34条　在合同之债履行过程中,对因欺诈过错或重大过错造成的损害的补救,不得通过契约予以排除或限制。

第 1386 - 35 条　含有如下目的或效力的条款视为未曾订立:消除不良履行或不履行契约实质债务的全部有效制裁。

第 1386 - 36 条　如果契约规定,一方当事人不履行契约,包括实质债务,该当事人将支付一定的金钱之数额作为损害赔偿金的,该方支付的金额应既不高于也不低于该数额。

但是,如果约定的违约金(la peine convenue)明显过多或者微不足道,法官得依职权减少或增加之。任何相反的约定视为未曾写就。

第 1386 - 37 条　在侵权领域,任何人不能排除或者限制对因其过错而造成的损害的补救。

在其他情况下,(排除或者限制补救的)契约具有效力须主张之人证明受害人曾以明确的方式对此予以接受。

第四节　特殊责任规定

第一副节　缺陷产品行为的责任(De la responsabilité du fait des produits défectueux)

第 1386 - 38 条　生产者对因其产品缺陷(défaut)所造成的损害承担责任,无论其是否通过合同与受害人发生联系。

第 1386 - 39 条　本编规定适用于对人的侵害所造成的损害的补救。

本编规定同样适用于对缺陷产品自身之外的财产的侵害所造成的、超过法规(décret)所定数额的损害。

第 1386 - 40 条　产品系任何动产,即使动产已添附在不动产中也属于产品,出产于土地、畜牧、狩猎和捕捞的产品属于产品。电力被视为产品。

第 1386 - 41 条　本编所称的产品有缺陷是指其不能提供人们可以合理期待的安全性。

在评价可以合理期待的安全性时,应当考虑所有情形,尤其是产品的表现、可以合理期待的用途及其进入流通的时间。

仅因在其之后有更完善的产品进入流通,该产品不得被认为是具有缺陷的。

第 1386 - 42 条　产品自生产者故意转移占有(s'en est dessaisi)之时,进入流通。

产品进入流通只能发生一次。

第1386-43条　生产者系具有经营者(professionel)身份的,最终产品的制造者、原料的生产者、部分构件的制造者。

任何人以经营者的身份,从事下列行为的,也属于适用本编规定的生产者:

1°对产品添加其姓名、品牌或者其他具有特色标志的,且以生产者自称的。

2°为了出卖,为了租赁而无论是否有出卖允诺,或者为了任何形式的销售,将某一产品进口到欧洲共同体的。

依据第1792条到第1792-6条以及第1646-1条之规定可被追究责任的人不被视为本编所规范的生产者。

第1386-44条　在生产者无法被确定的情况下,销售者、出租者但不含融资租赁方或者与之相类似的租赁方、或者任何其他专业供货者,按照与生产者相同的条件,对产品的安全缺陷承担责任,除非其自受害人告知请求之日起三个月内指出其自身的供货者或生产者。

供货者向生产者追偿应遵守与缺陷直接受害人所提请求相同的规则。但其应当自司法传唤之日起一年内行使。

第1386-45条　损害系由于添附在其他产品中的某产品的缺陷造成的,该构成部件的生产者以及实现添附之人承担连带责任。

第1386-46条　请求者应当证明损害、缺陷以及缺陷与损害之间的因果关系。

第1386-47条　即使产品系按照现行规定或者工艺规范制造的或者得到行政授权的,亦可要求生产者对缺陷承担责任。

第1386-48条　生产者当然承担责任,除非能证明:

1°未将产品投入流通;

2°根据情形,生产者将产品投入流通时造成损害的缺陷并不存在或者该缺陷系后来出现;

3°产品不是用于出卖或者任何其他形式的销售之目的;

4°产品进入流通时的科学技术无法发现缺陷的存在;

5°或者缺陷系产品符合法律或法规的强制性规定所必需的。

　　构成部件的生产者如能证明缺陷归责于采用该构成部件之产品的设计或者归责于产品制造者所给出的指示,不承担责任。

　　第1386－49条　如果损害系由于某种人体成份或者由于利用人体制造的产品所造成的,生产者不能主张第1386－11条(在本草案中应指第1386－48条——译者注)第4项规定的免责原因。

　　第1386－50条　如果损害系由于产品缺陷和受害人过错或者受害人应对其负责之人的过错共同造成的,考虑全部的情形,可以减少或者免除生产者的责任。

　　第1386－51条　生产者对受害人的责任不因第三人促成了损害的发生而有所减少。

　　第1386－52条　禁止订立旨在排除或限制缺陷产品责任的条款,此类条款被视为没有订立。

　　但遭受损害的财产不是主要由受害人为了其个人消费或使用的,经营者之间订立的此类条款有效。

　　第1386－53条　除非生产者有过错的,本编所规定的生产者责任,自实际造成损害的产品进入流通时起满十年的消灭,除非在此期间内,受害人已经提起了诉讼。

　　第1386－54条　依据本部分规定提起的补救诉权的诉讼时效为三年,自请求者对损害、瑕疵以及生产者身份知道或者本应知道之日起计算。

　　第1386－55条　本节规定不影响受害人依据合同责任或者非合同责任或者其他特殊责任制度提出请求的权利。

　　生产者仍对其过错的后果以及其应当负责任之人的过错的后果承担责任。

　　第二副节　与交通事故有关的责任

　　第1386－56条　在陆上机动车辆、及其挂车或者半挂车所牵涉(impliquer)的交通事故中,涉事车辆的看管人或者驾驶员,就可归咎于该事故的损害向受害人赔偿,即使在受害人依据合同搭乘的情况下,亦然。

　　基于通行以外的功能而使用不在通行状态中的机动车辆所造成的事故不属于交通事故。

　　在复杂事故中,在交通事故发生时,无论以何种原因介入,每一车辆均属于涉事车辆。

即使仅有一辆涉事车辆,任何受害人均得向任一赔偿债务人主张补救,包括看管人向驾驶员或者驾驶员向看管人(主张)。

第 1386－57 条　不得基于意外事件或者第三人的行为对抗受害人,即使它们具有不可抗力的特点。

第 1386－58 条　受害人基于人身伤害所造成的损失应得到赔偿,不得以其过错对抗之,除非其过错是不可原谅的且是事故发生的排他原因。

受害人故意追求其所受之损害的,对其人身伤害造成的损失不由交通事故的肇事者赔偿。

第 1386－59 条　在侵害财产所造成的损失的情况下,受害人的过错具有限制或者排除赔偿的效力。

基于医嘱而使用的用品与设备导致的赔偿案件,适用有关人身伤害补救的规定。

如果陆上机动车辆的驾驶员不是该车辆的所有权人,(所有权人)就其机动车损害的赔偿主张,可因该驾驶员的过错而被对抗。所有权人有权向驾驶员追偿。

第 1386－60 条　第三人因交通事故直接受害人所受损害而受有损失的,其补救应参考对这些(直接受害人所受)损害赔偿的限制或者排除(条件)。

第 1386－61 条　(多个)负有赔偿义务的债务人向受害人承担连带责任。

依照一般规则,对交通事故负有责任的第三人同样承担连带责任。

在交通事故中,涉事陆地机动车辆的驾驶员或者看管人有权向其他涉事车辆的驾驶员或者看管人或者向依照一般规则对事故负有责任的第三人代位追偿。

同样地,依照一般规则对交通事故承担责任之人,有权向涉事车辆的驾驶员或者看管人代位追偿。

Ⅲ. － 废除本法典第三卷第四编(二)。

第 3 条

在《消费法典》第 113－3 条第一款之后拟加入如下条款:

"在没有约定真实、可靠且明确的对价的情况下,职业从业者不得免除或者限制其因不履行法定或者约定义务而应向非职业从业者或者消费者承担的损害补救责任。"

第4条

本法适用于马约特岛、新喀里多尼亚、瓦利斯群岛和富图纳群岛以及法属南半球和南极领地。

附录三　2012年《泰雷责任法草案》目次与条文

目次

侵权章

侵权章

第1条　任何对他人不法造成的损害都构成民事侵权。

任何因其过错对他人造成上述损害的行为人都有义务对损害进行补救。

若不存在过错,只有在法律明确规定的情况下且满足法律规定的条件,才承担此种债务。

第2条　除了对必然会遭受的损害进行补救外,法官还(可以)命令采取合理的措施以预防或者阻止原告所面临的不法侵扰。

第3条　除有特别规定外,对人的身体或者心理完整性造成的侵害按照本章之规定予以赔偿,即使上述侵害是在合同履行过程中发生的。

第4条　合同不履行只在泰雷合同法草案第116条及以下所规定的方式以及条件下才会引起损害赔偿。

第一节　普通民事侵权

第1目　过错

第5条　过错,无论是故意还是疏忽,都构成不法行为。任何行为只要违反了法律所要求的行为规则或者违反了谨慎与勤勉的一般义务所要求的行为规则,即为不法行为。

第6条　因不法行为对他人造成损害的,不因行为人不具有辨识能力而减轻其赔偿责任。

第7条　法人机关的错误行为、其组织或运行的缺陷,均构成法人的过错。

公司只对其所控制的公司或受其显著影响的公司承担责任,且应当满足如下条件:通过加入公司机关,或者,通过经营管理中的指令、干涉或者弃权,对损害的发生起到了主要作用。

当一个公司为了自身利益创设或者利用另一公司而损害他人利益时,同样(应当承担责任)。

第2目　损害

第8条　任何对受法律承认且保护的他人利益造成的确定侵害,均构成损害。

集体利益受到侵害,比如环境侵害,在法律规定的情形以及条件下,可获得补救。

第9条　对某一结果不确定的进程之打断不构成损害,除非存在将产生有利结果的现实且重大的机会该进程。

第3目　因果关系

第10条　任何行为如按照事物一般的固有的发展过程会产生损害,而没有该行为损害则不会发生,构成损害的原因。

造成损害的,只对其即时且直接的后果负责。

因果关系可以通过任何方式确立。

第11条　除非有相反规定,造成同一损害的每一个人均对全部损害负责。在具有共同过错的情况下,责任按照每个人相应过错严重程度不同进行分担。若对损害均无过错,则每个人应承担平等的责任。若只有其中的一部分人对损害具有过错,则由这一部分人承担最终的责任。

第12条　如果损害是由行动一致的一群人中的一员造成,则每个成员对全部损害承担责任,但能够证明损害不是由其所导致的除外。

第4目　由他人造成损害的归责(imputation)

第13条　对他人造成的损害承担责任,仅发生在法律规定的情况与条件下。在任何情况下,该责任的出现还需要有满足本章所规定的要件的民事责任。

第14条　以下人员当然地(de plein droit)对未成年人的行为承担责任:

－行使亲权的父亲和母亲;

－负责对孩子的人身进行照看的监护人;

－依据司法或行政裁决或者合同约定,负责持续安排与控制未成年人生活方式的自然人或法人。

这些责任只能择其一(alternative)。

第15条　基于司法或行政裁决负有持续安排和控制某成年人生活方式的自然人或者法人,对处于其监督之下的成年人所造成的损害,当然地承担责任。

第16条　其他的基于职业对他人负有监督任务的人,对被监督人的行为负责,除非能证明在监督上没有过错。

第17条　雇主(l'employeur)对其雇员(le salarié)在雇佣过程中的行为当然

地承担责任。在委派关系转移(transfert du lien de préposition)的情况下,该责任由因转移而受益之人承担。

雇主或者因转移而受益之人只有在证明了雇员未经授权且在其雇佣目的之外行事的才免除责任。但如果受害人证明他可以合理地认为该雇员系按照雇佣目的行事的,不得按照此规定免责。

仅在雇员有故意之过错或者未经授权而在雇佣目的之外行事的,雇员个人承担责任。

第18条 委派关系非来源于劳动合同的,被委派人(le préposé)是自然人的,委派人(le commettant)对被委派人在任务范围内所为之行为负责。委派人证明其(即该委派人)没有过错的,免责。

无酬金(non salarié)的被委派人对其过错负责。

第二节 特殊侵权的原则

第19条 (受害人)均可主张过错责任。

除非有相反规定,对同一可致害行为不得合并适用本节规定的专属于不同特殊侵权的规定。

第1目 物的行为

第20条 看管人对其所看管之有体物的行为(le fait de la chose corporelle)对他人身体或心理完整性造成侵害的,当然地负有责任。

物的行为应当由原告证明;它或者是该物自身有瑕疵,或者是其位置(position)、状态(état)或位移(comportement)具有不正常性。

看管人是指在致害事实(发生)时对物进行使用或者管控(maîtriser)的人。推定所有权人为看管人。

第2目 动物行为

第21条 动物的所有者或者饲养人,在利用动物的过程中,对由动物造成的损害承担责任,无论该动物是处于所有者或者饲养人的看管之下抑或是丢失或者逃走状态中。

第3目　建筑行为

第22条　当建筑物因缺乏维护或者工程瑕疵而倒塌时,建筑物的所有者对因倒塌而造成的损害负责。

第4目　分类设施行为

第23条　除有特殊规定外,只要确实是分类对应承担的风险所导致的损害,符合《环境法典》分类要求的设施的经营者,因其经营活动对人的身体或者心理完整性造成侵害或对财产造成侵害的,当然地应当承担责任。

经营者不得以受害者有不可原谅之过错为由或者以第三方的故意行为具有不可抗力性质为由免除自身的责任。

第5目　对相邻关系的不正常侵扰行为

第24条　土地的所有者、占有者、居住者或者经营者,对邻居造成侵扰的,应当就超越相邻关系之间正常程度的不便利的损害,承担责任。

如果造成侵扰的经营活动符合现行法的规定且在原告于其土地上定居之前就已存在并自那时起就一直以相同条件存续,则不适用前款所述责任。

当作为损害来源的建筑是依据行政授权运作时,法官无权禁止可致损活动的继续进行。但是法官可以判令对邻居进行损害赔偿或者判令施工以减少对邻居的侵扰。

第6目　与陆地机动车辆有关的行为(fait)

第25条　陆上机动车辆的看管人或者驾驶人对其车辆或者该车辆的挂车、半挂车所牵涉(impliquer)的交通事故所造成的损害,当然地承担责任。

第26条　不得基于不可抗力对抗受害人。但是,受害人故意追求其所受之损害的,受害人无权依照本条之规定主张补救。

心理或人身完整性受到伤害的,或者,损害导致基于医嘱而使用用品或者设备的,受害人有权主张补救,除非存在不可原谅的过错且该过错是事故发生的排他原因(la cause exclusive)。对不可原谅的过错评判,法官应考虑受害人的年龄、身体或心理状态。在其他情况下,受害人的过错或者受害人应负责之人的过错,促成损害发生的,部分免责。

第27条　如果陆上机动车辆的驾驶员不是该车辆的所有权人,(所有权人)就其除心理或人身完整性伤害以外的损害的赔偿主张,可因该驾驶员的过错而被对抗。所有权人有权向驾驶员追偿。

第28条　本部分所规定的责任,不得以合同方式予以减少或排除;对于依据合同而搭乘(机动车辆)的受害人,同样适用。

第7目　缺陷产品行为

第29条　生产者对因其产品缺陷(défaut)所造成的损害承担责任,无论其是否通过合同与受害人发生联系。

第30条　本目所规定的产品系任何动产,即使动产已添附在不动产中也属于产品,出产于土地、畜牧、狩猎和捕捞的产品属于产品。电力被视为产品。

第31条　本目所规范的生产者系具有经营者的身份的,最终产品的制造者、原料的生产者、部分构件的制造者。

任何人以经营者的身份从事下列行为的,也属于生产者:

1°对产品添加其姓名、品牌或者其他具有特色标志的,且以生产者自称的。

2°为了出卖,为了租赁而无论是否有出卖允诺,或者为了任何形式的销售,将某一产品进口到欧洲共同体的。

依据第1792条到第1792-6条以及第1646-1条之规定可被追究责任的人,不被视为生产者。

第32条　在生产者无法被确定的情况下,销售者、出租者但不含融资租赁方或者与之相类似的租赁方,或者任何其他专业供货者,按照与生产者相同的条件,对产品的安全缺陷承担责任,除非其自受害人告知请求之日起三个月内指出其自身的供货者或生产者。

供货者向生产者追偿,应遵守与缺陷直接受害人所提请求相同的规则。但供货者应当自司法传唤之日起一年内行使。

第33条　损害系由于添附在其他产品中的某产品的缺陷造成的,该构成部件的生产者以及实现添附之人承担连带责任。

第34条 请求者应当证明损害、缺陷以及缺陷与损害之间的因果关系。

第35条 本目所规定的损害包括对人的身体与心理完整性侵害,以及满足如下条件的、缺陷产品自身以外的财产:通常用于其个人使用或消费之目的且受害人主要为了其个人使用或消费而使用的财产。

扣除指令(décret)所确定的免除数额以后,对财产的侵害可获得补救。

第36条 本编所称的产品有缺陷是指其不能提供人们可以合理期待的安全性。

在评价可以合理期待的安全性时,应当考虑所有情形,尤其是产品的表现、可以合理期待的用途及其进入流通的时间。

仅因在其之后有更完善的产品进入流通,该产品不得被认为是具有缺陷的。

第37条 即使产品系按照现行规定或者工艺规范制造的或者得到行政授权的,亦可要求生产者对缺陷承担责任。

第38条 生产者如能证明以下任一事项则不承担责任:

1°未将产品投入流通;

2°根据情形,生产者将产品投入流通时造成损害的缺陷并不存在或者该缺陷系后来出现;

3°产品不是用于出卖或者任何其他形式的销售之目的;

4°产品进入流通时的科学技术无法发现缺陷的存在;

5°或者缺陷系产品符合法律或法规的强制性规定所必需的。

第39条 如果损害系由于某种人体构成元素或者由于利用人体制造的产品所造成的,生产者不能主张第38条第4项规定的免责原因。

第40条 本目所规定的责任不得通过合同予以减少或者排除。

第41条 依据本目规定提起的补救诉权的诉讼时效为三年,自请求者对损害、瑕疵以及生产者身份知道或者本应知道之日起计算。

本目所规定的生产者责任,自实际造成损害的产品进入流通时起满十年的消灭,除非在此期间内,受害人已经提起了诉讼。

第42条 本目规定不影响受害人依据合同可以享有的权利。本目规定也不禁止受害人主张本章的其他规定或者其他特别责任制度,只要其与本目所规定之责任具有不同的基础即可。

第 8 目　与医疗活动有关行为

第 43 条　医生,以及符合《公共卫生法典》规定的职业从业者或者机构,应当对因其过错而给患者造成的损害负责,且无论其与患者间是否存在合同关系。若不存在过错的,他们只在《公共卫生法典》规定的情形和条件下承担责任。

第三节　责任的排除或免除事由

第 44 条　除非有相反规定,只有在满足以下条款所规定的情形和条件时才能排除或者免除责任。

第 45 条　根据刑法典的规定,如果致害行为是基于法律或者法规的规定,或者是由合法机构强制要求的,或者是出于正当防卫之需要而被迫实施的,又或者是为了保护更高的利益(而实施的),则不会导致责任的产生。但是,当致害行为是出于保护被害人利益以外的其他利益时,被害人就其因此遭受的损失有主张公平补救的权利。

在受害人已经同意的情况下,对受害人可以处分的权利或者利益进行侵害的致害行为,也不会导致责任的发生。

第 46 条　意外事件、第三人行为或者受害人行为如满足不可抗力的特性,则该行为具有彻底的免责性。

不可抗力是指,被告或者被告应当对其负责之人无法通过适当的手段避免其发生或者阻止其后果的事件。

第 47 条　如果受害人的过错或者受害人应当负责之人的过错促成了损害的发生,则该过错得部分免除行为人的责任。

即使缺乏辨识能力之人的行为促成了自身所受侵害的实现,也并不因此减少其所享有的损害赔偿请求权。

第 48 条　不得通过合同限制或者排除过错责任。

除非有相反规定,可以通过合同限制或者排除无过错责任。此类责任的限制或排除不适用对身体或者心理完整性受到侵害的情形。

第四节 补救

第1目 一般规定

第49条 原则上,受害人可依据以下规范与区分就其全部损失请求补救。

补救旨在使得请求人处于如同损害没有对其发生之状态;原则上,该补救既不使其有所损失也不得使其有所获利。

第50条 法官决定补救的恰当方式。

第51条 实际补救(的使用)应当特别适合于损害的消除、减少或者补偿;在必要的补救限度内,法官可以同时判决损害赔偿金。如果实际补救(的使用)将构成对被告的基本自由的侵害或者根据案件情况将导致过分高昂的负担,则不得判决实际补救。

在相同的条件下,经法官许可,请求人可自行采取实际补救之措施,所生费用由被告承担;被告可被裁判先行支付必要的金额。

被告可以提请(使用)实际补救而非损害赔偿金。

第52条 法官对损害赔偿金的估算应以作出裁判之日为准,并应当考虑到自损害发生之日起能对损失的范围和持续性产生影响的所有情况,还应当考虑到在裁判之日可合理预见到的后续发展。若在裁判之后损害有所加重,受害人可就由此产生的损失主张补充赔偿。

法官应当就每种被主张的损失分别进行评估。

第53条 请求人本可通过安全且合理的措施限制其损害(而未采取措施的),法官可减少损害赔偿金(的数额),但对人身或心理完整性造成侵害的除外。

第54条 致害人故意犯有有利可图之过错的,法官有权将被告从中获利的数额判给(原告),而非原告所受损失的补救,对此,判决应就裁判之理由给予特别说明。超过原告本应收到的补偿性损害赔偿金的部分,不能成为责任保险的标的。

第55条 除于特定场合法官指定损害赔偿金用于某种特定补救之方式,原告可按其意愿自由支配获得的金额。

第2目 关于伤害人身或心理完整性所致损失的补救的特别规定

第56条 除非有特别规定,对心理或人身完整性的侵害,依据统一的医疗等级表(un baréme médical)进行评估。该等级表通过法规(voie réglementaire)的形式予以制定和修改。

第57条　对侵害心理或人身完整性所造成的财产损失与非财产损失,依据损失事项分类表(une nomenclature des postes de préjudice),逐项确定。该分类表通过法规的形式予以制定。

受害人本身具有易致病性因素(prédisposition),但在身体或心理完整性受到侵害之前其可导致的损害结果并不明显,该因素对损失的评估不产生影响。

第58条　法官对非财产损失的评估,依据赔偿参照表(un référentiel d'indemnisation)进行。该参照表通过法规的形式予以制定。该参照表每年依据工伤赔付定期金的重估指数进行更新。

不采用该项评估的法官,须就裁判理由予以特殊说明,且应在指令(décret)所要求的限度以内。

第59条　基于对人的完整性的伤害而产生的财产损失,如已支出的花费和未来(所需)的费用、收入的损失以及未能获得的收益,应分别予以赔偿。

对未来职业收益的赔偿,采用定期金的方式,按照法令所确立的指数(un indice)进行计算。经当事人协商一致或者经对裁判理由予以特殊说明,定期金可改用本金的方式,按照法规所确立的(转换)表格(进行转换)。

对第三方辅助(assistance d'une tierce personne)(费用)的赔偿,采用定期金的方式,按照法规所确立的指数进行计算。该定期金可依据辅助的必要性予以调整。法官确定该调整的周期与方式。

第60条　如果依据协议或者司法裁判定期金系就未来损失进行补救的,定期金权利人(crédirentier),在其本人状况显示有必要的情况下,有权要求改用本金方式全部或部分事先支付欠款;换算方式依据上一条所确立的转换表格进行。

如果定期金系对第三方辅助(费用)的赔偿,则排除前款所规定的权利。

第61条　第三方清偿人(les tiers payeurs)基于赔偿目的向受害人支付金额的,仅在法律规定的情况下,可以向责任人代位追偿(recours subrogatoire)。在其他情况下,为受害人利益而进行的支付,无论是基于法定义务,还是由契约或章程规定的义务,第三方清偿人无权向责任人主张。

第62条　导致追索的给付,依照第三方清偿人所承担的损失的控诉要点,按照法规确定的条件,逐项抵充由责任人应承担的赔偿。

如果责任人资不抵债有碍于对受害人的完整补偿,受害人就责任人对其所欠部分优先于第三方清偿人受偿。

如果基于受害人的过错或者其他原因而减少应支付给受害人的赔偿金的,第三方清偿人应付的金额优先抵充该赔偿金。

第63条　受害人的人身或心理完整性受到侵害的,其所供养或者协助供养的人,因该侵害而无法得到其供养的,有权就此请求补救。

受害人的配偶、父母、子女有权就其情感损失主张损害赔偿。损害发生时,与受害人一起居住的近亲属,亦同。

直接受害人死亡的,于必要之情形,上述权利与上述人员作为权利与义务的继承人从直接受害人处继承的权利相互兼容。

可对抗直接受害人或其权利与义务的继受人(ayant causes)的免责事由,可以对抗主张补救间接损失(un préjudice réfléchi)的请求人。

第64条　除前条所规定的情况外,排除对间接损失的补救。但在异常严重的情况下,允许对情感损失进行补救,为此判决理由予以特别说明。

第3目　关于伤害财产所致损失的补救的特别规定

第65条　有体财产(bien corporel)受到侵害的,赔偿金额为恢复原状费用与财产替换费用二者间数额较少者,且不考虑其折旧程度。

如果该财产不能被恢复原状也不能被替换的,赔偿金额为该财产若处于遭受损害之前的状况在判决之日其应当具有的价值。

若依据受害人的请求,受损害的财产未归于责任人,则赔偿金额应扣除其剩余的价值。

第66条　此外,赔偿应当包含受损财产收益权的丧失、受害人因损害所遭受到的合理支出与经营损失。

第67条　因失去财产而产生的情感损失,仅在损害系故意所致且对受害人造成严重不安的情况下,可获得补救。

第4目　关于伤害精神完整性所致损失的补救的特别规定

第68条　任何人可就其精神完整性受到伤害所产生的损失获得补救,尤其是在其尊严、荣誉、名誉或者私人生活受到伤害的情况下。于必要之情形,法人作为严重过错的受害人时,法人亦可享有此项权利。

第69条　除非另有特别规定,补救的形式与数额仅具有象征意义。

若损害系因故意过错所致,法官可责令行为人采取惩戒性补救措施(réparation exemplaire),对此,判决应就裁判之理由给予特别说明。

附录四　2016 年《司法部责任法草案》全文

民事责任改革法草案建议案

（法国司法部　2016 年 4 月 29 日）

一、删除民法典第 1231 条到第 1245 - 17 条。

二、第 1231 条修订为"有效订立的合同之债的债权人,在(债务人)债务不履行的情况下,可以依据本编第二副编的规定,向债务人主张损失的补救。"

三、民法典第 1603 条新增第二款规定:"出售人的债务可以由(所售)财产的后续继受人(les acquéreurs successifs)主张,即使该财产已经添附到另外一个财产之中,也不论继受所依据的合同性质如何,但应当受到出售人债务与继受人权利的双重限制。"

《法国民法典》第三卷第三编第二副编修订如下:

第二副编　民事责任

第一章　编首规定

第 1232 条　除了对可能遭受到的损失进行补救以外,法官还可以要求采取其他的合理措施以预防(prévenir)或者排除(faire cesser)对请求人的不法侵扰(trouble illicite)。[对单纯违反法律或者谨慎与勤勉一般义务(le devoir général de prudence ou de diligence)所要求的行为规则的行为,也可以采取此类措施。]①

第 1233 条　合同债务不履行的,债务人和债权人均不得为了选择非合同责任而逃避适用有关合同责任的专有规定。

但是,对身体损害的补救(应)以非合同责任规则为基础,即使该损害系因合同不履行所导致的,亦然。

第 1234 条　如果合同债务不履行系第三人遭受损害的直接原因,该第三人

---

① 方括号及其中的内容均为草案原文,系备选条文——译者注。

仅可以非合同责任为基础获得补救,且他应当证明(存在某个)第二章第二节所规定的致害(事实)行为(faits générateurs)。

第二章 责任条件

第一节 合同责任与非合同责任的共同规定

第一副节 可补救的损失

第1235条 可补救的是某项损害(dommage)所造成的任何确定的损失(préjudice),由对财产的或者非财产的、个人或者集体的合法利益的减损(la lésion)构成。

第1236条 如果未来损失是现存事物状态直接且确定的延续,则它是可补救的。

第1237条 请求人为预防损害的紧迫发生或者避免其加重以及减少其结果而支出的合理费用,构成一项可补救的损失。

第1238条 可能发生的有利情况确定且现实的消失,方可构成可补救的机会失去。

机会失去的损失区别于该机会实现本可带来的好处。

第二副节 因果关系

第1239条 责任以归咎于被告的事实行为(fait)和损害之间具有因果关系得以证明为条件。

因果关系可以通过各种方式予以证实。

第1240条 在某个由行动一致或动机相似且身份确定之人组成的群体中,某一不确定的成员导致了一项[身体]损害的发生,每个成员均应对全部损害负责,能够证明自己不可能成为致害人的除外。

第二节 非合同责任的专有规定

第一副节 非合同责任的致害行为

第1目 过错

第1241条 行为人应补救其任何过错所造成的损害。

第 1242 条 对法律所要求的行为规则的违反,或者对于谨慎或勤勉的一般义务的违反,构成过错。

第 2 目 物的行为(Le fait des choses)

第 1243 条 任何人对其看管之物的行为造成的损害当然地负有责任。

物在运动中与损害之处发生接触,即可推定(存在)物的行为。

其他情况下,受害人应当通过证实(存在)物的瑕疵(la vice),或者物的位置(position)、状态(état)或位移(comportement)具有不正常性,从而证明物的行为。

看管人是指在致害事实(发生)时对物进行使用、控制和引导(l'usage, le contrôle et la direction)的人。推定所有权人为看管人。

本目之规定适用于动物。

第 3 目 对相邻关系的不正常侵扰

第 1244 条 地产的所有人、承租人或者有权占有或经营地产的受益人,业主(le maître d'ouvrage)或者行使其权利之人,造成相邻关系侵扰的,应当就超越相邻关系之间正常程度的不便利的损害,承担责任。

致害活动已经行政授权的,在不与行政机关针对公众健康与安全之利益所发布的指示发生冲突的情况下,法官仍可判以损害赔偿金或者命令采取合理的措施以排除侵扰。

第二副节 他人造成损害的归责

第 1245 条 在第 1246 条到第 1249 条所规定的情况及条件下,可导致对他人造成的损害承担责任。

此责任要求证明(存在)一个使直接行为人应对损害承担责任的行为。

第 1246 条 对未成年人行为当然承担责任的是:

－行使亲权的父母;

－对未成年人人身负责的监护人;

－基于司法或行政裁决,负责持续安排和控制未成年人生活方式的自然人或者法人。在此情况下,该未成年人的父母不承担责任。

第1247条 基于司法或行政裁决负有持续安排和控制某成年人生活方式的自然人或者法人，对处于其监督之下的成年人所造成的损害，当然地承担责任。

第1248条 其他人，若作为职业从业者通过合同承担监督他人任务的，对受其监督的自然人的行为负责，除非能证明其(监督者)没有过错。

第1249条 委派人(commettant)对其被委派人(préposé)造成的损害当然地承担责任。有权力给被委派人下达与完成职务相关的命令或者指令的人为委派人。

在委派(préposition)地点发生转移的情况下，该责任由因转移而受益之人承担。

如能证明被委派人所为不属于其被雇用之职务、具有与其职责无关的目的且未经其授权，委派人或因转移而受益之人则不承担责任。如能证明受害人本不能合理地认为被委派人系为委派人行事的，也不承担责任。

被委派人只在故意过错的情况下，或者在行事之目的与其职责不相符且没有授权的情况下，对受害人承担责任。

第三节 合同责任的专有规定

第1250条 任何合同债务的不履行对债权人造成损害的，债务人应当承担责任。

第1252条 对迟延(履行)所致损失的补救(提出主张的)，以对债务人的预先催告为前提。对于其他损失的补救(提出主张的)，只有当催告构成(债务)不履行的必要要件时，才以催告为前提。

第三章 责任免除或排除事由

第一节 责任免除事由

第1253条 意外事件(le cas fortuit)、第三人的行为或者受害人的行为如满足不可抗力的特性，则该行为具有彻底的免责性。

在非合同领域，不可抗力是指被告或者被告应当负责之人无法通过适当的手段避免其发生或者阻止其后果的事件。

在合同领域，不可抗力依据第1218条界定。

第1254条 受害人对其合同债务的不履行、受害人的过错或者受害人应当负责之人的过错,如(也)促成了损害的发生,则导致部分免责。在身体损害的情况下,只有严重过错可以导致部分免责。

第1255条 缺乏辨识能力之人,其过错不能成为免责事由。

第1256条 可以对抗直接受害人的过错或者合同不履行,同样也可以对抗间接损失的受害人。

第二节 责任排除事由

第1257条 如果致害行为是基于法律或者法规的规定,或者是由合法机构强制要求的,或者是出于正当防卫之需要而被迫实施的,又或者是为了保护更高的利益(而实施的),则不须对过错承担责任。

在受害人已经同意的情况下,对受害人可以处分的权利或者利益进行侵害的致害行为,也不会导致责任的发生。

第四章 责任的效力

第一节 原则

第1258条 除有相反之规定或约定,补救应旨在尽可能使受害人重新处于致害行为未曾发生的情况下其所处的状态。既不使其有所损失,也不使其有所获利。

第1259条 补救可以采取实际补救的方式或者赔偿损害赔偿金的方式,这两种方式可以并用以实现对损害的完整补救。

第一副节 实际补救

第1260条 实际补救(的使用)应当特别适合于损害的消除、减少或者补偿。

第1261条 实际补救不得强加给受害人。

如果实际补救是不可能的,或者将构成对基本自由的侵害,或者将导致责任人承担与受害人利益相比过分不合理的代价,则不得判决实际补救。

在相同的条件下,法官可授权受害人自行采取实际补救的措施,费用由责任人承担;该责任人可被命令先行支付必要的金额。

第二副节　损害赔偿金

第1262条　对损害赔偿金的估算应以作出裁判之日为准,并应当考虑到自损害发生之日起能对损失的价值和持续性产生影响的所有情况,还应当考虑到可合理预见到的后续发展。

若在裁判之后损害有所加重,受害人可就由此产生的损失主张补充赔偿。

法官应当就每种被主张的损失分别进行评估。

第1263条　在合同领域,受害人本可通过安全且合理的措施以避免其损害加重(而未采取措施的),尤其是其有分担的财力(facultés contributives)时,法官可减少损害赔偿金(的数额)。

第1264条　除于特定场合法官指定损害赔偿金用于某种特定补救之方式,原告可按其意愿自由支配获得的金额。

第三副节　多数责任人的特殊情况

第1265条　同一损害有多个责任人的,他们对受害人承担连带补救(责任)。如果他们全部都有过错,他们之间依据各自过错的严重程度按比例分担责任。如果没有人有过错,他们平均分担。如果他们中只有部分人有过错,仅有过错的人承担最终的补救责任。

第四副节　民事罚金

第1266条　致害人故意犯有严重过错的,尤其可因该过错获利或有所节省,法官有权责令其支付民事罚金,对此,判决应就裁判之理由给予特别说明。

该罚金应与致害人所犯过错的严重程度、分担的财力(facultés contributives)、从中获得的收益成比例。

罚金不得超过两百万欧元。但是,它可以达到获利或节省金额的十倍。

责任人是法人的,罚金可以达到,自犯有过错的会计年度之前一个会计年度起,在不含税款的全球销售数额最高的某一会计年度内所实现的、不含税款的全球销售额的10%。

该罚金用于资助与所受损害在性质上具有关联性的赔偿基金;如无此类基

金,则归于国库。

第二节　某些损害类型的特殊补救规则

第一副节　关于身体损害所致损失的特殊补救规定

第 1267 条　本副节的规定适用于司法或行政裁判,也适用于受害人与责任人之间达成的和解协议(transaction)。

第 1268 条　对损失的评估不应当考虑受害人所具有的但在致害行为发生之时没有产生损失结果的易致病性因素(prédisposition)。

第 1269 条　身体损害所引起的财产损失与非财产损失,依据损失事项非限制性分类表(une nomenclature non limitative des postes de préjudice),逐项(poste par poste)确定。该分类表通过最高行政法院的指令(décret)予以确定。

第 1270 条　除非有特别规定,就功能缺损(le déficit fonctionnel),依据统一的医疗等级表(un baréme médical)进行评估。该等级表具有参考意义,其制定与修订方式通过法规(voie réglementaire)的形式予以确定。

第 1271 条　［最高行政法院指令确定的非财产损失事项,可以依据赔偿参考参照表(un référentiel indicatif d'indemnisation)进行评估。该参照表的制定与修订方式由该指令予以确定。该参照表定期依据判例所判予的赔付金额的平均数值的发展进行更新。

为此,］(设立)一个满足最高行政法院指令所确定的条件、由政府监控的数据库,收集上诉法院就道路交通事故受害人身体损害赔偿案件作出的终局判决。

第 1272 条　对职业收入的丧失、近亲属收入的丧失或者第三方辅助(assistance d'une tierce personne)(费用)的赔偿,原则上采用定期金的方式,按照法规所确立的指数进行计算,并应和最低工资标准的发展相关联。

经当事人协商一致或者经对裁判理由予以特殊说明,定期金可改用本金的方式,按照法规所确立的(转换)表格(进行转换)。

如果依据协议或者司法裁判定期金系就未来损失进行赔偿的,定期金权利人(crédirentier),在其本人状况显示有必要的情况下,有权要求改用本金方式全部或部分事先支付欠款;换算方式依据上一款所规定的表格进行转换。

第 1273 条　第三方清偿人(les tiers payeurs)基于赔偿目的向受害人支付金

额的,仅在法律规定的情况下,可以向责任人代位追偿(recours subrogatoire)。

第1274条 仅下列向身体损害受害人清偿的给付,可以产生对责任人或责任人的保险人进行追索的权利:

1. 运作强制社会保险制度的组织、机构或者服务部门拨付的给付;

2. 关于国家以及其他公共机构的民事补救诉讼的1959年1月7日第59-76号法令第1条第2项所列举的给付;

3. 清偿医疗费用以及再教育费用而支付金额;

4. 在因致害事件所导致的持续不能劳动的期间内,雇主持续支付的工资和工资性福利;

5. 保险法典规制下的保险公司、社会保障法典或乡村与海洋渔业法典规制下的公积金(prévoyance)机构、或者互助保险法典规制下的互助团体所支付的病人日赔偿金以及残疾人给付金;

6. 社会与家庭诉讼法典第L.245-1条所规定的给付。

第1275条 雇主可以直接要求造成损害的责任人或者其保险人,偿付在受害人离职期间资方所负担的、向受害人支付或维持的待遇。这些规定同样适用于国家,(于此情形)不适用前述1959年1月7日第59-76号法令第2条的规定。

第1276条 导致追索的给付,依照第三方清偿人所承担的损失的控诉要点,逐项抵充由责任人应承担的赔偿,非财产损失除外。

如果责任人资不抵债有碍于对受害人的完整赔偿,就责任人对其所欠部分,受害人优先于第三方清偿人受偿。

受害人的过错,只能就第三方清偿人的给付所不能补救的损失部分,产生减少其主张赔偿(金额的效力)。第三方清偿人对责任人所负债务的余额享有权利。

第1277条 除第1274条和第1275条所提及的给付外,任何依据法定、约定或者章程之义务为受害人所为之清偿,均不产生对补救责任人或其保险人提起诉讼的权利。

但是,如果在合同中有约定,已向受害人垫付事故赔偿金的保险人,可向负补救义务之人的保险人代位追偿,但应在向第1274条所规定的第三人进行清偿以后残存的余额内行使。且应在法律给予第三方清偿人主张其债权的期限内行使。

所有与第1273条到1276条规范相反的规定视为没有写就,但该规定对受害人更为有利的除外。

第二副节　关于财产损害所致损失的特殊补救规定

第 1278 条　有体财产(bien corporel)受到侵害的,赔偿金额为恢复原状费用与财产替换费用二者间数额较少者,且不考虑其折旧程度。

如果该财产不能被恢复原状也不能被替换的,赔偿金额为该财产若处于遭受损害之前的状况在判决之日其应当具有的价值。

若依据受害人的请求,受损害的财产未归于责任人,则赔偿金额应扣除其剩余的价值。

第 1279 条　于必要之情形,赔偿同样应当包含受损财产收益权的丧失,经营损失或者任何其他损失。

第三副节　关于环境损害所致损失的特殊补救规定

第四副节　关于金钱迟延清偿所致损失的特殊补救规定

第 1280 条　对金钱的迟延清偿所生损失的赔偿为支付法定利率的利息。

此些损害赔偿金是必需的,债权人不须证明任何损失(的存在)。其仅自催告之日起发生,除非法律规定其当然发生。

就迟延债务人对债权人造成的额外损失,债权人可获得不同于债权延期利息的损害赔偿金。

第三节　约定损失补救的合同

第一副节　排除或限制补救的合同

第 1281 条　排除或者限制补救的合同,无论针对的是合同责任还是非合同责任,原则上都有效。

但是,任何人不得排除或者限制他对身体损害应当承担的责任。

第 1282 条　在非合同领域,任何人不得排除或者限制对因其过错而造成的损害的补救(责任)。

对于无过错责任,(排除或者限制补救的)合同具有效力以主张者证明受害人曾明确地接受该合同为条件。

第1283条　在合同领域,债务人有欺诈过错、重大过失或者违背所承担的实质债务的,限制或者排除补救(责任)条款不发生效力。

如果(排除或者限制补救责任)条款所对抗的一方当事人在合同订立之前并不知道该条款,该条款也不发生效力。

第二副节　违约金条款

第1284条　如果合同规定不履行合同的一方当事人将以补救之名义支付一定的违约金(pénalité),他不得被判定给予另一方当事人过重的处罚或者不足的违约金。

约定的违约金明显过高的或者不足的,法官可依职权降低或增加约定的违约金。

在部分履行的情况下,法官可依职权按照部分履行已给债权人带来的利益之比例,减少约定的违约金,且不影响前款规定的适用。

任何与前两款相反的约定视为未曾写就。

除了终局性的(définitive)不履行,仅在债务人被催告的情况下才能主张违约金。

第五章　主要的特别责任制度

第一节　陆上机动车辆行为

第1285条　陆上机动车辆的驾驶员或者看管人,就其车辆、挂车或者半挂车所牵涉(impliquer)的交通事故所造成的损害,当然地承担责任。

本节规定属于公共秩序,且仅适用于交通事故涉事车辆的驾驶员或者看管人。在受害人依据合同搭乘的情况下,也适用本节的规定。

第1286条　不得以意外事件或者第三人的行为对抗受害人,即使它们具有不可抗力的特性。

受害人故意追求其所受之损害的,不享有以本节规定为基础的补救权利。

第1287条　在身体损害的情况下,受害人的过错不影响其(主张)补救的权利,除非其过错是不可原谅的且是事故发生的排他原因(la cause exclusive)。

前款规定的受害人,年龄低于十六岁或超过七十岁者,或者,无论其年龄如何在事故发生时有证明材料能表明其属于永久无能力或伤残度达80%以上者,在任何情况下,其身体损害应得以赔偿。

第1288条　在财产损害的情况下,如果受害人的过错促成了损害的发生,可因此限制或者排除对其所受损失的赔偿。

对赔偿的排除应当参考过错的严重性单独予以论证(motiver)。

然而,基于医嘱而使用的用品与设备,(应)依据有关人身伤害补救的规定,予以赔偿。

如果陆上机动车辆的驾驶员不是该车辆的所有权人,该驾驶员的过错可被用来对抗所有权人就身体损害以外的其他损害(所提的)赔偿主张。所有权人有权向驾驶员追偿。

第二节　缺陷产品行为

第1289条　生产者对因其产品缺陷(défaut)所造成的损害承担责任,无论其是否通过合同与受害人发生联系。

第1290条　本节规定适用于对人身损害所造成的损失的补救。

本节规定也适用对缺陷产品以外的其他财产的侵害所造成的、超过法规(décret)所定数额的损失的补救,并且该财产属于通常用于个人使用或个人消费的、由受害人为了其个人使用或其个人消费而使用的财产。

第1291条　(本节所规定的)产品系任何动产,即使动产已添附在不动产中也属于产品,出产于土地、畜牧、狩猎和捕捞的产品属于产品。电力被视为产品。

第1292条　本节所称的产品有缺陷是指其不能提供人们可以合理期待的安全性。

在评价可以合理期待的安全性时,应当考虑所有情形,尤其是产品的表现、可以合理期待的用途及其进入流通的时间。

仅因在其之后有更完善的产品进入流通,该产品不得被认为是具有缺陷的。

第1293条　本节所规范的生产者系具有经营者的身份的,最终产品的制造者、原料的生产者、部分构件的制造者。

任何人以经营者的身份,从事下列行为的,也属于适用本节所规定的生产者:

1°对产品添加其姓名、品牌或者其他具有特色标志的,且以生产者自称的。

2°为了出卖,为了租赁而无论是否有出卖允诺,或者为了任何形式的销售,将某一产品进口到欧洲联盟的。

依据第 1646 - 1 条以及第 1792 条到第 1792 - 6 条之规定可被追究责任的人,不被视为生产者。

第 1294 条 在生产者无法被确定的情况下,销售者、出租者但不含融资租赁方或者与之相类似的租赁方、或者任何其他专业供货者,按照与生产者相同的条件,对产品的安全缺陷承担责任,除非其自受害人告知请求之日起三个月内指出其自身的供货者或生产者。

供货者向生产者追偿,应遵守与缺陷直接受害人所提请求相同的规则。但供货者应当自司法传唤之日起一年内行使。

第 1295 条 损害系由于添附在其他产品中的某产品的缺陷造成的,该构成部件的生产者以及实现添附之人承担连带责任。

第 1296 条 请求者应当证明损害、缺陷以及缺陷与损害之间的因果关系。

第 1297 条 即使产品系按照现行规定或者工艺规范制造的或者得到行政授权的,亦可要求生产者对缺陷承担责任。

第 1298 条 生产者当然承担责任,除非能证明:

1°未将产品投入流通;

2°根据情形,生产者将产品投入流通时造成损害的缺陷并不存在或者该缺陷系后来出现;

3°产品不是用于出卖或者任何其他形式的销售之目的;

[4°产品进入流通时的科学技术无法发现缺陷的存在;]

5°或者缺陷系产品符合法律或法规的强制性规定所必需的。

构成部件的生产者如能证明缺陷归责于采用该构成部件之产品的设计或者归责于产品制造者所给出的指示,不承担责任。

[第 1299 条 如果损害系由于某种人体成分或者由于利用人体制造的产品所造成的,或者损害系由于任何公共卫生法典第五部分第一卷第一编第一章所规定的人用卫生产品所造成的,生产者不能主张第 1298 条第 4 项规定的免责原因。]

第 1299 - 1 条 禁止订立旨在排除或限制缺陷产品责任的条款,此类条款被视为没有订立。

第1299-2条 除非生产者有过错,本节所规定的生产者责任,自实际造成损害的产品进入流通时起满十年的,消灭,除非在此期间内受害人已经提起了诉讼。

第1299-3条 依据本节规定提起的补救诉权的诉讼时效为三年,自请求者对损害、瑕疵以及生产者身份知道或者本应知道之日起计算。

第1299-4条 本节规定不影响受害人依据合同责任提出请求的权利。

本节规定也不禁止依据本章有关非合同责任的规定或者其他特殊责任制度提出请求的权利,只要这些规定或制度的基础不同于本节所规定的责任的基础。

生产者仍对其过错的后果以及其应当负责任之人的过错的后果承担责任。

翻译对照表

aliéné	精神病人
Assemblée plénière	（法国最高法院）全院审判庭联席会
atteintes à personne	人身伤害
atteinte	侵害/伤害
baréme médical	医疗费率表
capital ou rente	本金或定期金
cause exclusive	排他原因
Chambres réunies	（法国最高法院）审判庭联席会议/联席合议庭
chose inerte	无活力的物（件）
commettant	委派人
contribution	分担
critère d'imputation	归责标准
dommage	损害
dommage corporel	身体损害
dommage moral	精神损害
dommage moral pur	狭义精神损害或纯粹精神损害
dommages et intérêts compensatoires	补偿性赔偿金
dommages et intérêts punitifs	惩罚性赔偿金
garde	看管
garde de comportement	对形态的看管
garde de la structure	对结构的看管

gardien	看管人
impliquer	牵涉（交通事故）
indemnisation	赔偿
indemniser	赔偿
intégrité physique	人身权/身体权/身体完整性
lien de préposition	委派关系
motiver	证明
nomenclature des postes de préjudice	损失事项分类表
préjudice	损失
préparation	补救
préposé	被指派人
professionel	经营者/职业从业者（常与"消费者"概念相呼应）
rapport d'autorité	权威关系
référentiel d'indemnisation	赔偿参照表
réparation en nature	实际补救/依性质补救
réparation par équivalent	等价补救
transfert de garde	看管的转移
trouble	侵扰
véhicule terrestre à moteur	陆上机动车辆
voisinage	相邻关系/邻居

参考文献

1. 外文书目(按作者姓氏字母顺序排列)

C. Atias, Droit civil: Les biens, 9ᵉ éd. , Litec, 2007.

M. Bacache – Gibeili, Traité de droit civil, Tome 5, Les obligations, La responsabilité civile extracontractuelle, Economica, 2012.

A. Bénabent, Droit civil : les obligations. 11ᵉ éd. , Montchrestien, 2007.

Ph. Brun, Responsabilité civile extracontractuelle, Litec, 2005.

R. Cabrillac, Droit des obligations, 9ᵉ éd. , Dalloz, 2010.

H. Capitant, F. Terré, Y. Lequette, Les grands arrêts de la jurisprudence civile, T. II, Obligation, contrats spéciaux, sûretés, 12ᵉ éd. , Dalloz, 2008.

R. Cabrillac, Droit des obligations, 4ᵉ éd. , Dalloz, 2000.

P. Catala(dir.), L'art de la traduction, L'accueil international de l'avant – projet de réforme du droit des obligations, Edition Panthéon – Assas, LGDJ Diffuseur, 2011.

S. Carval, La Construction de la reponsabilité civile: Controvers doctrinales, PUF, 2001.

G. Cornu(dir.), Vocabulaire juridique, PUF, 2007.

Ph. Delebecque, F. – J. Pansier, F. Hanne, Responsabilité civile, délit et quasi – délit, 2008, Litec.

Ph. Delebecque, F. – J. Pansier, Droit des obligations, Responsablité civile, délit et quasi – délit, 5ᵉ éd. , LexisNexis, 2011.

P. Delmas Saint – Hilaire, Le tiers à l'acte juridique, Préf. de J. Hauser, Paris, LGDJ, 2000.

M. Fabre – Magnan, Droit des obligations, II, Responsabilité civile et quasi – contrats, 3ᵉ éd. , PUF, 2013.

F. Ferrand, Droit privé allemande, Dalloz, 1997.

J. Flour, J. – L. Aubert, E. Savaux, Droit civil, Les obligations (1) : L'acte juridique, 12ᵉ éd. , Dalloz, 2006.

J. Flour, J. – L. Aubert, E. Savaux, Droit civil, les obligations (2) : le fait juridique, 14ᵉ éd. , Sirey, 2011.

J. Flour, J. – L. Aubert, Y. Flour, éric Savaux, Droit civil, Les obligations (3) : Le rapport d'obligation, 5ᵉ éd. , Dalloz, 2007.

F. Fourment, Procédure pénale, Paradigme, 2003.

M. Fromont, A. Rieg, Droit privé (t. 3) – Introduction au droit allemand (république fédérale), Cujas, 1991.

J. Huet, Responsabilité contratuelle et responsabilité délicturelle – Essai de délimitation entre les deux ordres de responsabilité, Paris II Université, 1978.

C. Jamin, La notion de l'action directe[M]. Paris : LGDJ, 1991.

C. Larroumet, Droit civil, Les obligations, Le contrat, 6ᵉ éd. , ECONOMICA, 2007.

D. Légeais, Droit commercial et des affaires. 17ᵉ éd. Sirey, 2007.

O. Lando, E. Clive, A. Prüm, and R. Zimmermann (eds), Principles of European Contract Law, Part III, Kluwer Law International, 2003.

O. Lando, H. Beale (eds), Principles of European contract law, Parts I and II, Kluwer Law International, 2000.

V. Lasserre – Kiesow, La technique législative : étude sur les codes civils français et allemande, LGDJ, 2002.

M. Levis, L'opposabilité du droit réel : de la sanction judiciaire des droits, Préf. de P. Raynaud, Economica, 1989.

P. Malaurie, L. Aynès, Droit civil : Introduction générale, 2ᵉ éd. , Cujas, 1994.

P. Malaurie, L. Aynès, P. Stoffel – Munck, Les obligations, 3e éd. , Defrénois, 2007.

P. Malaurie, L. Aynès, Ph. Stoffel – Munck, Les obligations, 3e éd. , Defrénois, 2009.

P. Malinvaud, Introduction à l'étude du droit, 11e éd. , Litec, 2006.

J. Mestre, M. – E. Pancrazi, Droit commercial: droit interne et aspects de droit international, 26e éd. , LGDJ, 2003.

P. Remy – Corlay, D. Fenouillet (dir), Les concepts contractuels français à l'heure des Principes du droit européen des contrats, Dalloz, 2003.

G. Samuel, Law of obligations, Edward Elgar, 2010.

S. Schiller, Drtoi des biens, 3e éd. , Dalloz , 2007.

P. Simler, P. Delebecque, Les sûretés: la publicité foncière, 4e éd. , Dalloz, 2004.

F. Terré, Introduction générale au droit, 7e éd. , Dalloz,2006.

F. Terré (dir.) , Pour une réforme du droit des contrats, Dalloz, 2009

F. Terré, Ph. Simler, Y. Lequette, Droit civil : Les obligations, 10e éd. , Dalloz, 2009.

J. M. Verdier, A. Coeuret, M. – A. Souriac, Droit du travail, Vol. 2, Rapport individuels, Dalloz,2009.

F. Zenati – Castaing, T. Revet, Les Biens, 3e éd. , Puf, 2008.

2. 外文论文(按作者姓氏字母顺序排列)

S. Amrani Mekki, B. Fauvarque – Cosson, Droit des contrats, D. 2011, p. 472.

S. Amrani Mekki, M. Mekki, Droit des contrats, D. 2012, p. 459.

P. Ancel, Dénationaliser l'enseignement du droit civil Réflexions autour d'une expérience québécoise, RTD Civ. 2011, p. 701.

L. Aynès, A. Bénabent, D. Mazeaud, Projet de réforme du droit des contrats : éclosion ou enlisement D. 2008, p. 1421.

D. Blanc, Droit européen des contrats : un processus en voie de dilution D. 2008,

p. 564.

J. – S. Borghetti, Des principaux délits spéciaux, In. Pour une réforme de la résponsabilité civile, Dalloz, 2011, p. 163 – 183.

S. Bros, Les contrats interdépendants : actualité et perspectives, D. 2009, p. 960.

R. Cabrillac, Le projet de réforme du droit des contrats – Premières impressions, JCP G. 2008, I, 190.

M. Cabrillac, Les sûretés réelles entre vins nouveau et vieilles outres, in. Le droit privé français à la fin du XXe siècle – études offertes à Pierre Catala, Paris, Litec, 2001, p. 716.

J. Cartwright, S. Whittaker, La réforme du droit des obligations traduite en anglais, D. 2007, p. 712.

G. Chantepie, Sanction par la nullité absolue de la vente consentie sans prix sérieux, D. 2008, p. 954.

F. Chénedé, La cause de l'obligation dans le contrat de prêt réel et dans le contrat de prêt consensuel(à propos de deux arrêts de la première chambre civile du 19 juin 2008), D. 2008, p. 2555.

L. d'Avout, Rémy CABRILLAC (dir.), Quel avenir pour le modèle juridique français dans le monde (Economica, coll. Etudes juridiques, 2011), RTD civ. 2012, p. 186.

P. Deumier, L'utilisation par la pratique des codifications d'origine doctrinale, D. 2008, p. 494.

P. Emy, A propos de l'opposabilité d'une cession de créance: Réflexions sur l'avant – projet de réforme du droit des obligations, D. 2008, p. 2886.

A. Esmein, L'orgine et la logique de la jurisprudence en matière d'astreintes, RTD civ. 1993.

M. Faure – Abbad, La présentation de l'inexécution contractuelle dans l'avant – projet Catala, D. 2007, p. 165.

B. Fauvarque – Cosson, Vers un droit commun européen de la vente, D. 2012, p. 34.

B. Fauvarque – Cosson, Un nouvel élan pour le cadre commun de référence en droit européen des contrats, D. 2010, p. 1362.

P. Fombeur, La réforme du droit des contrats, D. 2008, p. 1972.

V. Forray, L'offre et l'acceptation dans les projets de réforme du droit français des contrats, Remarques sur l'écriture doctrinale du droit des contrats, RTD civ. 2012 p. 231.

G. Gandolfi, Pour un code européen des contrats, RTD civ. 1992, p. 707.

J. Gest, Les travaux préparatoires du projet de Cadre commun de référence sous la Présidence française du Conseil de l'Union européenne, D. 2009, p. 1431.

J. Ghestin, La responsabilité délictuelle pour rupture abusive des pourparlers, JCP 2007. I. 155.

A. Ghozi, Pierre CATALA (dir.), L'art de la traduction. L'accueil international de l'avant – projet de réforme du droit des obligations (Editions Panthéon – Assas, 2011), RTD civ. 2011, p. 417.

A. Ghozi, Y. Lequette, La réforme du droit des contrats: brèves observations sur le projet de la chancellerie, D. 2008 p. 2609.

O. Gout, L'exécution en nature du contrat : fondements substantiels et contraintes processuelles, D. 2007, p. 1119.

M. Grimaldi, Exposé des motifs du projet de réforme présenté, RDC juill. 2005, p. 783.

M. Grimaldi, Vers la réforme des sûretés, RJC 2005, 467.

M. Grimaldi, Ouverture du colloque, in. Propositions de l'Association Henri Capitant pour une réforme du droit des biens, sous la direction de Hugues Périnet – Marquet, Litec, 2009, p. 1 – 5.

M. Grimaldi, Ouvert du colloque, in. Proposition de l'Association Henri Capitant pour une réforme du droit des biens, p. 2.

X. Henry, Brèves observations sur le projet de réforme de droit des contrats... et ses commentaires, D. 2009, p. 28.

A. Hontebeyrie, La clause pénale et la caducité du contrat D. 2011, p. 2179.

C. Juillet, La reconnaissance maladroite de la responsabilité contractuelle par la proposition de loi portant réforme de la responsabilité civile, D. 2011, p. 259.

C. Lisanti, Sanction de l'inexécution de l'obligation de ne pas faire, D. 2007, p. 2784.

P. Malinvaud, L'Association Henri Capitant : 1975 – 2010, Discours prononcé lors du 75ème anniversaire de l'Association (http://www. henricapitant. org/node/158).

P. Malinvaud, Le contenu certain du contrat dans l'avant projet chancellerie de code desobligations, D. 2008, p. 2551.

M. – L. Mathieu – Izorche, L'irrévocabilité de l'offre de contrat : réflexions à propos de l'arrêt de la troisième chambre civile du 7 mai 2008, D. 2009, p. 440.

J. Mouly, Une règle de nature à induire en erreur : la réticence dolosive rend toujours excusable l'erreur provoquée, D. 2012, p. 1346.

C. Pérès, La liberté contractuelle et l'ordre public dans le projet de réforme du droit des contrats de la chancellerie, D. 2009, p. 381.

G. Pignarre, L'obligation de donner à usage dans l'avant – projet Catala: Analyse critique, D. 2007, p. 384.

A. Posez, La théorie des nullités, Le centenaire d'une mystification, RTD civ. 2011. 647.

P. Remy – Corlay, De la réparation, In. Pour une réforme de la résponsabilité civile, Dalloz, 2011, p. 191 – 222.

P. Remy – Corlay, l'existence du consentement, in. P. Remy – Corlay, D. Fenouillet (dir), Les concepts contractuels français à l'heure des Principes du droit européen des contrats, Dalloz, 2003.

F. Rome, Le droit des contrats à l'Assemblée nationale : du grand n'importe quoi ! D. 2011, p. 1961.

F. Rome, Compartiment rumeurs, D. 2008. p. 1329.

F. Rome, Faut pas gacher..., D. 2007, p. 1065.

F. Rome, Rachida l'a dit..., D. 2007, p. 2457.

F. Rome, Contrat et bonne foi : l'été sera froid..., D. 2007, p. 2017.

F. Terré, La réforme du droit des contrats, D. 2008 p. 2992.

F. Terré, Le préjudice moral, In. Pour une réforme de la résponsabilité civile, Dalloz, 2011, p. 223 – 224.

O. Tournafond, Pourquoi il faut conserver la théorie de la cause en droit civil français, D. 2008, p. 2607.

C. Witz, Droit uniforme de la vente internationale de marchandises (juil. 2006 – déc. 2007), D. 2008, p. 2620.

3. 中文书目(按作者/译者姓氏拼音顺序排列)

[德]布吕格迈耶尔、朱岩,《中国侵权责任法》,北京大学出版社,2009 年版。

陈鹏、张丽娟、石佳友、杨燕妮、谢汉琪译,《法国民法总论》(雅克·盖斯旦、吉勒·古博、缪黑埃·法布赫 – 马南协著),法律出版社,2004 年版。

崔建远,《合同责任研究》,吉林大学出版社,1992 年版。

胡军,《法国现代金融有价证券的私法分析》,知识产权出版社,2010 年版。

金邦贵译,《法国商法典》,中国法制出版社,2000 年版。

金邦贵主编,《法国司法制度》,法律出版社,2008 年版。

李浩培、吴传颐、孙鸣岗译,《拿破仑民法典》(Dalloz 出版社 1928 年法文版),商务出版社,2006 年印。

李世刚,《法国担保法改革》,法律出版社,2011 年版。

李世刚,《法国合同法改革:三部草案的比较研究》,法律出版社,2014 年版。

李世刚,《法国新债法:债之渊源(准合同)》,人民日报出版社,2017 年版。

李晓兵,《法国第五共和宪法与宪法委员会》,知识产权出版社,2008 年版。

刘士国,《现代侵权损害赔偿研究》,法律出版社,1998 年版。

刘士国,《侵权责任法重大疑难问题研究》,中国法制出版社,2009 年版。

罗结珍译,《法国民法典》(Legifrance 网站 2009 年 11 月 20 日版),北京大学出版社,2010 年印。

罗结珍译,《法国民法典》(2004 年翻译版),法律出版社,2005 年印。

罗结珍译,《法国财产法》([法]弗朗索瓦·泰雷、菲利普·森勒尔著),中国法制出版社,2008 年版。

罗结珍、赵海峰译,《法国商法》([法]伊夫·居荣著),法律出版社,2004年版。

罗瑶,《法国民法外观理论研究》,法律出版社,2011 年版。

丁伟译,《法国司法制度》([法]皮埃尔·特鲁仕主编),北京大学出版社,2012 年版。

屈茂辉,《网络侵权行为法》,湖南大学出版社,2002 年版。

全国人大法工委民法室编,《侵权责任法:立法背景与观点全集》,法律出版社,2011 年版。

石佳友,《民法法典化的方法论问题研究》,法律出版社,2007 年版。

王利明,《侵权责任法》,中国人民大学出版社,2016 年版。

王利明、周友军、高圣平,《侵权责任法疑难问题研究》,中国法制出版社,2012年版。

王胜明,《中华人民共和国侵权责任法释义》,法律出版社,2013 年版。

杨立新,《东亚侵权法示范法》,北京大学出版社,2016 年版。

杨立新,《法院审理侵权案件观点集成》,中国法制出版社,2016 年版。

杨立新,《侵权责任法》,复旦大学出版社,2016 年版。

杨立新,《简明侵权责任法》,中国法制出版社,2015 年版。

杨立新,《世界侵权法学会报告》,人民法院出版社,2015 年版。

尹田,《法国现代合同法:契约自由与社会公正的冲突与平衡》,法律出版社,2009 年版。

尹田,《法国物权法》,法律出版社,2009 年版。

于海涌,《法国不动产担保物权研究(第二版)》,法律出版社,2006 年版。

张民安,《现代法国侵权责任制度研究(第二版)》,法律出版社,2007 年版。

张新宝,《侵权责任法》,中国人民大学出版社,2011 年版。

张新宝,《大规模侵权法律对策研究》,法律出版社,2011 年版。

4. 中文论文(按作者姓氏拼音顺序排列)

崔建远,"编纂民法典必须摆正几对关系",《清华法学》,2014 年第 6 期,第 43－53 页。

崔建远,"中国债法的现状与未来",《法律科学》,2013 年第 1 期,第 135 - 141 页。

崔建远,"债法总则与中国民法典的制定——兼论赔礼道歉、恢复名誉、消除影响的定位",《清华大学学报(哲学社会科学版)》,2003 年第 4 期,第 67 - 76 页。

崔建远,"论归责原则与侵权责任方式的关系",《中国法学》,2010 年第 2 期,第 40 - 50 页。

崔建远,"精神损害赔偿绝非侵权法所独有",《法学杂志》,2012 年第 8 期,第 22 - 30 页。

崔建远,"侵权责任法应与物权法相衔接",《中国法学》,2009 年第 1 期,第 139 - 144 页。

崔建远,"绝对权请求权抑或侵权责任方式",《法学》,2002 年第 11 期,第 40 - 43 页。

耿林,"论法国民法典的演变与发展",《比较法研究》,2016 年第 4 期,第 179 - 191 页。

郭明瑞,"关于编纂民法典须处理的几种关系的思考",《清华法学》,2014 年第 6 期,第 34 - 42 页。

郭明瑞,"侵权立法若干问题思考",《中国法学》,2008 年第 4 期,第 16 - 33 页。

郭明瑞,"论侵权请求权",《烟台大学学报(哲学社会科学版)》,2013 年第 3 期,第 17 - 25 页。

郭明瑞,"侵权责任构成中因果关系理论的反思",《甘肃政法学院学报》,2013 年第 4 期,第 1 - 6 页。

梁慧星,"中国民法典编纂的几个问题",《山西大学学报(哲学社会科学版)》,2003 年第 5 期,第 13 - 19 页。

梁慧星,"我国民法典制定中的几个问题",载公丕祥主编:《法制现代化研究(第九卷)》,南京师范大学出版社 2004 年版,第 341 - 359 页。

刘保玉、周玉辉,"论我国民法典编纂的'四个面向'",《法学杂志》,2015 年第 10 期,第 29 - 40 页。

柳经纬,"我国民法典应设立债法总则的几个问题",《中国法学》,2007 年第 4

期,第 3 - 12 页。

刘士国,"《侵权责任法》第二条规定之解析",《暨南学报(哲学社会科学版)》,2010 年第 3 期,第 16 - 20 页。

刘士国,"侵权责任法调整对象研究",《烟台大学学报(哲学社会科学版)》,2008 年第 3 期,第 17 - 20 页。

刘士国、段匡、龚赛红、王全弟、许凌艳,"侵权责任法的理论和实践",《政治与法律》,2005 年第 4 期,第 3 - 8 页。

刘士国,"论侵权责任中的因果关系",《法学研究》,1992 年第 2 期,第 46 - 49 页。

刘言浩,"法国不当得利法的历史与变革",《东方法学》,2011 年第 4 期,第 132 - 139 页。

屈茂辉、许中缘,"论侵权责任法法典的体系",《社会科学》,2009 年第 1 期,第 102 - 110 页,第 190 页。

秦立崴,"《法国民法典》合同制度改革之争",《环球法律评论》,2011 年第 2 期,第 89 - 111 页。

覃有土、麻昌华:"我国民法典中债法总则的存废",《法学》,2003 年第 5 期,第 101 - 104 页。

石佳友,"《法国民法典》过错责任一般条款的历史演变",《比较法研究》,2014 年第 6 期,第 14 - 30 页。

孙宪忠,"我国民法立法的体系化与科学化问题",《清华法学》2012 年第 6 期,第 46 - 60 页。

孙宪忠、窦海阳,"《侵权责任法》实施中的重大法律问题研究",《苏州大学学报(哲学社会科学版)》,2011 年第 6 期,第 1 - 5 页,第 195 页。

王利明,"论债法总则与合同法总则的关系",《广东社会科学》,2014 年第 5 期,第 224 - 236 页。

王利明,"债权总论在我国民法典中的地位及其体系",《社会科学在线》,2009 年第 7 期,第 225 - 233 页。

王利明,"论我国侵权责任法分则的体系及其完善",《清华法学》,2016 年第 1 期,第 112 - 126 页。

王利明，"我国《侵权责任法》采纳了违法性要件吗?"，《中外法学》，2012 年第 1 期，第 5 - 23 页。

王利明，"侵权责任法与合同法的界分——以侵权责任法的扩张为视野"，《中国法学》，2011 年第 3 期，第 107 - 123 页。

王利明，"侵权行为概念之研究"，《法学家》，2003 年第 3 期，第 62 - 71 页。

王胜明，"制订民法典需要研究的部分问题"，《法学家》，2003 年第 4 期，第 9 - 13 页。

王竹、杨立新，"侵权责任分担论"，《法学家》，2009 年第 5 期，第 149 - 156 页。

汪世虎，"合同责任与侵权责任竞合问题研究"，《现代法学》，2002 年第 4 期，第 109 - 115 页。

吴汉东，"侵权责任法视野下的网络侵权责任解析"，《中国检察官》，2011 年第 3 期，第 73 页。

薛军，"论未来中国民法典债法编的结构设计"，《法商研究》，2001 年第 2 期，第 50 - 58 页。

杨建军，"合同履行中的人身侵权及民事责任—基于《最高人民法院公报》人身损害赔偿案例的考察"，《环球法律评论》，2009 年第 1 期，第 96 - 109 页。

杨立新，"论民法典中债法总则之存废"，《清华法学》，2014 年第 6 期，第 81 - 96 页。

杨立新，"多数人侵权行为及责任理论的新发展"，《法学》，2012 年第 7 期，第 41 - 49 页。

杨立新，"《侵权责任法》应对大规模侵权的举措"，《法学家》，2011 年第 4 期，第 65 - 76 页，第 177 - 178 页。

杨立新，"法官适用《侵权责任法》应当着重把握的几个问题"，《法律适用》，2010 年第 21 期，第 32 - 36 页。

杨立新，"中国侵权责任法大小搭配的侵权责任一般条款"，《法学杂志》，2010 年第 3 期，第 8 - 12 页。

杨立新，"我国侵权责任法草案对国外立法经验的借鉴"，《中国法学》，2009 年第 5 期，第 128 - 136 页。

尹田,"评侵权责任的独立成编与侵权行为的类型化",《清华法学》,2008 年第 4 期,第 101 - 109 页。

张新宝,"侵权责任法学:从立法论向解释论的转变",《中国人民大学学报》,2010 年第 4 期,第 1 页。

张新宝、张小义,"英美侵权法中的因果关系——法律传统和法律政策视角下的考察",《私法》,2013 年第 1 期,第 195 - 228 页。

张新宝,"《侵权责任法》立法研究专题",《暨南学报(哲学社会科学版)》,2009 年第 2 期,第 1 页。

朱广新,"论债法总则的体系地位与规范结构",《北航法律评论》,2013 年第 1 辑,第 58 - 79 页。

朱广新,"超越经验主义立法:编纂民法典",《中外法学》,2014 年第 6 期,第 1422 - 1443 页。

致 谢

本书的诞生，要感谢一如既往给予我支持的前辈、同仁与亲友，没有你们，本书不可能顺利出版。

在此特别感谢杨立新教授和崔建远教授为本书赐序，并对书中的内容进行了概括和分类，以助读者更好地结合中国法阅读这些内容。

杨立新教授长期耕耘于侵权责任法的研究，并主持制定了《东亚侵权法示范法》，重视比较法研究方法以及研究成果在立法论与解释论领域内的运用。杨教授在百忙之中慨然赐序，令我深受鼓舞！

导师崔建远教授在本课题研究以及书稿写作期间，一如既往地给予我学术上的点拨和支持。在老师的勉励下，本书得以顺利写就。在此，向崔老师长期以来的教导与帮助表示感谢！

感谢导师玛丽·高莉(Marie Goré)教授，虽远在法国却总能给予温暖的关心和悉心的指导，是她带领我进入了广袤而高深的法国民法的研究领域，并一直给予我启发。本书作为法国民法研究的专著，希望能借此向她表达诚挚的谢意！

我还要特别感谢《法学研究》《比较法研究》《东方法学》《北京理工大学学报(社科版)》《交大法学》等杂志社编辑们的帮助。本书部分内容曾作为课题的阶段性科研成果向上述期刊投稿，得到了冯珏女士、丁洁琳先生、孙建伟先生、孟青女士、彭诚信教授等多位编辑、专家的建议。这些建议让我获益良多，特此致谢！

作为科研项目的最终成果，本书对前期研究成果进行了较大幅度的更新、调整与增补。因而，本书与已发表的阶段性成果的内容会有所不同，望读者周知。

校稿是一件十分辛苦的事情，尤其本书涉及草案文本众多、写作时间跨度大、修订频繁。复旦大学法学院的师帆、尚思江、沈宸、王峥、包丁裕睿、胡昕仪、李远洋、李烨茗等同学帮助我完成了文字校对工作，特此感谢！

新书出版要感谢编辑周海燕女士的辛苦工作！

　　囿于时间和精力,本书不免有值得商榷的部分,感谢各位读者的批评指正!

　　身边亲友师长的启迪关怀之恩无数,不免挂一漏万,然种种恩情,定然铭记于心。

李世刚

2017 年 6 月 1 日

于复旦大学江湾校区